KB071502

함께하는
사회복지실천론
Social Work Practice

박지영 · 배화숙 · 엄태완 · 이인숙 · 최희경 공저

학지사

머리말

사회복지실천은 개인과 가족, 집단, 지역사회와 사회 전체를 포괄적으로 아우르는 전문적 활동이다. 그러나 통합적 사회복지실천을 지향함에도 불구하고 우리나라의 사회복지실천 교재들은 대부분 개인과의 실천에 초점을 둔 개별적·직접적 수준을 중심으로 쓰였다. 이에 따라 이 책의 저자들은 개인과 집단, 사회를 아우르면서 직접실천뿐만 아니라 사회정의의 가치에 입각하여 사회 변화를 위한 간접실천까지 포함한 통합적 사회복지실천 교육이 필요하다는 데 공감하면서 사회복지실천 교재의 집필을 시작하였다. 이 책에서는 사회복지실천을 포괄적·다차원적 관점에서 광범위하게 바라보고 이러한 관점을 내용 전체에 반영하고자 하였으며, 특히 몇 가지 사항에 중점을 두면서 다른 교재들과의 차별화를 시도하였다.

첫째, 사회복지실천의 준거틀과 관점, 이론적 기반을 명확히 하고자 하였다. 응용과학이자 실천학문으로서의 사회복지학은 여러 분과학문에 이론적 뿌리를 두고 있기에 이론적 기반이 복잡하다. 교재에 따라 사회복지실천의 이론에 대한 내용이 다르고 혼란스러운 부분이 많았기에, 이 책에서는 사회복지실천에 대한 준거틀을 명확히 하고 실천의 관점을 정리하여 제시하였다. 또한 이 책에서는 기존에 사회복지실천기술론에 포함되었던 사회복지실천 모델을 다루었다. 사회복지실천 모델은 개인과 집단, 가족, 지역사회와의 실천에 있어 중요한 원칙과 지침을 제공하기에, 기술의 차원이 아닌 이론적 기반으로 다룰 필요가 있다고 판단한 것이다.

둘째, 사회복지실천과 관련된 실제 사례를 풍부하게 제시하였다. 사회복지실천론 전반의 추상성과 규범성을 보완할 수 있도록 이론적 내용이나 원리를 제시한 후 실제 사례에 적용하는 방식으로 서술하였다. 또한 앞에서 배운 내용을 실제 사례를 중심으로 적용해 볼 수 있도록 사회복지실천 연습 부록을 첨가하였다. 연습은 각 장별 학습을 마친 후 혹은 교재의 모든 내용을 학습한 후 주요 내용을 복습하는 용도로 활용할 수 있으며, 수업 중 소집단활동을 위한 워크북으로 활용할 수 있다.

셋째, 필요한 경우 QR 코드를 삽입하여 교재에서 바로 관련 홈페이지나 기사를 검색해 관련 주요 정보를 쉽게 접할 수 있도록 학습의 편의를 제공하였다. 학생들이 교재로 공부하다가 궁금하거나 좀 더 알아보아야 할 사항을 모바일로 직접 검색함으로써 학습하는 데 도움을 주고자 하였다.

넷째, 무엇보다 이 책은 전통적인 사회복지실천의 시각과 이론뿐만 아니라 새롭게 등장하거나 앞으로 더 강조되어야 할 시각과 이론도 함께 다루고자 하였다. 특히 사회복지실천의 핵심적 가치임에도 불구하고 우리나라의 사회복지실천 현장에서 깊이 있게 다루어지지 않는 사회정의와 인권, 사회운동과 관련된 내용도 포괄하였다. 이와 더불어 클라이언트(서비스 이용자) 중심주의와 선택권을 강조하는 최근의 경향을 반영하였다. 그러나 인권과 사회정의와 같은 당위적 가치를 구체적 실천에서 어떻게 구현할 것인가는 사회복지사의 영원한 현재진행형 고민일 수밖에 없다. 이에 대한 답은 사회복지실천을 가르치고 공부하는 사람들이 함께 머리를 맞대고 만들어 가야 할 것이다.

이 책은 총 12개 장과 부록으로 구성되며 각 장의 내용은 다음과 같다.

제1장 '사회복지실천의 개관'에서는 용어 정리를 통해 사회복지실천의 정의, 전문적 기반(가치, 지식, 기술), 구성(목적, 역할, 요소, 방법)을 설명하고, 사회복지사에게 요구되는 전문 역량을 살핀다. 제2장 '사회복지실천의 역사와 변화'에서는 서구와 한국에서 사회복지실천이 발달해 온 과정에 있어 시대별 정치·사회적 배경을 살피고, 오늘날 사회복지실천의 당면 과제 및 방향에 대해 논의한다. 제3장 '사회복지실천의 가치 및 윤리'에서는 사회복지실천의

기본 가치, 사회복지사의 윤리적 책임 그리고 사회복지실천 과정의 윤리적 딜레마 해결과정을 다룬다. 제4장 '사회복지실천 현장과 사회복지사의 역할'에서는 사회복지실천 현장을 주요현장(1차 현장)과 관련현장(2차 현장)으로 나누어 살펴보면서, 사회복지사의 전문적 정체성과 역할을 제시한다. 제5장 '사회복지실천의 준거틀과 관점'에서는 사회복지실천의 준거틀과 관점이 되는 지식을 기반으로 생태체계적 관점 및 강점 관점과 비판적 관점 및 포스트모더니즘 관점을 소개하고, 이를 통해 사회복지실천 현장의 구조적 맥락의 중요성을 제기한다. 제6장 '사회복지실천 모델'에서는 심리사회모델, 인지행동모델, 문제해결모델, 임파워먼트모델, 반억압적 실천모델의 특성과 실천 원리, 쟁점을 소개한다. 제7장 '사회복지실천의 관계'에서는 사회복지실천 관계의 중요성을 확인하면서 비에스텍(Biestek)의 전통적인 일곱 가지 관계의 원칙과 관계의 장애요인 등을 제시한다. 제8장 '사회복지실천의 의사소통과 기록'에서는 사회복지실천 면담의 유형과 관련 지침을 제시하고, 면담을 통한 의사소통의 결과물인 기록의 유형과 방법을 다룬다. 제9장 '사회복지실천의 초기단계'에서는 접수, 자료수집 및 사정, 목표 설정, 실행계획 등을 사례 예시를 통해 다룬다. 제10장 '사회복지실천의 실행단계'에서는 사회복지실천 실행을 직접적 개입과 간접적 개입으로 구분하여 각 개입별 목적과 구체적 방법들을 제시한다. 제11장 '사회복지실천의 종결단계'에서는 사회복지사와 클라이언트의 전문적 관계가 종료되고 개입활동을 마무리하는 종결활동과 개입활동에 대한 평가의 방법 등을 다룬다. 제12장 '사례관리'에서는 통합적 사회복지실천 방식으로서의 사례관리의 개념과 특성, 내용과 과정을 소개한다.

마지막으로, 부록 '사회복지실천 연습'은 연습사례를 제시하여 윤리적 딜레마, 사회복지실천의 관계, 사정 및 계획 등 교재에서 배운 내용을 실제 적용할 수 있도록 워크북 형식으로 구성하였다.

저자 일동

차례

사회복지실천의 개관

사회복지개론을 이수한 학생들에게 '사회복지실천'이란 용어는 크게 낯설지 않아 통상적으로 알고 있는 사회복지의 하나로 혹은 '정책'과 대조되는 현실활동 정도로 생각될 수 있다. 그러나 '사회복지실천'을 정확히 이해하고 규정하는 것은 생각보다 단순하지 않다. 사회복지학이 발달하는 과정에서 논의되어 온 사회복지실천의 개념이 매우 다양해서 합의된 형태로 간추리기 어렵고, 서구에서 만들어진 개념이 번역의 과정을 거치면서 용어상의 혼란이 생겼기 때문이다. 이 장에서는 사회복지실천이란 무엇인가를 용어의 정리와 함께 대표적 정의 몇 가지를 통해 살펴본 후, 사회복지실천의 전문적 기반(가치, 지식, 기술), 사회복지실천의 구성(목적과 사회복지사 역할, 구성 요소, 실천방법), 그리고 사회복지사에게 요청되는 전문 역량 등을 살펴보고자 한다.

 사회복지실천이란 무엇인가

1) 용어 정리

사회복지실천을 이해하기 위해서는 관련 용어의 정확한 사용이 먼저 필요하다. 사회복지실천은 사회복지(social work)와 실천(practice)이 결합된 복합어로, 여기서 사회복지는 사회에서 통상적으로 사용되는 사회복지(social welfare)와는 구분되어야 한다. 사회복지(social welfare)는 "개인과 사회 전체의 복리를 증진시키려는 모든 형태의 사회적 노력, 관련 시책과 과정 전반"을 포괄하는 광의의 개념이다(조흥식, 김연옥, 황숙연, 김융일, 2009: 163). 이 경우 일반적으로 알고 있는 사회복지현장만이 아니라 경찰, 소방, 교육, 교정, 건설, 토목 등 국민의 복리 증진에 관여하는 다양한 영역이 포함된다. 이 외에도 사회복지(social welfare)는 사회구성원들에게 다양한 사회서비스를 제공하는 기관과 관련 프로그램, 인력체계, 정책 등을 연구하는 학문 분야를 지칭하기도 한다(Zastrow, 2014: 3). 그 예로, 우리나라 대학 사회복지학과의 대부분이 영문 표기를 department of social welfare로 하고 있다.

사회제도로서 사회복지가 사회 내 모든 이의 행복을 추구한다고 해도 모든 사람이 기회와 혜택을 받는 것은 현실적으로 어렵다. 특히 사회적 힘과 영향력이 약한 사람들은 다양한 욕구가 있어도 제대로 관심을 받지 못해 사회복지의 사각지대에 놓일 가능성이 높다. 이러한 점에서 사회적 약자도 사회복지제도의 혜택을 골고루 갖도록 돕는 사회적 활동이 필요했고, 이를 수행하기 위해 발전된 전문 영역이 사회복지(social work)이며 구체적 활동이 사회복지실천[1]이다. 사회복지실천은 사회적 재가를 받은 전문직 안에서 전문 인력에 의해 계획적으로 수행되는 특성을 지닌다. 즉, 사회복지실천이란 사회복지사가 사회적 욕구를 가진 대상(개인, 가족, 집단, 지역사회)의 사회적 안녕을 위해 계획적으로 서비스를 실행하는 사회적 노력이다. 여기서 '계획적'이린 사회복지실천이 사회복지사 개인의 임의적이거나 즉흥적인 활동이 아니라 영역, 대상, 서비스 유형 등 미리 사회 안에서 합의된 절차에 따라 전개되는 사회적·조직적 차원의 활동임을 의미한다(엄명용, 김성천, 오혜경, 윤혜미, 2016: 18). 역사적으로 사회복지제도 아래 여러 전문직이 나타났지만, 그중에서도 사회복지(social work)는 취약계층을 포함한 사회구성원들의 사회적 안녕 상태에 일차적 관심을 두고 고유의 가치와 원칙, 기술 등을 발전시켜 온 대표적 전문 영역이다(Kirst-Ashman, 2003).

우리나라에서는 social work와 social welfare 모두를 '사회복지'로 표기하면서 혼선이 빚어졌다. 1950년대 서구로부터 처음 소개된 후 한동안은 'social welfare'를 '사회복지'로, 'social work'는 '사회사업'으로 번역해서 사용했다. 그러나 '사회사업' 용어가 외원 단체의 자선사업과 동일시되거나 미시적 활동에만 국한된다는 반론에 의해 점차 '사회복지' 용어로 대체되면서 구분이 모호해지기 시작했다. 특히 「사회복지사업법」 제정으로 '사회복지사업'이 법정용어로 등장하면서 혼란은 가중되었고, 1990년대 이후 사회복지학계의 통합교과 안에서 '사회사업실천'이 아닌 '사회복지실천'으로 명명되면서 혼란은 증폭되었다. social work의 구체적 활동이 사회복지실천(Hepworth, Rooney, Rooney, & Strom-Gottfried, 2017; Barker, 1995; Skidmore, Thackeray, &

---

1) '실천'은 국립국어원 표준국어대사전에서 '자연이나 사회를 변혁하는 의식적이고 계획적인 활동'으로 정의되고 있는 만큼 단순한 활동이 아니라 목적을 염두에 둔 구체적이고 의도적인 행위를 일컫는다.

Farley, 2000)이므로 현재 '사회복지' 용어에 혼란이 있는 우리의 상황에서는 '사회복지실천'을 social work 자체로 이해하는 것이 바람직할 것이다.[2]

2) 사회복지실천의 정의

그동안 사회복지실천에 대한 수많은 정의가 제시되었고 그중 가장 고전적 정의로 평가되는 리치몬드(M. Richmond)의 정의와 이후의 대표적 정의들을 요약·발췌하면 다음과 같다.

- 리치몬드(Richmond, 1922: 98-99): "일상의 의식 수준에서 개인과 개인, 개인과 환경 간 개별 조정을 통해 성품의 발달을 이루는 과정"
- 전미사회복지사협회(National Association of Social Workers, 1973: 4-5): "개인, 집단, 지역사회가 사회적 기능을 증대하거나 회복하도록 적절한 사회적 조건을 스스로 만들어 나가도록 돕는 전문적 활동"
- 바커(Barker, 2003: 450): "개인, 집단, 지역사회가 사회적 기능을 향상시키고 적절한 사회적 상황을 만들어 나갈 수 있도록 사람들의 능력을 향상시키거나 회복시키는 전문 활동"
- 스키드모어 등(Skidmore et al., 2000): "일종의 예술이자 과학으로서의 속성을 지닌 전문직 활동"
- 국제사회복지사연맹(International Federation of Social Workers: IFSW)[3]: "사회적 변화와 개발, 사회적 응집력, 사람들의 임파워먼트와 해방을 장려하는 실천 기반의 직업이자 학문 분야(social work)의 구체적 활동으로,

---

2) 이 책에서는 social work와 social work practice를 구별하지 않고 '사회복지실천'으로 표기할 것이며, social welfare의 의미로 '사회복지'를 사용할 경우에는 영어 표기를 함께 할 것이다.
3) 이 정의는 국제사회복지사연맹 2014년 총회에서 승인된 세계적 정의(Global Definition of Social Work)이다.

사회정의, 인권, 공동 책임성, 다양성 존중의 원칙을 근간으로 하여 삶의 과제를 해결하고 복지를 향상시키는 데 개인과 사회구조의 참여를 끌어내는 것"

이들 정의는 공통적으로 사회복지실천이 사람들의 개인적 능력을 신장하고 환경과의 보다 나은 상호작용을 통해 안녕을 얻을 수 있도록 개인, 가족, 집단, 지역사회 단위에서 도와주는 전문적 활동이나 서비스라는 점을 보여 준다. 국제사회복지사연맹의 정의는 여기에서 좀 더 나아가 사회복지실천이 사회정의와 인권, 사회문제에 대한 공동 책임성, 다양성 존중 등을 핵심적으로 다루어야 하며, 이를 위해 거시적 사회구조 차원의 변화를 이끌어 내는 노력이 사회복지실천에 포함되어야 함을 강조하고 있다.

 ## 2 사회복지실천의 전문적 기반

사회복지실천은 추구하는 가치, 보유한 지식 그리고 활용되는 기술의 세 가지 기반 위에서 전문성을 확보한다(CSWE, 2015: 6). 이들을 간단히 살펴보면 다음과 같다.

1) 가치

가치란 "관습이나 신념, 행동규준, 문화, 혹은 개인에 의해 바람직하다고 생각되는 원칙"(Barker, 2003: 453)으로, 대부분의 사람은 가치를 통해 어떤 행동을 하거나 혹은 하지 않을 것을 결정하게 된다. 이러한 가치는 개인적 가치, 사회적 가치, 전문적 가치로 구분되며 사회복지실천에서는 이 가치들이 모두 교차되며 직간접적 영향을 미친다. 사회복지사가 사회복지실천의 수행에 있어 가치와 관련해서 살펴보아야 할 측면은 다음과 같다.

첫째, 사회복지사는 자신의 개인적 가치를 알고 있어야 한다. 사회복지사는 서비스 전달의 주요 도구로 자신 자신을 활용해야 하는데, 개인적 선입견이나 편견, 고정관념, 사적 경험 등이 실천수행을 방해하지 않도록 지속적으로 자기인식의 과정을 거칠 필요가 있다. 이를 위해 동료 피드백이나 슈퍼비전을 활용할 수 있다.

둘째, 사회복지사는 정부시책이나 법률, 사회정책, 프로그램들이 반영하고 있는 사회적 가치에 대해 관심을 가져야 한다. 이들 법률, 정책, 프로그램 등은 사회구성원들의 권리를 지키고 공공선(公共善)을 증진시키려는 사회적 가치를 담고 있지만 이러한 가치와 권리의 상호작용이 현실에서 항상 일관되게 이루어지지는 않는다. 예를 들어, 여성의 낙태 권리 주장은 현실에서 사회의 주류적 가치와 부딪혀 격렬한 논쟁을 불러일으킨다. 사회복지사는 사회적 약자와 소수자의 기본적 권리를 지키기 위해 사회 안에서 공유되는 가치들에 대해 민감성을 가질 필요가 있다.

셋째, 사회복지사는 사회복지실천 전문직이 추구하는 전문 가치를 명확히 학습하고 인지해야 한다. 전문 가치는 전문직이 지향하는 목적과 방향을 제공하며, 복잡다단한 상황에서 올바른 사회복지실천으로 이끄는 나침반 역할을 한다. 또한 전문 가치 및 사회복지사 자신과 클라이언트의 개인 가치 등이 복잡하게 교차하는 상황에서 발생하는 가치 갈등과 이로 인한 윤리적 딜레마를 민감하게 다루어야 한다. 이를 위해 윤리적 의사결정의 원칙들을 학습하고 적용하는 훈련이 필요하다.

가치와 관련한 이들 내용은 제3장(사회복지실천의 가치 및 윤리)에서 더욱 구체적으로 살펴보기로 한다.

2) 지식

클라이언트의 삶과 문제들은 무척 다양하고 복잡하기 때문에 사회복지실천에서 요구되는 지식체계는 다양할 수밖에 없다. 사회복지사가 클라이언트의 모든 경험이나 문제를 직접 겪거나 그에 정통할 수는 없지만(Morales, Sheafor, & Scott, 2010: 29), 적어도 기본적 지식을 통해 이해의 수준을 높일 수는 있다. 사회복지실천의 지식은 크게 인간 행동 발달에 관한 지식, 사회·경제·문화적 제도에 관한 지식, 사회복지실천 방법에 관한 지식 등으로 구분되기도 하며(Hepworth et al., 2017: 13-14), 상담기술 등을 다룬 구체적 이론에서부터 사회 전반을 다루는 일반체계이론과 같은 거대이론 수준까지 다양한 내용이 포함된다. 사회복지실천이 필요로 하는 지식의 특성을 살펴보면 다음과 같다.

첫째, 사회복지실천에서 지식은 개인과 환경을 이해하는 기초로 활용되며, 정치학, 인류학, 자연과학 등 여러 학제의 영향을 받기도 하지만 주로 사회과학, 특히 심리학과 사회학으로부터 차용된 경우가 많다(Johnson & Yanca, 2009: 41). 개인과 환경이 처한 상황이 다양한 만큼 사회복지실천에서는 여러 학제로부터의 복합적 지식이 폭넓게 활용될 필요가 있다.

둘째, 상황 안에서 개인과 사회적 체계의 관계를 고찰하는 지식으로 인간 행동 발달, 다양성, 사회체계이론, 생태적 접근, 강점 관점 등이 포함된다. 이들 지식은 클라이언트의 문제와 욕구를 사정하고 사회적 기능 수준을 향상시키는 원조과정 전반에서 활용된다.

셋째, 사회복지실천에는 과학적으로 엄격하게 입증되진 않아도 사회복지사들의 행동을 이끄는 중요한 지식이 있다. 클라이언트와 원조활동을 하면서 그들의 삶으로부터 배움을 얻어 축적된 '실천지혜'가 그것으로, 다양성과 개별성에 대한 진지한 숙고와 개인과 환경의 강점을 볼 수 있는 능력을 중요시한다.

넷째, 사회복지실천의 지식은 절충적 경향을 띤다. 그동안 여러 학문 분야의 영향을 받아 광범위한 지식체계를 형성해 왔지만 개입마다 일괄적으로 모든 지식을 활용할 수는 없다. 사회복지실천의 유형과 구체적 목적에 따라 실천을 위한 접근방법과 지식체계가 절충적으로 적용되는 것이 일반적이다.

3) 기술

사회복지사가 사회복지 전문직의 가치를 이해하고 전문 지식을 잘 갖추었을 경우 마지막으로 하나 더 필요한 것이 바로 기술이다. 가치와 지식이 클라이언트와의 협력적 업무관계에서 잘 반영될 수 있도록 하는 기술이 결부될 때 문제해결의 원조과정이 제대로 이루어진다. 사회복지실천의 기초기술은 대략 다음과 같이 나눌 수 있다(엄명용, 노충래, 김용석, 2008: 19-20).

- **면담기술**: 의사소통 및 관여 기술
- **사정기술**: 개인과 환경의 상호작용 맥락에서 문제와 어려움 발견
- **개입기술**: 정서 · 인지 개입기술, 상황인식 향상기술(설명, 정보 제공), 행동 및 사회성 훈련 기술 등으로 문제해결을 위한 직접적 개입에 활용
- **팀워크기술**: 다른 전문직과 협업해서 노력하는 기술
- **체계와의 연결기술**: 네트워크 형성 및 의뢰, 연계, 중개 등을 통해 개입 지속성을 유지
- **협상기술**: 클라이언트의 복지 증진과 권익회복을 위한 협상과 옹호의 기술
- **평가 및 종결 기술**: 결과를 평가하고 원조과정을 효과적으로 마무리하는 기술

이러한 다양한 기술은 단독으로 사용되기보다는 통합적으로 혼합해서 사용되는 경우가 많다. 실천기술들이 종합적으로 잘 활용될 때 클라이언트와

사회복지사의 협력적 원조관계가 형성되고 실천 성과에도 긍정적 영향을 미치게 된다.

 사회복지실천의 구성

앞서 살펴본 사회복지실천의 정의들이 사회복지실천이 무엇인가를 선언적으로 알려 주는 것이었다면, 보다 실체적 수준에서 사회복지실천을 구성하는 것이 무엇인지 살펴볼 필요가 있다. 이를 위해 사회복지실천의 목적과 그에 따른 사회복지사의 역할, 구성요소, 실천방법 등을 살펴보고자 한다.

1) 사회복지실천의 목적과 사회복지사 역할

사회복지실천의 목적을 명백하게 밝히려는 노력은 사회복지실천의 출현 이후 지속적으로 이어졌다. 1929년 미국에서 열린 밀포드(Milford) 회의에서는 사회복지실천이 지녀야 할 공통되고 기본이 되는 원리, 가정, 기술 등에 대한 최초의 합의가 발표되었으며, 이때 사회복지실천의 목적도 처음으로 구체화되었다. 이후 1979년 전미사회복지사협회(NASW) 전국회의에서 사회복지실천의 목적에 관한 본격적 논의가 이루어져 네 가지의 주요 목적이 합의되었다. 이들 목적에는 개인의 문제해결 능력과 환경(자원과 기회) 간의 상호작용을 강조했던 핀커스와 미나한(Pincus & Minahan, 1973)의 입장이 반영되어 있다. 오늘날 사회복지실천에서도 이들 네 가지의 목적은 여전히 중요한 개념이 되고 있다. 여기에 미국 사회복지교육협의회(Council on Social Work Education: CSWE)는 현대 사회의 특수성을 반영해 목적을 하나 더 추가해 오늘날 모두 다섯 가지의 사회복지실천의 목적이 제시되고 있다(Zastrow, 2014: 51). 각각의 목적에 따라 사회복지사는 사회복지실천에서 다양한 역할을 수행하게 된다.

(1) 사람의 문제해결 및 대처 능력, 발달상의 능력 증진

사회복지실천의 초점을 개인 수준에 둔 것으로, 스스로 문제해결을 충분히 할 수 없어 욕구 충족이 어려운 사람에게 특정한 변화를 가져오게 하는 데 목적을 둔다. 이때 사회복지사는 클라이언트 스스로 자신의 문제와 욕구를 명확하게 파악하고 이를 효과적으로 다룰 수 있도록 돕는 조력자(enabler), 변화를 위한 촉진자(facilitator)의 역할을 주로 담당하며, 상담하고(상담자), 정보를 제공하고 가르치며(교사), 지지를 제공하는 것과 같은 구체적 활동을 수행한다.

(2) 사람을 자원 및 서비스 제공체계와 연결

개인과 환경체계 간의 상호작용에 초점을 둔 목적으로, 사회복지사는 도움을 필요로 하는 개인이나 집단을 지역사회 내 자원(서비스)들과 연결시키는 중개자(broker)의 역할을 주로 담당한다.

(3) 인간중심적 자원 및 서비스 제공체계의 효과적 관리 · 운영

사람과 상호작용하는 체계의 변화에 초점을 둔 목적으로, 사회복지사는 법률 변호인처럼 클라이언트를 적극적으로 대변하는 옹호자(advocator)의 역할을 주요하게 수행한다. 이 외에도 프로그램 개발자, 조사연구자, 동료 직원의 관리 · 지도자(supervisor), 다른 자원체계와의 조정자(coordinator)나 자문가 등의 역할을 담당할 필요가 있다.

(4) 사회정책의 개발과 개선

앞의 세 번째 목적과 마찬가지로 사람과 상호작용하는 체계에 초점을 두되, 이러한 자원을 받치고 있는 법률과 사회정책 등 사회의 더 광범위한 체계에 더 큰 비중을 둔다. 사회복지사는 기획자(planner), 정책개발자(policy developer)로서 새로운 법률과 정책이 채택되도록 제안하고 부적절한 것들은 제거되도록 촉구하는 역할을 수행한다. 이 과정에서 사회복지사는 클라이언트의 권익을 위해 적극적 옹호자, 대중강연자의 역할과 함께 제도적 변화를 추구하는 사회행동가(activist)로 활동하기도 한다.

(5) 인간 공동체와 사회적 안녕(well-being)의 장려

사회적 불평등의 해소를 위해 빈곤과 억압 등의 문제가 원천적으로 발생하지 않도록 예방하는 노력이 사회복지실천에서 더욱 중요해지면서(Morales Sheafor, & Scott, 2010) 추가된 목적이다. 인간은 누구라도 남에게 양보할 수 없는 보편적 기본 권리를 타고나며 모든 이가 동일하게 이 권리를 보장받을 수 있도록 사회복지실천이 일조해야 한다는, 인권중심 사회복지실천의 당위성을 보여 준다. 사회복지사는 다양한 사회집단 간 자원과 힘의 배분이 보다 공정하게 이루어지고 사회적 억압과 배제를 줄이는 데 일조해야 한다.

2) 사회복지실천의 구성요소

어떤 현장에서 누구를 대상으로 하든 어떠한 요소를 갖추었다면 '사회복지실천'이라고 할 수 있을까? 이에 대한 다양한 입장 중에서 간결하고 매우 함축적이라는 평가를 받고 있는 대표적 개념 두 가지를 소개하면 다음과 같다.

(1) 펄먼(Perlman)의 4P

펄먼은 사회복지실천의 개념, 방법과 기술 등의 발전에 많은 업적을 남긴 학자였으며, 사람(Person), 문제(Problem), 장소(Place), 과정(Process)의 첫 글자를 따서 4P라는 압축적 표현으로 사회복지실천[4]을 설명한 것(Perlman, 1957)으로 유명하다.

① 사람

도움을 필요로 하는 보편적 의미의 인간으로, 자신의 힘으로 해결하기 어려운 문제로 인해 어려움에 놓여 있는 클라이언트를 가리킨다. 사람이 어려움 속에서 변화의 필요성을 인식하고 변화를 시도하는 것으로부터 사회복지실천은 출발한다(최혜지 외, 2013: 26).

② 문제

사람이 삶 안에서 겪고 있는 고통과 어려움, 그리고 이를 야기하는 상황과 조건 등을 의미하며, 구체적으로 해결되거나 변화되어야 할 부분이다. 대인관계 갈등, 부적응, 자원 부족 등이 대표적이다.

③ 장소

문제를 가진 사람의 문제해결을 위해 원조활동이 이루어지는 물리적 공간을 의미한다. 주로 사회복지실천 현장의 기관을 가리키며 공공기관과 민간기관 모두 포함된다. 문제를 가진 사람이 해결을 위해 이곳으로 직접 찾아오기도 하지만 기관이 문제를 가진 사람을 찾아 해결을 도모하기도 한다.

④ 과정

도움을 제공하는 일련의 업무상 절차 혹은 단계를 의미한다. 클라이언트와 사회복지사가 함께 이 절차를 밟아 나감으로써 문제해결에 이르게 된다는 점에서 '문제해결과정'으로 불린다.

(2) 핀커스(Pincus)와 미나한(Minahan)의 4체계

핀커스와 미나한(1973: 3-9)은 사회복지실천이 사회환경 안에서 사람과 체

---

4) 펄먼이 저술할 당시에는 개별사회사업(social casework)으로 지칭되었다.

계들 간의 상호작용에 초점을 두어야 한다고 강조하면서 4체계 개념을 소개했다. 종종 '4체계모델'로도 불리는데, 실제 현장의 통합적 사례검토에서 유용하게 활용될 수 있는 통합적 실천방법으로 분류되기도 한다(양옥경, 김정진, 서미경, 김미옥, 김소희, 2010: 127).

① 클라이언트체계

도움을 요청하거나 서비스를 기대하는 측으로, 개인뿐만 아니라 가족, 집단, 지역사회까지도 도움이 필요한 경우 클라이언트체계로 간주된다. 변화의 목표나 방법, 기간 등을 명시한 계약을 통해 공식적 클라이언트[5]가 된다.

② 표적체계

클라이언트의 문제해결을 위한 개입에서 공략의 대상(최혜지 외, 2013: 27)이 되는 부분, 즉 변화가 필요한 체계이다. 클라이언트의 문제해결을 위해 클라이언트 자신이 변화해야 할 경우, 클라이언트체계가 곧 표적체계이다. 이처럼 클라이언트체계와 표적체계가 동일할 경우, 클라이언트체계 전체를 표적체계로 간주하기보다는 문제 중심으로 초점을 두는 것이 중요하다(Hepworth et al., 2017: 18). 클라이언트 이외의 주변이 변화되어야 할 경우에는 클라이언트체계와 표적체계를 분리해서 별개로 살펴야 한다.

③ 행동체계

클라이언트의 개입목표를 달성하기 위해, 즉 표적체계에 변화가 일어날 수 있게 클라이언트와 사회복지사가 계획된 노력을 하도록 독려하고 지지할 수 있는 특정인과 주변 지지체계이다. 주로 가족이나 친구, 동료 등이 포함된다.

---

5) 클라이언트 이외에도 현장에서는 '서비스 이용자' '당사자' 등의 용어가 사용되기도 한다. 이 책에서는 '클라이언트'와 '서비스 이용자'의 두 가지 용어를 함께 사용하기로 한다.

④ 변화매개체계

클라이언트의 문제해결을 위해 계획된 변화를 실행하고 이끌어 가는 전문가와 그가 속한 기관을 가리킨다. 담당 사회복지사를 핵심으로 기관 내 다른 직원들 역시 이 체계에 포함된다.

콤튼과 갤러웨이(Compton & Galaway, 1994)는 4체계에 두 가지 체계를 추가해서 사회복지실천의 구성요소를 6체계로 보완해서 설명하였다. 다섯 번째 의뢰–반응(referral-response)체계는 스스로 도움을 요청한 자발적 클라이언트를 가리키는 클라이언트체계와는 달리, 타인에 의해 원조기관으로 의뢰된 비자발적 클라이언트를 지칭한다. 여섯 번째 전문가집단체계는 변화매개체계의 전문성의 근거를 제공하는 전문가협회 등을 의미하는 것으로, 개별 사회복지사의 원조활동에 대한 재가를 부여하고 사회복지실천의 질적 수준을 유지하게 한다.

3) 사회복지실천의 방법

전통적으로 사회복지실천을 위한 방법으로 개별사회사업, 집단사회사업, 지역사회조직이 각각 발달되어 왔다. 1970년대 이후 미국에서 이 세 가지 실천방법을 공통의 목적, 가치, 지식, 기술로 묶는 통합화가 진행되었고, 오늘날 사회복지실천은 어느 한 방법에 치우치기보다는 클라이언트 및 문제 상황에 따라 여러 방법을 복합적으로 사용하는 절충주의 방식을 취하고 있다. 특히 일반주의 실천방법의 확산은 방법상의 통합화를 더욱 공고히 했다(Sallee, 2003). 현재 사회복지관 등 대부분의 사회복지기관에서 개인과 가족, 집단, 지역사회의 문제 예방 및 개입 활동을 폭넓게 수행하는 사회복지사들은 일반주의 실천가(generalist)이다. 일반주의 실천에서는 개입 수준별 그리고 개입 대상별 특성에 따라 다양한 실천방법이 활용된다.

(1) 개입 수준에 따른 실천방법

변화가 일어나야 하는 곳의 크기나 규모에 따라 미시, 중간, 거시 등으로 개입 수준을 나눌 수 있으며, 그에 따라 실천방법도 달라진다.

① 미시적 수준(micro level)

개인 클라이언트와 일대일로 만나 클라이언트의 문제해결을 돕는 활동이다. 주로 개인의 심리사회적 상태, 부모-자녀 관계, 부부관계, 동료관계, 기타 가족구성원 간의 관계 등 개인의 가장 친밀한 상호작용과정에 사회복지사가 개입하여 클라이언트의 문제해결을 돕는 실천이다(엄명용 외, 2016: 20). 대개 클라이언트를 직접 만나 이루어지기 때문에 직접실천으로 불리며, 전통적 개별사회사업에서 출발하였다.

② 중간 수준(mezzo level)

미시와 거시의 중간 수준에서의 활동을 의미한다. 클라이언트 개인의 친밀한 인간관계를 다루는 미시적 수준보다는 조금 거리를 둔, 집단이나 지역사회와의 상호작용 양상에 관심을 둔다. 지역사회 자원의 발굴 및 연계, 집단(자조집단, 지지집단, 치료집단)의 형성과 운영을 통한 실천이 이에 포함되며, 직간접 실천방법이 모두 동원된다.

③ 거시적 수준(macro level)

클라이언트의 삶에 영향을 미치는 전체 사회나 국가의 정책, 조직이나 기관의 상호작용, 행정체계 등을 대상으로 하는 실천이다. 복지정책의 개발과 분석, 정책 대안의 발굴과 제시, 기관·조직의 행정전달체계상의 대안 제시, 지역사회 자원의 개발 등의 활동이 사회의 취약계층을 보호하고 옹호하는 맥락 안에서 이루어진다.

사회복지사가 사회복지서비스를 필요로 하는 사람을 직접 만나 일한다는 점에서 사회복지실천을 직접실천으로 부르기도 한다. 그러나 사회복지실천이 직접실천만을 포함하는 것은 아니다. 클라이언트의 문제해결을 곁에서 직접 돕고 서비스를 연계하는 데 주력하는 대부분의 사회복지사는 실제 미시적 수준이나 중간적 수준에서 활동한다. 그러나 거시적 사회환경 측면이 클라이언트의 삶이나 서비스 제공 자체에 큰 영향을 미치는 경우, 미시적 혹은 중간적 수준으로만 실천을 한정하는 것은 바람직하지 않다. 클라이언트가 겪는 고통과 어려움, 문제 발생의 사회적 맥락을 놓치고서는 제대로 된 사회복지실천 수행이 어렵다는 점에서 직접실천을 주로 하는 사회복지사라고 하더라도 거시적 수준에 대한 지속적 관심이 필요하다.

(2) 개입 대상에 따른 실천방법

사회복지실천의 개입 대상으로 개인, 가족, 집단, 지역사회 등이 포함되며, 그 대상에 따라 다양한 실천방법이 활용된다.

① 개인 실천

사회복지사가 문제를 가진 개인을 일대일로 만나 원조관계를 형성하고, 이를 기반으로 문제해결을 돕는 실천방법이다. 사회복지관이나 정신건강복지센터, 주민행정복지센터 등에서 근무하는 사회복지사와 사회복지전담공무원들의 업무수행 대부분이 개인 클라이언트를 만나 이루어진다. 욕구 확인과 서비스 신청을 돕기도 하며, 부적응이나 어려움에 대한 지지와 상담, 정보안내 등을 제공한다. 개인 대상 실천은 처음 접촉의 대상이 개인일 뿐, 개인의 문제해결을 위해 개인만을 돕는 것은 아니다(엄명용 외, 2016: 22). 클라이언트 개인의 생각, 감정, 행동 등 개인 차원(micro)의 변화를 도모하기도 하지만 필요에 따라서는 클라이언트의 문제에 직간접적 영향을 미치는 주변체계(mezzo, macro)에도 개입해서 변화를 시도한다.

② 가족 실천

가족 대상의 개입이 이루어지는 경우는 두 가지이다. 개인보다 가족을 단위로 개입하는 것이 변화 가능성이 더 높다고 판단되는 경우, 그리고 개인 클라이언트의 문제해결을 위해서는 가족의 협조와 노력이 필요한 경우이다. 전자의 경우 가족 전체를 하나의 클라이언트체계로 보며, 문제의 원인과 해결 지점을 가족구성원 한 사람의 개인적 요인에서 찾기보다는 가족구성원 간 상호작용의 역동 안에서 찾고자 한다. 주로 부부갈등, 부모-자녀 문제, 아동 문제, 세대 간 갈등 등을 주요하게 해결해야 할 경우 가족 단위의 개입이 유용하다.

③ 집단 실천

두 명 이상의 사람들로 집단을 구성해서 사회복지실천 개입의 단위로 삼을 수 있다. 비슷한 문제를 지닌 사람들이 모이면 동병상련을 통해 상호 지지가 교환되고 집단 자체의 역동성이 만들어져 구성원 모두가 자연스럽게 변화할 수 있는 계기가 된다. 특히 사회지지체계가 취약한 사람들은 집단에 소속되는 그 자체가 개입의 효과를 지닌다. 결혼이주여성 한글교실, 청소년 캠프, 단주모임, 장애자녀 부모모임 등 다양한 프로그램을 집단 실천의 방식으로 제공할 수 있다. 대개 사회복지사가 클라이언트를 모아 집단을 구성하고 프로그램을 직접 진행하는 방식이지만, 문제의식을 공유한 집단구성원들이 스스로 운영하는 자조집단 방식도 있다.

④ 지역사회 실천

지역사회 실천은 지역에 속한 주민이 자신들의 사회적 기능을 향상시키기 위해 필요한 의식개혁, 환경개선, 지역사회 조직화 등을 주체적으로 협력해서 해 나갈 수 있도록 돕는 것이다(엄명용 외, 2016: 25). 사회복지사는 안내자, 조력자, 조정자, 사회행동가 등의 역할을 수행하는데, 특히 지역주민 스스로

가 서로 협동해서 지역의 문제를 해결할 수 있도록 돕는 것이 중요하다. 이를 위해 사회복지사는 지역 및 지역주민의 특성과 성향 파악, 문제와 욕구 확인을 위한 욕구조사, 자원 확인과 발굴, 주민 조직화, 자원개발 등의 활동을 한다. 또한 지역주민들과 바자회나 캠페인, 일자리 마련, 마을 만들기 등의 공동사업을 함께 추진하거나 지역주민이 모일 수 있는 장소(시설) 제공, 회의 일정 관리 등을 맡아 주민 조직화를 촉진하는 활동을 한다.

(3) 일반주의 실천: 통합적 실천방법

일반주의 실천은 인간과 사회의 안녕을 증진함에 있어 다양한 대상(개인, 가족, 집단, 조직 및 지역사회)에 대해 다양한 방식으로 예방 및 개입 활동을 하는 실천방법이다. 문제해결에 보다 심화된 방법이 필요할 경우에는 클라이언트체계를 전문주의 실천(예: 아동보호전문실천, 정신건강복지실천 등)으로 의뢰하는[6] 업무를 수행하기도 한다. 1960년대 후반 사회체계이론에 기초를 두고 등장한 일반주의 실천은 다양한 실천 방법과 기술의 절충을 통해 갈수록 복잡해져 가는 클라이언트의 문제와 욕구에 대응하는 주요 실천방법으로 자리 잡았다(Morales et al., 2010: 40).

일부 전문실천현장을 제외한 대부분의 사회복지현장에서 근무하는 사회복지사들은 일반주의 실천 방식을 통해 서비스를 제공하게 된다. 이들은 개인, 가족, 집단, 지역사회 혹은 거시적 사회에 이르기까지 다양한 규모의 체계들과 변화를 촉진하는 일을 수행하며(Sallee, 2003), 클라이언트체계의 규모와 문제의 내용에 따라 구체적 개입 방법과 전략들을 달리 조합시켜야 하는, 이른바 통합적 절충주의 방식으로 일을 한다. 따라서 일반주의 실천을 담당하는 사회복지사는 폭넓은 지식과 기술의 습득을 필요로 한다. 일반주의 실

---

6) 이런 점에서 사회복지실천의 일반주의와 전문주의는 의학의 일반의와 전문의 간의 관계와 비슷하다.

천에서 사회복지사가 초점을 두어야 할 핵심은 다음과 같다(CSWE, 2015: 11; Morales et al., 2010: 40).

- '환경 속의 인간'의 관점에서 문제 상황을 바라본다. 사회체계이론에 근거하여 개인-환경 상호작용에 초점을 유지하고 개입이 지속되도록 돕는다.
- 사회복지사는 여러 역할을 맡으면서 개인, 가족, 집단, 조직 및 지역사회 등 다양한 클라이언트 규모와 수준에서 예방과 개입, 중재 등을 할 수 있는 역량을 지녀야 한다.
- 사회복지실천 전문직이 추구하는 윤리적 원칙과 비판적 사고를 따르고 적용한다.
- 실천에서 다양성을 받아들이고 인권과 사회·경제적 정의를 옹호한다.
- 모든 사람이 저마다의 강점과 탄력성을 가지고 있음을 알고 이를 북돋워야 한다.
- 과학적 연구와 조사에 근거해서 실천하며, 실무에 영향을 미치는 맥락 사안에 대해 능동적으로 대응한다.

 사회복지사의 전문 역량

사회복지실천에서 클라이언트의 문제해결을 돕는 가장 중요한 도구인 사회복지사는 클라이언트의 문제해결을 위해 다방면에서 적극 조력하기 위한 전문 역량을 갖추어야 한다. 전문 역량이란 사회복지사가 개인과 지역사회 공동체의 안녕을 증진시키기 위해 의도된 목적 지향의 전문적 방식으로 전문직 가치와 지식, 기술을 통합해서 적용하는 능력으로, 사회복지실천의 질을 담보하는 중요 요인이다. 일반주의 실천을 중심으로 사회복지사가 갖추어야 할 역량은 다음과 같이 요약되며(CSWE, 2015: 7-8), 전문 가치와 지식, 기술의 통합적 적용을 반영하고 있다.

첫째, 사회복지사는 전문 가치와 관련 법률 등을 이해해서 윤리에 부합한 실천을 해야 하며, 이를 위해 개인적 차원의 자기인식과 함께 슈퍼비전과 동료자문이 활용된다.

둘째, 사회복지사는 연령, 계층, 장애, 민족성, 성역할, 정치 성향, 인종, 성지향성, 종교 등의 다양성이 인간의 삶(경험)을 어떻게 특징짓는지 이해하고, 사회적 차별과 억압이 발생하는 사회적 기제와 그 결과에 관심을 가져야 한다.

셋째, 사회복지사는 사회 · 경제 · 환경 차원의 정의를 이해해서 인권 옹호와 사회경제적 정의를 발전시키는 데 참여한다.

넷째, 사회복지사는 과학적 조사와 연구를 통해 증거기반(evidence-based) 실천을 수행해야 하며, 이를 위해 다양한 연구조사방법론의 이해와 학습이 필요하다.

다섯째, 사회복지사는 직접실천뿐만 아니라 중앙정부 및 지방자치단체를 통해 전달되는 서비스의 뿌리가 되는 사회정책들을 이해하고 비평적으로 평가할 수 있어야 한다. 필요시 클라이언트집단을 위한 옹호의 차원에서 정책 제언이나 개선을 요구하는 집단행동에 참여한다.

여섯째, 사회복지사는 개인, 가족, 집단, 사회조직, 지역사회 등 다양한 체계의 문제를 전체적 시각에서 정확히 사정하고 합의된 개입목표의 수립 및 개입전략의 선택, 개입의 실행, 실천 과정과 결과의 평가 등을 할 수 있어야 한다. 이를 위해 인간 행동과 사회환경에 관한 다양한 지식의 적용과 감정이입 등의 의사소통기술을 효과적으로 활용하는 것이 필요하다.

이와 같은 사회복지사의 전문 역량은 원조의 대상이 개인뿐만 아니라 가족, 집단, 사회조직, 지역사회에 이르는 다양한 규모의 체계가 될 수 있음을 강조하고 있다. 어떤 규모의 대상이든 사회복지사는 원조관계를 형성하고 '환경 속의 인간' 관점에서 문제를 심층적으로 탐색하며, 미시, 중간, 거시 등

의 다양한 수준을 오가며 해결 대안을 찾고 개입하게 된다. 이 책의 이후 장
들에서는 사회복지사가 이와 같은 전문 역량을 어떻게 갖출 것인지를 역사,
가치, 이론, 관점, 모델, 실천단계 등의 보다 구체적인 초점과 관련지어 살펴
보고자 한다.

참고문헌

양옥경, 김정진, 서미경, 김미옥, 김소희(2010). **사회복지실천론**. 서울: 나남출판.

엄명용, 김성천, 오혜경, 윤혜미(2016). **사회복지실천의 이해**. 서울: 학지사.

엄명용, 노충래, 김용석(2008). **사회복지실천기술의 이해(제2판)**. 서울: 학지사.

조흥식, 김연옥, 황숙연, 김융일(2009). **사회복지실천론**. 경기: 나남출판.

최혜지, 김경미, 정순둘, 박선영, 장수미, 박형원, 배진형, 박화옥, 안준희(2013). 사회
　　복지실천론. 서울: 학지사.

Barker, R. L. (2003). *The social work dictionary*. Washington, D.C.: NASW Press.

Compton, B., & Galaway, B. (1994). *Social work precesses*. Pacific Grove, CA:
　　Brooks/Cole.

Council of Social Work Education (CSWE). (2015). *Educational policy and
　　accreditation standards*. CSWE.

Dubois, B., & Miley, K. K. (1996). *Social work: An empowering profession*. Allyn &
　　Bacon.

Flexner, A. (1915). "Is social work a profession?" in Proceedings of the National
　　Conference on Charities and Corrections (pp. 576-590). New York: Hildmann.

Hepworth, D. H., Rooney, R. H., Rooney, G. D., & Strom-Gottfried. (2017).
　　Direct social work practice: Theory and skills (10th ed.). Boston, MA: Cengage
　　Learning.

Johnson, L. C., & Yanca, S. J. (2009). *Social work practice: A generalist approach*.
　　Boston, MA: Allyn and Bacon.

Kirst-Ashman, K. (2003). *Introduction to social work and social welfare: Critical thinking perspectives*. Brooks/Cole.

Morales, A. T., Sheafor, B. W., & Scott, M. E. (2010). *Social work: A profession of many faces* (12th ed.). Boston, MA: Allyn & Bacon.

National Association of Social Workers (1973). Standards of social service manpower. New York: NASW.

Perlman, H. H. (1957). *Social casework: A problem-solving process*. The University of Chicago Press: Chicago, IL.

Pincus, A., & Minahan, A. (1973). *Social work practice: Model and method*. Itasca, IL: Peacock.

Richmond, M. E. (1922). *What Is social casework?* New York: Russel Sage Foundation.

Sallee, A. (2003). A generalist working definition of social work practice: A response to bartlett. *Research on Social Work Practice, 13*(3), 349-356.

Skidmore, R. A., Thackeray, M. G., & Farley, O. W. (2000). *Introduction to social work*. Boston, MA: Allyn & Bacon.

Zastrow, C. (2014). *Introduction to social work and social welfare: Empowering people* (11th ed.). Belmont, CA: Brooks/Cole.

참고 사이트

International Federation of Social Workers. https://www.ifsw.org/

National Association of Social Workers. https://www.socialworkers.org/Practice

제 **2** 장

사회복지실천의 역사와 변화

역사는 단순히 과거의 이해만이 아니라 현재 당면한 여러 상황을 다각도로 바라보고 해결 노력을 기울일 수 있게 통찰력을 제공한다는 점에서 중요하다. 사회복지실천은 사회가 사회문제를 인식하고 해결방안을 찾는 과정에서 발달해 온 만큼 시대별 정치적·사회적 배경을 중심으로 역사를 살펴봐야 한다. 주요 역사적 상황 속에서 주류적 사회 가치와 관점, 사상 등이 사회복지실천 발달의 흐름에 미친 영향을 이해하는 것이 필요하기 때문이다. 오늘날 우리가 접하는 사회복지실천은 보수주의에서부터 급진주의에 이르기까지 사회의 다양한 사상과 가치가 반영된 결과이다. 이에 사회복지실천의 전문화와 정체성 확립을 다져 온 역사적 과정을 각 시대의 특징적 상황을 중심으로 살펴보고자 한다. 우리나라 사회복지실천의 태동과 발전은 미국의 영향을 강하게 받았다. 따라서 이 장에서는 미국을 중심으로 서구 사회복지실천의 발달 역사를 살핀 후, 우리나라의 발달과정을 살펴본다.

 서구 사회복지실천의 발달

　서구 사회복지실천의 시작은 1601년 엘리자베스의 「빈민법」에 기원을 두고서 영국에서 먼저 이루어졌다. 그러나 영국에서 건너간 사회복지실천은 미국에서 더욱 활성화되는 계기를 맞이했다. 개인권리 신장을 바탕으로 자유주의와 개인책임주의를 강조하는 미국의 사회 분위기로 인해 자연히 자선조직협회나 인보관 등을 통한 민간주도형 사회복지실천의 확대와 발전이 이루어졌기 때문이다.

1) 태동기

　19세기 자유방임형 산업자본주의로 인해 사회는 급격히 변화했으며, 이로 인해 발생한 도시 빈곤층 증가와 같은 사회문제들은 이전의 구빈으로 해결하기에는 한계가 있었다. 이 시기에는 문제의 원인을 밝힐 수 있다면 해결은 명백히 이루어진다는 자연과학적 사고를 사회현상에 적용하려는 시도에서 빈곤 원인을 파악하려는 과학적 조사가 이루어졌다. 그 결과로 빈곤의 실상을 접하게 되었고, 사회적 약자나 가난한 사람이 더 나은 삶을 살 수 있게 도와야 한다는 박애주의적 사회 인식이 형성되면서 자선조직협회와 인보관운동이 출발했다. 이들 두 흐름으로부터 사회복지전문직(social work profession)이 출발했으나, 양자는 문제의 원인이나 해결방안 등에서 매우 다른 입장을 취했다.

(1) 자선조직협회(COS)

자선조직협회(Charity Organization Society: COS)는 1869년 런던[1]에서 최초로 결성된 민간단체로서, 빈민의 개인적 특성과 수혜 조건 등을 철저하게 조사하고 기록하는 '과학적 자선'을 통해 자선의 중복과 남용을 방지하는 데 목적을 두고 설립되었다. 빈민의 개인적 결함에서 빈곤이 비롯된다는 당시의 사회 인식을 그대로 반영하고 있었으며, 개인적 결함의 원인을 찾아 원조를 제공하고자 했다. 이전의 자선단체들과는 달리 자선조직협회는 유급직원의 고용을 통해 보다 체계적 원조를 제공하려 한 점이 특징이다. 유급직원들은 우애방문원(friendly visitor)으로 불리는 중산층 여성 자원봉사자들의 훈련 및 배치 · 관리 등을 책임지는 동시에 이들 자원봉사자가 빈민 가정을 방문해 조사해 온 자료를 기록하고 분석해서 자선 제공 여부를 결정하는 일도 담당했다. 이들 유급직원은 오늘날 사회복지사의 전신으로 평가된다.

리치몬드(M. Richmond)는 미국의 자선조직협회의 활동을 이끌면서 초기 사회복지전문직의 발전에 큰 기여를 한 실천가였다. 그녀는 1917년 출간한 『사회진단(Social Diagnosis)』에서 빈곤의 개인책임주의 입장을 고수하면서도 빈민 개인의 변화를 위해서는 그를 에워싸고 있는 환경을 파악하는 것, 즉 '사회진단'의 중요성을 피력했다. 이것은 사회복지실천이 개인과 환경 양쪽을 모두 다루어야 한다는 '환경 속의 인간' 관점의 첫 출발로서 의의를 지닌다. 이 책이 출간된 이후 미국 동부 지역을 중심으로 많은 토론과 세미나가 개최되었으며 결과적으로 공식교육기관인 대학(컬럼비아 대학)에서 정식 학과(School of Social Work)가 개설되는 계기가 마련되었다.

자선조직협회의 활동은 사회적으로 공적 보호체계가 마련되지 못한 19세기 후반에서 20세기 초반의 미국에서 민간 자발적 주도로 빈곤에 대응하려 한 점에서 의의가 있다. 빈민 개인의 개별 특성을 면밀히 파악해서 체계적 원

---

1) 미국의 자선조직협회는 1876년 버팔로에서 처음 시작되었다.

조를 제공하고자 했던 점은 클라이언트 중심의 접근으로 전문가주의의 기초를 닦은 것으로 평가된다. 그러나 온정주의적 박애주의에 바탕을 둔 자선조직협회는 개인과 환경 모두를 보려 하긴 했지만, 사회구조 차원에서 빈곤을 근원적으로 해결하기보다는 개인의 변화나 재활에 역점을 두는 전통을 오늘날 사회복지실천에 물려주었다.

(2) 인보관운동

자선조직협회가 활동을 전개하던 비슷한 시기에 자유방임적 산업자본주의로 인한 사회문제에 개혁적으로 대응하려는 진보지식인층의 활동도 전개되었다. 이들은 환경을 통해 진화적 변화가 가능하다고 주장한 개혁적 사회진화론자 존 듀이(J. Dewey)의 영향을 받아, 문제의 원인을 개인의 결함보다는 사회구조에서 찾고 사회 변화를 통해 사회적 약자의 문제를 근원적으로 해결하고자 인보관운동(Settlement House Movement)을 전개했다.

1884년 영국 런던에 최초의 인보관 토인비홀이 설립되고 1889년 미국 시카고에 헐하우스가 설립되면서 인보관운동은 사회적 반향을 일으켰다. 인보관운동을 주도한 사회 진보 지식인들은 사회정의를 위한 계층 간 상호 협력관계를 중시했으며, 빈곤 지역에 인보관을 지어 직접 거주하면서 지역의 욕구에 따라 다양한 교육과 자조집단 프로그램을 실시하였다. 개인이 환경에 대처하는 방법을 가르치는 학습을 중시했으며, 혼자의 힘보다는 집단적 연대를 통해 결집된 행동으로 문제해결을 하도록 원조함으로써 임파워먼트(empowerment) 실천의 기원이 되었다. 미국 인보관운동을 주도한 애덤스(J. Adams)는 사회행동을 통한 정치개혁으로 사회 변화를 이끈 공로로 노벨평화상을 수상했다(1931년).

빈민들 스스로 사회적 환경을 만들어 나가도록 주도성을 키우는 데 관심을 기울였던 인보관운동은 빈민들이 이웃과 연대·결집하여 스스로를 옹호할 수 있도록 도왔다. 이러한 점은 오늘날 지역사회복지의 토대가 되었으며, 급진주의 실천과 반억압적 실천 등 비판적 사회복지실천 전반에도 영향을 미치게 되었다.

2) 전문화의 시작

제1차 세계대전 후 미국 사회는 보수적 경향 속에서 사회적 책임성의 가치보다는 가치중립적 '과학'에 대한 기대가 고조되는 분위기였다(홍선미, 2011). 전쟁 후 국수주의와 인종차별의 경향이 증가했고, 이민자를 돕던 인보관에 대한 비판과 자선단체에 대한 사회적 논란이 일면서 사회적 약자를 돕는 활동은 위축되었다. 한편, 전쟁 이후 정신위생에 관한 사회적 관심이 높아져 정신과학의 영향력이 커지는 현상이 나타났다. 특히 지그문트 프로이트(S. Freud)의 정신분석학은 1920~1930년대에 문화 사조로 불릴 만큼 사회 전반에 강한 영향을 미쳤다. 사회복지실천(당시 개별사회사업)은 정신분석적 패러다임의 영향으로 사회환경에 대한 관심은 줄이고 개인에 대한 치료 쪽에 치중하는 경향을 보였다.

당시 사회복지사들이 사회적 인정이나 권위를 확보하고자 전문가주의에 대한 열망이 강했던 점도 정신분석학을 적극 수용하게 된 배경이 되었다. 1915년 미국에서 개최된 '전국자선 및 교정회의'에서 카네기 재단 직원이었던 플렉스너(Flexner)는 '사회복지(social work)는 전문직인가?'라는 연설을 통해 사회복지사는 의사나 변호사에 비해 전문직 속성을 갖추지 못했음을 지적하며 전문가라고 할 수 없다고 주장해 당시 논쟁을 불러일으켰다. 이것은 사회복지실천계가 이론적 기초 마련, 실천방법상의 공통된 합의 도출, 사회복지사 양성 교육기관 증대, 교과과정 표준화, 전문가협회 조직화 등과 같은 전문직 속성을 갖추려는 내부적 노력을 기울이게 된 계기가 되었다. 1929년 밀포드 회의를 통해 사회복지실천의 공통성과 목적을 규명[2]함으로써 사회복지전문직의 성격을 명확히 하고자 했다. 이와 같은 전문직의 내부 성찰 노력도 개인의 내부 성찰을 강조하던 당시 정신분석학의 영향을 받은 한 단면으로 볼 수 있다.

정신분석적 의료 패러다임의 영향으로 사회복지실천 현장은 앞선 시대와는 달리 빈곤 발생의 사회적 맥락이나 사회개혁에는 소극적이었다. 대신 개인 과거력 조사를 통해 성격 형성과정을 이해하고 현실적응력을 높이려는 개별 심리치료나 상담 등의 비중을 높이는 쪽으로 발전하였다. 이러한 점은 사회복지실천이 전통적으로 중요하게 다뤄 오던 빈곤층의 삶에서 멀어지게 되는 결과를 초래했다(Reynolds, 1964: Healy, 2012에서 재인용).

3) 전문화의 형성

1930년대와 1940년대는 대공황과 제2차 세계대전의 여파로 어느 때보다 사회적 변화가 많았던 시기였다. 그리하여 사회복지실천에도 많은 변화가 있었는데, 특히 사회의 다양한 문제 상황을 다루면서 축적된 이론과 경험으로 전문가주의로 발전하게 되었다. 이는 빈곤 및 일탈의 원인을 개인적 측면에서만 찾던 의료 패러다임이 다소 후퇴하고, 이후 개인과 환경 간의 상호작용을 주요하게 다루는 '환경 속의 개인' 관점이 확립된 결과였다.

(1) 실천 초점의 이동: 개인에서 사회로

1929년의 세계 대공황은 실업과 빈곤, 이로 인한 불평등의 심화 등 그동안 미국 사회에 내재되었던 사회적 위험을 급격히 촉발시켰다. 그 결과로 사회적 보호에 대한 인식이 높아졌고 정부의 책임 있는 역할을 촉구하는 요청이 커졌다. 루스벨트 대통령은 뉴딜정책을 통해 경제적 재건에 정부가 적극적

---

2) 이때 사회복지실천(social work)은 여러 전문 분야의 집합체가 아닌 통합된 하나의 전문직이라는 점이 강조되었다(Bartlett, 1970).

으로 개입하고자 했으며, 1935년 「사회보장법」을 통해 사회안전망을 제도적으로 마련했다. 이때 많은 수의 사회복지사가 공공 영역에 고용되어 사회의 제반 측면들을 다루면서 사회복지실천 이론이 풍성하게 발전되었다. 이 시기에 환경(혹은 상황, 맥락) 속에서 개인의 문제를 보아야 한다는 관점이 확립된 것은 사회복지실천의 중대한 성장이라고 할 수 있다.

(2) 진단주의 학파와 기능주의 학파의 양립

1940년대 미국 사회복지실천에서 진단주의와 기능주의의 두 학파는 서로 치열한 논쟁구도를 형성하였으며, 이러한 대립은 결과적으로 사회복지실천 이론체계의 과학적 기반을 다지고 다양한 실천모델의 개발로 이끌었다(홍선미, 2011).

① 진단주의 학파

프로이트 정신분석학으로 대표되는 심리학을 적극 수용하면서 전문이론체계를 만드는 노력은 진단주의 학파의 발전으로 이어져 사회복지실천의 이론적 토대를 확고히 했다. 대표적 학자로서 사회복지에 정신분석이론을 결합시켰던 해밀턴(G. Hamilton)은 개인의 문제를 다룸에 있어 상황에 대한 해석을 포함하고자 '상황 속의 개인'이라는 개념을 발전시켰다. 개인과 환경을 연결하려 한 해밀턴의 학문적 기여는 이후 홀리스(F. Hollis)에 의해 더욱 다듬어져 오늘날 '심리사회적' 모델의 초석이 되었다.

② 기능주의 학파

사회복지실천이 전문화 확립의 초석을 다지는 과정에서 정신분석학을 받아들이는 것에 대한 비판도 나타났다. 기능주의 학파가 그 대표적 예로, 진단주의가 사회개혁이나 사회정책 등에는 관심을 두지 않고 의료모델로 편향된 점을 비판하면서 사회복지실천에 대한 반성적 성찰을 제기했다. 대상자를 치료 대상으로 보기보다 주체성과 존엄을 지닌 한 인간으로 보고자 했던 기능주의 학파는 당시 진단주의 못지않은 확산력을 지녔다. 프로이트의 제자였지만 독자적 심리치료를 개척했던 랑크(O. Rank)로부터 학문적 영향을 받은 기능주의 학파는 클라이언트의 의식 수준, 현재 경험(here-and-now), 개인 의지 등을 강조함으로써 무의식 수준과 과거 경험을 중시하던 진단주의와는 확연히 대조되는 입장을 취했다. 또한 원조과정을 초기·중기·종결의 단계로 나누고 종결 시점을 미리 정해 '시간제한성'을 중시한 점도 기능주의 학파의 특징이다.

4) 전문화의 확립

제2차 세계대전이 끝난 후 1950년대의 미국은 세계무대에서 막강한 정치경제적 힘을 바탕으로 경제적 호황을 누렸다. 공공부조서비스가 확대되고 경제적 풍요 속에서의 빈곤문제는 사회적으로 부각되지 않았다. 이러한 사회 분위기에서 민간사회복지 시설과 기관들은 빈민 대상의 현금·현물서비스의 비중을 줄이고, 대신 개인·가족상담, 집단 프로그램 등 중산층의 다양한 욕구에 부응하는 쪽으로 서비스를 확대했다. 이 가운데 전문 역량을 중심으로 사회복지사의 개인 개업이 급격히 확대되어(DuBois & Miley, 1996: 홍선미, 2011에서 재인용) 사회복지실천의 전문화 열기는 더욱 고조되었다. 실천 범위의 확대와 실천방법의 다원화는 사회복지실천의 전문직 위상을 높이고 전문화 확립에 기여했다. 그러나 이로 인해 경제적 어려움을 가진 사회적 약자나 빈곤층의 삶에서 사회복지실천이 멀어지는 결과가 초래된 것도 사실이다(Reynolds, 1964: Healy, 2012에서 재인용).

(1) 전문 원조관계의 원칙 확립

비에스텍(Biestek, 1957: 149)은 사회복지실천의 전문적 관계 형성을 일곱 가지의 원칙으로 집약해서 설명하였다. 그가 제시했던 개별화, 의도적 감정 표현, 통제된 정서, 수용, 비심판적 태도, 클라이언트 자기결정, 비밀보장의 일곱 가지 원칙은 오늘날까지도 사회복지사들에게 중요한 지식으로 전승되고 있다. 이들 원칙에 대해서는 제7장(사회복지실천의 관계)에서 구체적으로 다룰 것이다.

(2) 문제해결모델의 등장

펄먼(Perlman, 1957)은 사회복지실천을 '문제해결과정'으로 설명하는 문제해결모델을 제시하였다. 펄먼은 진단주의 학파와 기능주의 학파의 주장을 현실적으로 절충한 실용주의 입장을 취하면서, 현재에 초점을 둔 '대처' 개념을 통해 인간의 능력에 대해 낙관적 입장을 보였다. 문제는 병리적이거나 부정적인 것이 아니라 누구에게나 발생하는 생활의 일부분으로, 해결방법을 알아 가는 문제해결과정을 통해 해결 가능한 것이다. 펄먼은 '진단'이라는 용어를 사용했지만 그것이 의미하는 바는 오늘날의 '사정(assessment)'에 가까웠다. 펄먼의 문제해결모델은 이후 과업중심모델, 위기개입모델 등 다양한 후속 모델이 등장하는 기초가 되었다.

(3) 집단사회사업(group work)방법론의 발전

제2차 세계대전 후 미국은 대외적으로 정치경제적 힘을 얻기는 했어도 사회 내부적으로는 상이군인, 전쟁 미망인과 자녀 등 전쟁으로 인한 사회서비스의 수요가 급격히 증가하였다. 이러한 상황에서 기존의 개별사회사업(case work)방법만으로는 한계가 있어 집단을 통한 서비스 제공 방식이 관심을 끌기 시작했다. 비슷한 문제를 공유한 구성원들끼리 만들어 내는 집단 역동성이 문제해결의 고유한 기능을 발휘한다는 사실에 근거해 집단실천(group work)은 하나의 실천방법으로 발전·확산되었다.

5) 실천 패러다임 및 이론의 다원화

1960년대의 미국 사회는 다시 사회환경 쪽으로 관심을 옮기는 국면으로 전환되었다. 1950년대 호황기 동안 가려져 있던 빈곤문제가 주택문제, 청소년문제, 인종문제 등과 연루되어 심각성을 드러내면서 1964년 존슨 대통령의 대빈곤전쟁이 선포되었다. 이 시기의 사회복지실천은 개인 내부에 치중하는 정신분석학(심리학) 관점과 사회환경에 중점을 두는 사회학 관점 모두를 공통기반으로 재통합하려 노력했으며, 그 중심에 홀리스의 '심리사회적 모델'이 있다. 또 다른 한편에서는 임상적 전문가주의를 비판하고 사회복지가 사회비판적 태도를 견지해야 한다는 입장의 비판사회복지가 등장했다. 이러한 분위기 속에서 1960년대 사회복지실천에는 지역사회 개발, 빈곤대책, 지역사회 정신보건과 같은 새로운 사회정책과 사회서비스 프로그램이 등장했고(Healy, 2012: 140), 다양한 이론적 패러다임에 따른 실천의 다원화가 모색되었다.

(1) 심리사회적 모델의 정착

1960년대 사회복지실천 이론들은 정신분석학 편향성 대신 사회적 차원을 다시 반영하려는 경향을 띠었다. 그러나 사회학적 관점으로 전환하기보다는 이전의 심리학(정신분석) 기반에 사회학적 관점을 통합하는 방식으로 이루어졌다. 그중 진단주의 학파의 대표적 사회복지실천 이론가였던 홀리스의 심리사회적 접근(Psycho-Social Approach)이 대표적인데, 이는 오늘날까지도 보편적으로 사용되고 있는 실천모델이다. 홀리스에 의해 심리사회적 모델은 진단주의를 대표하는 모델로 자리 잡음으로써 '환경 속의 인간' 관점이 정착되었다. 용어의 사용에서도 '진단'과 '치료'라는 의학 용어 대신 '사정'과 '개입'이라는 용어를 보편적으로 사용하게 되었다.

(2) 방법론의 통합화 및 일반주의 실천의 등장

케이스워크, 집단사회사업, 지역사회조직 등의 각기 분리된 이론개발 대신 공통기반을 바탕으로 통합화된 전문성을 추구하려는 경향이 강하게 나타났다. 그 결과 사회복지실천 서비스를 제공함에 있어 기관별 특성보다는 클라이언트의 문제와 욕구에 우선해서 접근하는 통합화된 실천 방식, 즉 일반주의 사회복지실천이 등장하였다. 클라이언트의 문제가 복잡해지면서 문제해결에 특정의 방법보다는 여러 가지 가능한 방법을 다양하게 선택하는 절충적 방식이 필요하게 된 결과였다. 이로 인해 사회복지사는 넓어진 역할수행 범위 안에서 개인, 가족, 집단, 조직 및 사회 등의 다양한 규모와 수준에서 다양한 실천 방식을 취하게 되었다.

(3) 비판사회복지의 등장

미국 내 인권운동과 흑인해방운동이 확산되던 1960년대에 서비스 이용자 삶의 사회적 맥락을 고려해서 사회적 역할의 수행을 강조하는 비판사회복지가 등장하였다. 즉, 사회복지실천이 서비스 이용자의 문제와 삶에 영향을 미치는 거시적 사회구조를 비판적으로 이해하고 이에 직접 관여해야 한다는 입장으로, 실천가이자 행동가였던 레이널즈(B. Reynolds)가 대표적 인물이다. 그녀는 사회복지실천의 모든 수준에서 권력관계를 분석하고 이를 변화시킬 것을 강조하는 동시에 사회 내 지배적 가치를 무비판적으로 받아들이거나 가치중립을 취하는 전문가주의를 강하게 비판했다. 이와 같은 사회의 구조적 개혁에 대한 요구는 복지급여의 확대와 소수민족에 대한 원조 증대 그리고 복지권에 대한 인식을 높이는 견인차 역할을 했다.

비판사회복지가 실제 영향력을 발휘했던 시기는 1960년대와 1970년대였지만 비판적 성향의 사회복지사들은 사회복지실천에 오래전부터 있어 왔다(Healy, 2012: 386). 애덤스(J. Adams)는 1890년대부터 시카고에서 인보관운동의 전개를 통해 사회를 개혁하고자 했던 제1세대 비판사회복지사로 평가

된다. 그러나 인보관활동이 전개되던 시대와는 달리, 1960년대 비판사회복지의 사회개혁 열망은 당시 사회복지전문직 안의 내부적 합의를 얻지는 못했다. 레이놀즈와 같은 초기 비판사회복지사들은 사회복지전문직으로부터 외면당했고 정치사회적으로 힘을 확장할 수 없었다(Healy, 2012: 387). 그럼에도 불구하고 이들의 노력은 1980~1990년대의 여성주의적 사회복지, 반인종차별적 사회복지, 구조적 사회복지, 반억압적 실천 등과 같은 다양한 비판적 실천모델을 이끄는 밑바탕이 되어 현재까지 그 영향력을 지속시키고 있다.

(4) 생태체계 접근의 보편화

1970~1980년대의 냉전체계와 오일쇼크 등으로 인한 사회적 불안과 경제적 위기 속에서 미국 사회는 정치사회적으로 보수화되면서 사회복지제도에 대한 축소 요구도 높았다. 한편, 이 시기는 정치사회적 역동이 더욱 복잡해진 사회에서 기존의 단선적 인과관계로는 충분하지 않다는 사회 인식이 증대되면서 상황적 이슈에 대한 관심이 높아지던 시기였다. 이때 사회복지실천에서는 체계이론과 생태적 사고를 통합한 이론으로 인간-환경의 개념틀을 재구성한 생태체계적 접근이 등장하였다. 마이어(Myer)의 생태체계이론과 저메인과 기터먼(Germain & Gitterman)의 생활모델(life model)이 대표적이다. 생태체계적 접근은 인간과 환경 사이의 상호교류와 총체적 접근을 통해 복합적 문제에 대응하고자 했다. 개인 변화와 사회적 개혁 사이의 갈등을 줄여 주는 역할을 하는 생태체계적 접근에 대한 호응은 현재에도 여전히 높다.

생태체계적 접근이 강조하는 개인과 환경의 상호성은 기존의 사회질서를 수용하는 측면이 있다는 비판을 받기도 한다. 비판사회복지의 한 유형으로 1970년대에 이르러 독자적 접근으로 부상한 급진사회복지(radical social work)는 사회복지사가 구조적 권력관계나 정치적 영향력은 배제한 채 생태체계적 접근만으로 실천하는 것을 경계했다.

(5) 사회복지실천의 다원화

노숙자, 에이즈, 약물남용 등의 사회문제가 대두되면서 이들 문제와 관련된 사회복지실천 활동도 증가하게 되었다. 또한 개인의 발달 및 행동을 사정함에 있어 문화적 다양성, 강점, 성역할(gender) 등을 주요하게 고려하게 되었다. 개인의 능력 계발뿐만 아니라 다양한 형태의 사회·환경적 자원을 찾아 사회적 지지체계를 강화하려는 개입들이 여성주의 사회복지실천이나 임파워먼트모델 등에서 다양하게 시도되었다. 근래에는 체계적이고 명확한 과학적 지식을 통해 실천의 개입 효과성을 중요하게 여기는 증거기반(evidence-based)실천, 그리고 다양한 욕구에 대해 맞춤형 서비스를 제공하는 것을 목적으로 하는 사례관리실천 등이 주요하게 부각되고 있다.

 ## 2 우리나라 사회복지실천의 발달

우리나라 사회복지실천의 출발은 해방 전후와 한국전쟁이 발발했던 1950년대에 이루어진 것으로 보는 시각이 일반적이다. 일제강점기에 일제 당국(조선총독부)의 「조선구호령」을 통한 생활보호사업이 있었지만 그 의도와 목적이 식민 지배력의 강화라는 점에서 순수한 사회복지실천의 태동으로 보기 어렵고, 1945년 해방과 동시에 모두 사라져 역사적 의미를 가지기에도 한계가 있다. 이에 비해 해방 전후 외국인 선교사들에 의해 주도된 사업들은 다소 미미한 범위이긴 해도 인본주의적 차원의 사회복지실천의 시작이라고 볼 수 있다(김기태, 김수환, 김영호, 박지영, 2007: 76). 외국인 선교사들에 의해 출발된 그리 길지 않은 사회복지실천의 역사는 외국, 특히 미국의 사회복지실천 방법의 유입으로 우리나라 사회복지실천이 형성된 측면이 강하다.

1) 선교사 주도의 출발

1921년 미국 감리교 여선교사 메리 마이어스(M. Myers)에 의해 우리나라 최초의 사회복지관인 태화여자관이 서울에 설립되었다. 이곳에서 미국인 선교사들은 복음전도와 함께 여성과 아동을 위한 사회복지사업(social work)을 전개했다. 이후 태화기독교사회관으로 명칭이 변경된 후 약 43년간 주로 외국인 선교사[3]에 의해 운영되었으며, 현재 태화기독교사회복지관의 전신이 되었다. 1924년 감리교 여선교사 마렌 보딩(M. Bording)은 공주·대전 지역에서 '유아진료소'를 시작으로 유아들을 위한 복지사업의 시초를 마련했다. 순회방문 진료와 우유보급사업을 통한 유아들의 건강관리로 유아사망률을 획기적으로 낮추었고, 다른 선교 지역인 서울과 제물포, 평양, 해주로 확대되는 계기를 갖게 되었다(황미숙, 2011). 1947년에는 우리나라 최초로 이화여자대학교에 기독교사회사업학과가 설치되어 최초의 전문 교육이 이루어졌다는 의의를 지닌다.

2) 외원단체의 활약과 현장 조직화

한국에 미국식 사회복지실천 방법이 본격적으로 도입되기 시작한 것은 한국전쟁으로 사회적 재건이 필요했던 1950년대 초반이다. 큰 사회적 혼란을 겪던 한국을 돕고자 많은 외국민간원조단체(이하 외원단체)가 우리나라에서 대대적 활동을 전개했다. 협력과 조정을 통해 외원단체 간 중복과 사각지대 문제 등을 해결하고자 1952년 임시 수도였던 부산에서 한국외원단체협의회(Korean Association of Voluntary Agencies: KAVA)가 결성되었다. KAVA는 전

---

[3] 특별히 한국인으로서 깊이 관여했던 인물로 김활란이 있으며, 1933년까지 근무하며 많은 일을 한 것으로 알려져 있다(이덕주, 1993: 125-131).

쟁 이재민 구호와 각종 사회복지서비스를 담당하고 있던 당시 외원기관들의 허브 역할을 했다. 이후 외원단체 중 일부는 한국에서 사회복지사업을 종결하고 철수했지만 상당수는 우리나라에 뿌리를 내려 현재까지 주요 사회복지기관으로 역할을 수행하고 있다. 대표적 예로, 기독교아동복지회(현 초록우산 어린이재단), 선명회(현 한국월드비전), 홀트아동복지회, 한국지역사회복리회(현 세이브더칠드런), 캐나다 유니테리언 봉사회(현 한국봉사회), 메노나이트 중앙재단(현 사회복지법인 가정복지회), 스웨덴 아동구호연맹(현 한국아동복지회), 양친회(현 양친사회복지회) 등이 외원단체의 뿌리로부터 출발해 현재까지 활발하게 명맥을 이어 가고 있다(엄명용 외, 2016: 58-65).

비슷한 시기에 한국사회사업연합회, 사회관연합회 등의 사회단체가 결성되어 현장의 경험을 서로 나누고 연구모임 등을 통해 사회복지사들을 조직화하는 계기가 만들어졌다. 또한 미군병원과 세브란스병원에서 사회복지사를 고용함으로써 일반적 빈민구호에서 한층 나아가 의료사회복지라는 보다 전문적 실천 영역이 출발하는 계기가 마련되었다.

3) 교육과정의 본격적 개설과 전문가 양성

이화여자대학교 기독교사회사업학과가 최초로 개설된 이후 1953년 중앙신학교(지금의 강남대학교) 사회사업학과와 1959년 서울대학교 사회복지학과가 만들어져 공식적 대학교육과정을 통한 전문가 양성이 본격적으로 시작되었다. 당시 전문사회사업 교육은 미국식 전문교육 모형의 영향으로 치료 중심의 사회사업방법론을 교육하게 되었다(엄명용, 김성천, 오혜경, 윤혜미, 2016: 66). 비슷한 시기에 한국사회사업학회가 창립되어 학문 교류의 장이 만들어졌다. 이후 1960년대 중앙대학교, 한국사회사업대학(현 대구대학교), 성심여대(현 가톨릭대학교), 부산대학교 등의 대학에서 학과가 개설되었고 1980년대 중후반부터는 전국 대학으로 확산되었다.

4) 「사회복지사업법」의 제정

1960~1970년대 정부의 경제개발 5개년계획의 추진으로 우리 사회에는 급격한 산업화와 공업화, 도시화 현상이 나타났다. 서구가 19세기 후반부터 약 한 세기에 걸쳐 겪은 산업화의 과정을 우리는 단기간에 압축적으로 겪다 보니 복지정책의 필요성이 매우 높았다. 그러나 경제성장을 강조하는 사회 분위기에서 분배정책이나 사회복지실천이 발전할 여건이 마련되지는 않았다. 그나마 「사회복지사업법」의 제정은 법적 기초 토대를 마련한 것이라는 데 의의가 있다.

1970년 제정된 「사회복지사업법」에 현장에서 근무하는 전문 인력의 자격과 관련된 사항이 최초로 명시되었다. 이때 '사회복지사업종사자' 자격제도를 두었다가 1983년 「사회복지사업법」이 전면 개정되면서 '사회복지사' 자격제도로 변경되는 과정을 거쳤다.

5) 지역사회복지의 출발

1983년 「사회복지사업법」 개정으로 사회복지관의 설립 및 운영을 지원하는 근거가 마련되어 정부는 지자체와 협력하여 저소득층 밀집 지역을 중심으로 사회복지관 설치를 확대하게 되었다. 그 결과, 사회복지실천은 양적·질적 측면에서 본격적 발전을 이루게 된다. 특히 수용시설을 중심으로 사회복지서비스가 전개되어 온 이전과는 달리, 사회복지관 확대로 이용시설에서 지역주민을 대상으로 복지서비스를 제공하게 된 점은 의의가 크다.

사회복지관 운영의 확산과 함께 1987년부터 도시 저소득층 밀집지역 동사무소에 사회복지 전문요원(현 사회복지전담공무원)이 배치되기 시작하였다. 별정직으로 출발했으나 1999년 사회복지일반직으로 전환되면서 임용 인원도 늘었다. 현장밀착형 행정서비스 제공을 위한 '찾아가는 복지전담팀' 구성

등으로 앞으로 사회복지전담공무원의 확충은 지속될 것으로 예상된다.

6) 사회복지사의 수적 팽창 및 전문성 강화

사회복지관 운영의 확대로 인적 자원의 증원이 필요했으며, 이들을 양성하기 위한 대학의 학과 증설도 대폭 이루어졌다. 2019년 한국사회복지교육협의회에 등록된 단체 회원교의 수는 94개교에 이른다(한국사회복지교육협의회, 2019). 이 같은 양적 팽창으로 사회복지사의 전문성을 일관되게 유지하는 자격관리 기준을 마련할 필요성이 높아졌다. 1997년 「사회복지사업법」 개정으로 2003년 첫 사회복지사 국가시험이 실시되었다.

이 시기 사회복지실천의 교육 영역에서도 변화가 있었다. 1980년대 중반 이후 공공과 민간의 복지서비스 전달체계가 정비되기 시작하면서 미시적, 중범위, 거시적 실천접근을 분절 없이 통합하여 교육하기 위해 한국사회복지교육협의회 주도로 대학의 교육과정이 대폭 개편되었다(최혜지 외, 2013: 80). 이 외에도 다양한 실천방법에 대한 시도와 논의가 진행되면서 우리나라 상황에 맞는 실천방법을 강구하려는 노력이 이어졌다. 그 예로 통합실천방법으로서 사례관리서비스나 과학적 검증 및 증거기반실천에 대한 관심이 높아지기 시작했으며, 일반주의와 전문주의 실천의 차별화나 핵심 가치 등에 대한 논쟁도 지속되었다.

7) 사회 변동과 사회복지실천의 변화

2000년대 이후부터 현재에 이르기까지 사회문제는 더욱 복잡해지면서 그에 대응하려는 제도 및 사회복지실천의 변화가 계속 이어지고 있다. 특히 1997년 발생한 IMF 외환위기의 파장으로 우리 사회에는 큰 변화가 나타났다. 중산층이었던 사람들이 빈곤층으로 전락하고 이로 인한 가정해체와 노숙인 문제 등 이전에 겪어 보지 못했던 새로운 형태의 사회문제가 대두되었다. 이 외에도 소득의 양극화, 고용의 불안정, 근로빈곤층의 증가, 고령화로 인한 노인문제의 심화, 교육 격차 및 다양한 위험으로 인한 청소년문제의 증가, 북한이탈주민을 비롯한 다양한 형태의 이주민 다원화 등에 대응하기 위해 사회복지실천은 지속적으로 변화해 나가고 있다.

(1) 자활 및 지역복지의 강조

2000년부터 시행된 「국민기초생활보장법」은 국민기초생활 수급자, 차상위자 등 일을 할 수 있는 근로빈곤층의 자립자활을 지원하기 위하여 근로 기회의 제공, 취업 알선, 자산 형성 지원 등 다양한 지원 프로그램을 제공하는 자활사업을 포함한다. 이에 저소득층의 자활을 위한 일자리의 제공과 자활능력의 배양에 목적을 둔 활동이 사회복지실천의 한 영역으로 추가되었다.

2003년 「사회복지사업법」 개정에 따라 지역사회복지협의체 설치·운영과 이를 통한 지역사회복지계획 수립이 의무화되어 지역복지 활성화의 기틀이 마련되었다. 2015년 「사회보장급여의 이용·제공 및 수급권자 발굴에 관한 법률」을 근거로 지역사회보장협의체는 기존 심의자문기구에서 사회보장과 관련된 서비스를 제공하는 관계 기관, 법인, 단체, 시설 등 민관 협업 기능을 강화한 형태로 각 지방자치단체에서 운영되고 있다.

(2) 사례관리실천의 강조

'포용적 복지국가'를 내건 문재인 정부는 사회보장 전달체계를 강화하기 위해 전국의 모든 읍·면·동에 찾아가는 복지전담팀(방문간호사 포함)을 설치하여 민관 협력을 통해 제공하는 '찾아가는 보건·복지서비스 강화'를 국정과제로 추진 중이다. 찾아가는 상담과 사각지대 발굴, 욕구와 자원의 통합 맞춤서비스, 공공과 민간 협업 등을 주요 골자로 한다는 점에서 사례관리실천의 중요성이 어느 때보다 높아지고 있다.

(3) 사회복지사 국가자격증의 확대

2018년 「사회복지사업법」이 국회 본회의를 통과함에 따라 의료사회복지사와 학교사회복지사, 정신건강사회복지사의 국가 자격이 신설되었다. 2년의 유예 기간을 거쳐 2021년부터 본격 시행될 예정이다. 그동안 사회복지현장의 전문성 강화 차원에서 학교사회복지사(2005년)와 의료사회복지사(2008년)의 자격시험제도가 시행되긴 했으나, 각각 민간기관인 한국학교사회복지사협회와 대한의료사회복지사협회가 발급하는 민간자격증 형태였다. 사회복지 영역별 국가자격 전문화는 1983년 사회복지사 자격제도 개정 이후 35년 만에 이루어진 큰 변화로, 사회복지사의 전문적 역할수행에 대해 높아진 사회적 기대를 반영하고 있다.

의료사회복지사는 종합병원 등을 이용하는 환자들에게 재활과 사회복귀를 위한 상담 및 지도 업무를 수행하여 환자에게 보다 적합한 의료서비스를 지원하게 된다. 보건복지부는 '지역사회 통합돌봄서비스(커뮤니티 케어)'와 관련해 의료사회복지사가 의료기관 내에서 의사, 간호사 등으로 구성된 연계팀을 구성해서 퇴원계획을 수립하고 지역 돌봄 자원을 연계하는 등 입원환자의 지역사회 정착을 지원하는 역할을 담당하도록 하고 있다. 노인문제가 사회적으로 시급히 해결해야 할 과제로 부각되는 현실에서 의료사회복지사의 역할수행 비중은 더욱 커질 것으로 예측된다. 학교사회복지사는 학교, 교육복지센터 등에서 사례관리, 지역사회 자원 개발, 학교폭력 대처 및 예방, 아동학대, 인터넷 중독 등의 업무를 담당하여 학생들의 복지 증진과 함께 심각성을 더해 가는 청소년문제 해결에도 기여할 것으로 기대된다. 정신건강사회복지사는 정신의료기관, 정신건강복지센터, 중독관리통합지원센터 등의 영역에서 정신건강서비스 지원을 담당한다.

8) 사회복지실천의 당면 과제 및 방향

우리 사회의 사회문제는 더욱 다양하고 복잡해지는 현실에서 사회복지실
천 현장은 수많은 과제를 안고 있으며 방향성에 대한 성찰도 필요하다. 그중
에서도 주요 현안으로 떠오른 몇 가지를 간략히 살펴보고자 한다.

(1) 사회복지기관 간 협력체계 및 네트워크 강화

현재 정부는 사회보장전달체계 강화를 통해 사각지대의 발굴과 욕구와 자
원의 통합맞춤서비스를 전개해 나고자 한다. 이를 위해 공공과 민간 협업체
계가 지속적으로 강조되는 가운데 지역사회보장협의체를 중심으로 서비스
제공자 간 상호 정보 교환과 서비스의 중복이나 누락을 방지하려는 노력을
한층 강화하고 있다. 이러한 점은 사례관리실천의 중요성이 높아지는 결과를
가져올 것이다. 사례관리실천은 클라이언트의 다차원적 욕구를 에워싸듯 맞
춤형 서비스를 제공해야 하므로 개별 기관의 기존 자체 서비스만으로는 수행
되기 어렵다. 사례관리실천을 위한 사례의 선정단계에서부터 서비스 계획,
평가 등 전체 원조단계에서 다양한 공공·민관 기관들의 협력을 필요로 한
다. 이와 관련한 구체적 내용은 제12장(사례관리)에서 살펴보기로 한다.

(2) 전문성 강화를 통한 고유한 사회복지 프로그램 개발과 적용

우리나라 사회복지실천이 우리 현실에 맞춰 자생적으로 발전해 왔다고 보
기는 어렵다. 특히 미국식 사회복지실천 방법에 의존해 온 점을 부인할 수 없
다. 물론 1980년대 후반 이후 다양한 문제에 다차원적으로 접근하는 발전을
이루었지만, 여전히 우리나라 사회복지실천의 가치와 이념의 지향성에 대한
고민과 철학적 토대에 대한 고찰이 부족하며(최혜지 외, 2013: 81), 현실에 바
탕을 둔 실천이론과 모델 구성의 어려움이 있다(엄명용 외, 2016: 72). 특히 노
인부양, 여성취업, 아동보육, 저출산, 가족해체, 가정폭력 등의 문제에서 우

리나라의 전통과 가족제도, 사회제도, 상황 등을 반영한 프로그램을 마련하는 것이 절실하다.

이와 같은 고유한 프로그램의 개발과 적용은 결국 사회복지실천 영역 종사 인력인 사회복지사의 전문 역량 발휘에 달려 있으며, 이를 위해 사회복지사의 사회적 위상 강화와 처우 개선이라는 현실적 과제가 먼저 해결될 필요가 있다. 현재「사회복지사 등의 처우 및 지위 향상을 위한 법률」이 제정되어 시행되고 있으나 실질적 복지와 처우 개선에는 미진한 실정이다.

(3) 사회적 소수자의 인권 및 다문화 관점의 확산

장애인, 노인, 여성 등 전통적으로 사회복지 클라이언트였던 사회적 약자에 대한 사회적 책임과 보호는 꾸준한 발전을 보이고 있다. 그러나 노숙인, 성매매여성, 성소수자 등의 사회적 소수자에 대한 사회적 보호와 사회복지실천 현장의 관심은 아직 저조하다. 자발적 의지의 결과이든 혹은 다른 선택 가능성이 막힌 상태에서 떠밀린 선택의 결과이든 상관없이, 사회적 소수자를 사회적 규범과 일치하지 않는다는 이유로 사회적으로 차별하고 인간의 존엄성을 박탈하는 것은「헌법」이 보장하는 기본 인권에 위배된다(박지영, 배화숙, 엄태완, 이인숙, 최희경, 2014: 323). 이런 점에서 앞으로 사회복지실천은 이들 사회적 소수자에게 인권중심 사회복지실천 서비스를 제공하기 위한 노력을 좀 더 기울일 필요가 있다.

북한이탈주민의 국내 유입 증가와 이주노동자, 결혼이주민 등에 따른 다문화가정의 증가로 다문화적 관점 및 그에 따른 실천의 중요성은 계속 높아지고 있다. 자국 중심의 협소한 시각이나 문화적 순응을 유도하기보다는 당사자의 출신 지역 문화나 관습, 전통 등을 존중하고 수용하는 폭넓은 다문화 인식이 강화될 필요가 있다. 근래에는 우리나라 NGO를 중심으로 해외지원사업의 전개도 증대되고 있다.

최근 사회적 파장을 일으킨 난민과 관련해서도 사회복지실천상의 과제를 고민해 봐야 할 시점에 와 있다. 한국의 난민제도[4]는 그동안 국제 기준에 부합하는 발전을 보였음에도 불구하고 실제 난민과 난민제도에 대한 사회적 인식은 이를 따라가지 못하고 있다. 그 예로, 2018년 500여 명의 예멘인이 제주로 입국한 제주 예멘 난민 사태는 난민에 대한 우리 사회의 무지와 혐오 정서 등을 드러나게 해 사회적 파장을 일으켰다. 그들이 예멘을 떠날 수밖에 없는 이유와, 한국에 일시 도착한 이들이 어떤 사람인지를 이해하는 것으로부터 난민 지원은 시작되는데, 이는 불필요한 오해와 갈등을 줄여 준다. 유엔난민기구와의 협업구조를 만들고 난민 지원의 국제적 공조 여건을 만들어 나가는 것도 필요하다. 앞으로 우리나라 사회복지실천은 난민 지원과 관련한 사회 내 역할수행을 고민해야 할 것이다.

참고문헌

김기태, 김수환, 김영호, 박지영(2007). 사회복지실천론. 경기: 공동체.

박지영, 배화숙, 엄태완, 이인숙, 최희경(2014). 함께하는 사회복지의 이해. 서울: 학지사.

보건복지부(2019). 지역사회보장협의체 운영 안내. 보건복지부.

엄명용, 김성천, 오혜경, 윤혜미(2016). 사회복지실천의 이해. 서울: 학지사.

이덕주(1993). 태화기독교사회복지관: 1921-1990. 태화기독교사회복지관.

최혜지, 김경미, 정순둘, 박선영, 장수미, 박형원, 배진형, 박화옥, 안준희(2013). 사회복지실천론. 서울: 학지사.

홍선미(2004). 사회복지실천의 지식기반과 학문적 특성에 관한 연구. 한국사회복지학, 56(4), 195-214.

홍선미(2011). 사회복지실천의 가치지향 분석. 비판사회정책, 31, 193-223. 비판과 대안을 위한 사회복지학회.

4] 한국은 1992년 국회 비준을 통해 유엔 난민협약과 난민의정서에 가입한 후 2001년 첫 난민을 받아들였지만 난민과 난민신청자에 대한 보호는 체류를 허용하는 수준에 머물렀다. 이후 난민법안 제정 노력으로 2012년 2월 한국은 아시아에서 최초로 난민법을 제정한 국가가 되었다.

황미숙(2011). 선교사 마렌 보딩의 공주 · 대전지역 유아복지와 우유급식소 사업. 한
국기독교와 역사, 34, 165-190.

Bartlett, H. M. (1970). *The common base of social work practice.* Silver Spring,
MD: NASW Press.

Biestek, F. P. (1957). The *casework relationship.* Chicago, IL: Loyola University
Press.

Fox, R. (2001). *Elements of the helping process: A guide for clinicians.* NY: The
Haworth Press.

Healy, K. (2012). 사회복지사를 위한 실천이론 (*Social theories in context: Creating
frameworks for practice*). (남찬섭 역). 서울: 나눔의 집. (원저는 2005년에 출판).

Perlman, H. H. (1957). *Social Casework: A problem-solving process.* Chicago, IL:
The University of Chicago Press.

Zastrow, C. (2014). *Introduction to social work and social welfare: Empowering
people* (11th ed.). Belmont, CA: Brooks/Cole.

참고 사이트

보건복지부, http://www.mohw.go.kr

한국사회복지교육협의회, http://kcswe.kr

제3장

사회복지실천의 가치 및 윤리

사회복지실천의 3대 중심축은 지식, 기술 그리고 가치이다. 가치는 어떠한 형태로든지 사회복지실천 과정에 포함되어 있는데, 이 장에서는 사회복지실천과 관련된 가치를 확인하고 사회복지의 기본 가치인 인간 존엄성, 사회정의, 평등, 자유를 중심으로 고찰한다. 사회복지사는 전문직의 가치를 바탕으로 윤리적 실천을 해야 할 책임이 있다. 사회복지사의 윤리적 책임은 윤리강령을 중심으로 네 가지로 구분하여 제시한다. 마지막으로, 사회복지실천 현장에서 발생할 수 있는 윤리적 실천의 딜레마 상황들을 사례로 제시하고 그 해결과정을 살펴본다. 윤리적 딜레마 해결은 로웬버그와 돌고프의 모델에 근거하고 있지만 다양한 실천모델이 있다. 그리고 최종적으로도 가치 갈등의 상황이 남아 있을 경우에 우선순위로 선택할 수 있는 윤리적 원칙 심사표를 제시한다.

 사회복지실천과 가치

1) 가치의 의의 및 관련 가치

(1) 가치의 의의

일반적으로 가치는 선하고 바람직하거나 정당한 것으로 여겨지는 신념 또는 믿음을 의미한다. 가치는 옳고 그름을 자로 잰 듯이 따질 수 없는 개인적으로 삶을 살아가는 데 적용하는 주관적 기준이라고 할 수 있다. 이를 종합하면, 가치는 선호하면서 잠재적이거나 실제적인 행동을 선택하는 지침으로서 바람직하게 평가하는 상태를 일컫는 개념으로 정의할 수 있다(Loewenberg & Dolgoff, 2000: 34).

사회복지와 관련하여 사회적으로 그리고 역사적으로 첨예한 가치 갈등은 빈곤의 인식과 대응방안에서 나타나고 있다. 사람들은 빈곤의 해결에 대한 다른 생각을 가지고 있다. 한쪽에서는 빈곤의 책임을 개인의 나태함과 무능력 탓으로 돌리는 반면에, 또 다른 한쪽에서는 빈곤문제는 공동체 내에서 서로서로 적절한 분배가 이루어진다면 사라질 수 있다고 본다.

사회복지는 기본적으로 후자의 가치를 존중한다. 그렇다고 사회복지의 실천과정에서 빈곤문제를 개인적 차원에서 전혀 다루지 않는 것은 아니다. 즉, 사회복지실천을 통해 빈곤에서 벗어날 수 있도록 개인의 인식을 전환시켜 주거나 신체적·정신적 문제로 인한 빈곤이라면 그에 대한 치료를 지원하며, 빈곤이 대물림되지 않도록 교육적 조건을 향상시키고자 한다. 하지만 결코 개인의 변화와 노력으로만 빈곤을 해결할 수 있다고 보지 않으며 국가적 수준에서 법률, 정책과 제도 차원의 지원이 동반되어야 함을 지지한다. 사회복지는 개인의 노력에도 불구하고 노령, 장애, 실직 등으로 빈곤하게 된다면 공동체가 가진 자산으로 최소한 인간다운 생활을 할 수 있도록 해야 한다고 본다. 이와 같이 사회 현상과 문제를 보는 가치가 다르다는 것은 이를 위한 해결책도 다를 수 있음을 보여 준다.

가치는 사회복지실천에서 지식 및 기술과 더불어 3대 중심축이라고 할 수 있다. 사회복지실천에서는 개인적이고 사회적인 현상과 문제를 사회과학적 지식과 전문 기술을 활용하여 해결하려고 하지만 관련된 개인이나 조직, 단체 등의 가치도 실천의 과정에서 매우 중요하게 다룬다. 사회복지실천 과정에서는 지식과 기술의 적용만으로 목적을 달성할 수 없고 가치를 다루어야 하는 경우들이 빈번하게 발생한다. 예를 들면, 누구를 먼저 도울 것인지, 어떤 분야에 우선적으로 재정을 투입할 것인지, 어떠한 경우에 클라이언트 자기결정의 예외를 인정할지 등이다.

(2) 사회복지실천과 관련된 가치

사회복지사는 사회복지실천 과정에서 다양한 가치가 상충할 수 있기 때문에 각각의 가치에 내재된 차이점을 이해할 수 있어야 한다. 사회복지실천 과정에서는 사회복지사 또는 클라이언트가 가지는 개인적 가치, 사회복지를 실천하는 기관의 가치, 동시대의 사회적 가치 그리고 사회복지전문직의 가치가 공존하게 된다(고수현, 2005; 김상균, 오정수, 유채영, 2002; 양옥경 외, 2004). 사회복지사는 다음과 같은 다양한 가치가 사회복지실천 현장에서 충돌할 수 있음을 이해해야 한다.

① 개인적 가치

사회복지사와 클라이언트의 개인적 가치는 자신이 속한 가족, 종교, 사회,

문화의 영향을 받는다. 개인적 가치는 형제자매의 관계, 부모의 사회경제적 지위, 가족의 종교, 문화 등의 영향에서 벗어날 수가 없다. 사회복지실천과 관련된 개인적 가치들의 차이 때문에 어떤 문제와 상황에서 서로 다른 태도를 보이게 된다.

② 사회복지기관의 가치

사회복지기관은 각각의 역할과 기능, 책임에 따라 나름의 고유한 가치체계를 구성하고 있다. 예를 들면, 사회복지공무원의 경우 관료조직의 가치에 영향을 받을 것이며, 학교나 병원에서 근무하는 사회복지사는 이들 조직의 가치가 반영되는 실천을 할 수밖에 없다. 어떤 조직은 가족이나 집단의 유지를 강조하지만 어떤 사회복지기관은 개인의 삶과 자기결정을 더 중요시하기도 한다. 때로는 사회복지사가 자신이 속한 기관의 가치를 항상 지지할 수는 없는 상황도 발생한다. 사회복지사가 소속된 기관에서 추구하는 가치와 자신의 가치가 다를 경우 갈등이 발생하거나 사회복지사는 이직을 고민하기도 한다.

③ 사회복지전문직의 가치

사회복지전문직의 가치는 사회복지사의 활동에 중요한 근거가 됨과 동시에 전문가로서 자신감을 확보시켜 주는 요인이다. 사회복지사 개인의 가치와 사회복지전문직의 가치가 불일치한다면 교육이나 경험을 통해 변화 가능하다. 하지만 사회복지사의 가치가 사회복지전문직이 추구하는 가치와 불일치할수록 사회복지실천을 지속하는 데 어려움이 따를 수밖에 없다.

④ 사회적 가치

사회적 가치는 오랜 역사적 경험에서 형성되는 것이며, 소속된 사회구성원들에게 일반화되고 정서적으로 바람직하다고 공유하는 현상들을 말한다.

사회적 가치는 시대에 따라 변한다. 예를 들면, 수십 년 전에는 치매로 신체적·정신적인 문제가 심각하여 가족들이 돌볼 수 없는 상황이 되어도 노인복지시설의 입소는 사회적 비난 때문에 어려운 결정이었다. 그러나 현재는 요양서비스를 받는 것이 자연스러우며 이에 대한 사회적 합의가 이루어지고 있다. 한편, 지금은 과거 어느 때보다도 물질만능주의가 다른 어떠한 가치보다 위계적으로 높은 위치에 있다. 이런 상황에서 '탈물질주의'라고 부를 만한 대안적 가치들은 뚜렷하게 형성되지 못하고 있다(박지영, 배화숙, 엄태완, 이인숙, 최희경, 2014). 이와 같은 사회적 가치는 사회복지사, 클라이언트, 사회복지기관의 가치 형성에 영향을 미친다.

2) 사회복지실천의 기본 가치

사회복지실천 과정에서 바람직하고 정당한 것으로 여겨지는 기본적 신념들은 사회복지사가 업무를 수행함에 있어 지니고 있어야 하는 판단 준거틀, 즉 가치들을 말한다. 사회복지실천의 가치가 반영된 실천의 구체적 지침은 윤리강령을 통해 확인할 수 있다. 여기서는 사회복지실천의 중심이 되는 가치인 인간 존엄성, 사회정의, 평등, 자유를 살펴보기로 한다(박지영 외, 2014; 오혜경, 2005; Levy, 1984; Reamer, 1995).

(1) 인간 존엄성

인간 존엄성은 사회복지실천에서 사회정의와 더불어 핵심 가치이다. 인간 존엄성의 기본 전제는 '인간은 그 자체로 절대적 가치를 지닌다'는 명제에서 출발한다. 따라서 모든 사람은 스스로 특별한 존재로 자각하고 타인도 자신과 똑같이 특별하게 대우해야 한다(양옥경 외, 2004: 24). 즉, 사회복지실천 과정에서 모든 클라이언트는 연령의 차이, 사회적 지위의 다름, 빈부의 격차, 장애의 유무에 따라 차별받거나 소외되지 않고 똑같은 한 명의 인간으로 대우받아야 한다.

사회복지실천에서는 인간 존엄성의 가치를 실현하기 위해 어떠한 클라이언트라도 인간답게 살 권리, 즉 인권의 보장을 강조한다. 일반적으로 인권(human rights)이란 '모든 인간의 타고난 천성에 내재되어 있는 것으로, 이것이 보장되지 않으면 인간답게 살 수 없는 모든 권리'를 말한다(Reichert, 2011: 2). 인권은 성별, 연령, 종교, 경제력, 국적, 인종 등의 구분과 상관없이 평등하게 공유되는 보편적 권리를 의미하며, 이것은 정치 · 경제 · 사회 · 문화적 삶을 영위하는 과정 속에서 자유와 평등을 누리며 인간다운 삶을 보장받는 실질적 상황들을 통해 확인할 수 있다(Arat, 1991: 3).

인권은 시민적 · 정치적 권리와 경제적 · 사회적 · 문화적 권리로 구분할 수 있다. 시민적 · 정치적 권리(civil and political rights)는 사람들이 천부적으로 소유하고 있는 권리이고, 인권 침해의 예방과 권리의 보호에 초점을 둔다. 이 권리는 투표권, 언론의 자유, 법 앞의 평등, 사생활 보장, 차별 금지, 존엄하게 대우받을 권리, 자기표현의 권리, 종교의 자유, 자유로운 참여 등을 포함하며 개인의 자유를 박탈하는 어떠한 것으로부터도 해방을 보장한다.

다음으로, 경제적 · 사회적 · 문화적 권리(economic, social and cultural rights)는 인간이 인간답게 살아갈 수 있도록 보장하는 권리이며, 사회보장에 대한 권리, 적절한 의식주에 대한 권리, 취업할 권리, 적정임금을 받을 권리, 의료보호를 받을 권리, 교육을 받을 권리, 노년기에 존엄 있게 대우받을 권리, 적당한 레크리에이션과 여가에 대한 권리 등을 포함한다.

사회복지사는 시민적 · 정치적 권리의 보장을 위해서도 노력해야 하지만 경제적 · 사회적 · 문화적 권리를 보장하는 전문직으로서의 사명을 다해야 한다(Ife, 2008: 227). 사회복지실천은 인권 중심의 실천이 되도록 지속적으로 인권보장의 영역을 확대해야 할 것이며, 인권이 단지 일부 옹호(advocacy) 지향적 사회복지사들의 이념이 아니라 모든 사회복지실천에서 핵심적 실천 원리로 자리매김해야 한다.

(2) 사회정의

모든 사회구성원은 사회정의가 달성된 사회에 살고 싶어 한다. 그런데 사회정의(social justice)란 한마디로 정리하기 어려우며 역사적으로 계속 논쟁이 되어 온 개념이다. 웨이드(Wade, 2007)는 사회정의란 사회적 부와 권력의 공정한 분배뿐만 아니라 불합리한 사회구조에 대한 개선을 목표로 하며, 억압, 차별, 가난 그리고 인종주의 같은 비정의(injustice)와 반대되는 것이라고 하였다. 사회정의의 개념은 다양하게 분류될 수 있지만 여기서는 분배적 정의, 인지적 정의, 정치적 정의, 절차적 정의를 중심으로 살펴보기로 한다.

분배적 정의(distributive justice)는 필요한 사람들에게 한정된 재화와 자원을 공평하게 분배하는 것과 관련된다(김달효, 2013). 사회적·경제적 불평등을 넘어서서 정의로운 사회가 되기 위해서는 사회적 약자와 소수자들이 공정한 기회를 얻고 보다 적극적인 지원을 받아야 한다. 사회복지실천에서 클라이언트를 위해 국가 재정을 투입하고 특화된 서비스를 실시하는 것은 바로 사회정의를 실현하는 과정이다.

인지적 정의(recognitive justice)는 문화적 제국주의가 존재하지 않는 것을 의미한다. 문화적 제국주의(cultural imperialism)는 한 사회의 지배적 집단의 경험과 문화가 대표적인 것으로 일반화되어 그 사회의 중심 네트워크와 정체성으로 자리매김하는 것을 말한다(엄태완, 2018: 94). 사회적 약자와 같이 지배적 집단에 포함될 가능성이 낮은 사람들은 실제적 삶 속에서 지배적 문화에 의한 억압과 차별을 받을 수 있다. 사회복지사는 이러한 대상과 상황에 대해 민감성을 가지고 사회복지실천을 해야 한다.

정치적 정의(political justice)는 정치적 권리의 평등을 의미하고, 모든 사회구성원이 실질적인 시민권적 자유를 보장받아야 하는 것과 관련된다(김달효, 2013). 이와 관련된 사회복지실천의 가치는 클라이언트의 자기결정이라고 할 수 있다.

절차적 정의(procedural justice)는 의사결정이 얼마나 중립적이고, 신뢰성 있으며, 상호 존중하는 토의과정에서 이루어지고 있는가와 관련된다(Rawls, 2003: 133-135). 사회복지사는 사회적 약자 및 소수자와 관련된 의사결정과정에서 효율성이나 다수제의 원칙만을 강조하기보다는 절차적 정의에 근거한 사회적 합의를 중요하게 생각해야 한다. 예를 들면, 다수 사회구성원이 원한다고 하여 정신장애인을 강제로 입원시키는 법적 절차와 내용을 강화하는 것은 사회정의를 지향하는 것이 아니다.

사회복지사는 사회정의의 가치를 바탕으로 사회적 약자와 소수자를 위해 일하고 그들과 함께 사회 변화를 추구해야 한다. 사회복지사의 사회 변화 노력은 빈곤, 장애로 인한 차별, 기타 사회적 불의의 문제에 초점을 두어야 한다. 경제적 측면의 재분배뿐만 아니라 장애 유무 혹은 성별이나 인종에 따른 차별의 금지, 고용 기회의 평등 등과 같은 정치적·인지적·절차적 정의의 영역에서도 적극성을 보여야 한다.

(3) 평등

평등은 인간 존엄성과 사회정의의 실현과정인 동시에 결과라고 할 수 있다. 사람은 누구나 사회에서 평등한 대우를 받기를 원한다. 그러나 현실은 성별, 장애, 외모, 선천적 능력과 가족 등의 영향으로 불평등한 상태로 존재한다. 사회복지실천은 이러한 불평등의 상황에서 벗어나 실질적인 평등을 실현하기 위해 사회적 조건을 수정하고 분위기를 조성하려고 노력한다. 일반적으로 평등은 기회의 평등, 조건의 평등, 결과의 평등으로 구분할 수 있다(박호성, 1994).

첫째, 기회의 평등(equality of opportunity)은 소극적인 평등의 개념으로 모든 사람에게 똑같은 기회를 부여하는 것이다. 예를 들면, 일정 연령이 되면 투표권을 부여하거나, 자신의 의지에 따라 학교와 직장의 선택권을 가지는 것이다. 하지만 기회의 평등만을 강조하면 지적장애인과 평균 이상의 지능을 가진 사람에게 똑같이 대학 입학 기회를 주기만 하면 된다는 것과 같다.

따라서 사회복지실천 과정에서는 기회의 평등만이 아니라 특정한 대상과 상황에서는 평등의 개념을 확대 적용해야 한다.

둘째, 조건의 평등(equality of condition)은 개인의 욕구, 노력, 능력, 기여에 따라 사회적 자원을 다르게 배분한다는 개념이다. 예컨대, 직장에서 신체적 또는 정신적 장애가 있는 사람들에게는 비장애인과 같은 기준으로 채용하거나 급여를 제공하는 것이 아니라, 그들의 부족한 능력을 고려하여 우선 채용하거나 생산성의 기준을 보다 유연하게 적용하는 것을 말한다.

셋째, 결과의 평등(equality of outcome)은 모든 사회구성원의 능력에 관계없이 사회적 자원을 똑같이 배분하는 것을 말한다. 모든 사람이 자신의 능력 범위 안에서 일을 하고 그 결과인 생산물을 똑같이 나누어 가지는 것을 의미한다. 결과적 평등은 현실에서는 불가능하다고 할 수도 있지만, 의식주나 의료 등과 같이 인간의 생존에 반드시 필요한 영역에서는 적용되어야 한다(박지영 외, 2014).

(4) 자유

자유는 여타의 사회적 기본 가치에 우선하며, 어떠한 명목으로든지 희생될 수 없으며, 오직 자유 자체만을 위하여 제한될 수 있을 뿐이다(Rawls, 2003: 277-278). 어떤 사람이라도 자유로운 생각과 활동에 제한을 받게 된다면 그것은 곧 자존심의 손상을 의미하며, 인간 존엄성에 대한 중대한 도전으로 생각할 것이다.

사회복지실천에서는 이러한 자유의 가치를 존중하기 위해 자기결정권(self-determination)을 중요한 원칙으로 발전시켜 왔다. 자기결정권은 사회복지실천에서 어떠한 사회복지서비스라도 최종적으로 클라이언트가 스스로 결정한 내용에 따른다는 원칙이다. 그러나 사회복지실천의 과정에서 자기결정권은 복잡한 딜레마를 가져오는 원칙이기도 하다. 이에 대한 자세한 내용은 이후의 사회복지실천의 윤리적 딜레마에서 다룰 것이다.

2 **사회복지실천과 윤리**

1) 가치와 윤리

가치는 개인에게 어떠한 행위를 하도록 하는 준거틀과 같다. 모든 행위는 가치가 바탕을 이루고 있으나 모든 가치가 윤리가 되는 것은 아니다. 행동의 규범적 기준을 대표하는 가치들이 행위로 나타날 때 비로소 윤리가 된다. 즉, 가치는 무엇이 좋고 바람직한지에 관심을 두는 반면, 윤리는 무엇이 옳고 바른지에 관심을 둔다(Lowenberg & Dolgoff, 2003: 36). 윤리는 사람들에게 스스로 추구하는 가치를 일관되게 실행하도록 하는 규범과 같다. 따라서 사회복지사의 개인적 가치와 사회의 일반적 가치 그리고 사회복지전문직의 가치는 사회복지실천에서 윤리적 결정을 내리는 데 바탕이 된다.

가치는 개인적 또는 사회적 관계와 관련이 있을 수도 있고 없을 수도 있지만, 윤리는 특정한 개인적 또는 사회적 관계에서 일어나게 된다. 윤리는 다른 사람과의 관계에 영향을 미치는 행위의 기준이나 기대를 다룬다. 윤리는 대인관계에 의해서 정의되므로 자기 자신에게 윤리적이거나 비윤리적이라는 표현은 부적절하다(김상균 외, 2002: 139). 예를 들면, 알코올중독자가 자신의 생명에 위협을 가할 정도로 지속적인 폭음을 하더라도 이를 윤리의 범주에서 다루지는 않는다.

그런데 만약 사회복지사가 사회복지실천 과정에서 알코올중독자의 생명에 위협을 가하는 폭음을 무시한다면 윤리적 실천을 하지 않은 것이 된다. 왜냐하면 이미 전문가로서 사회복지사와 알코올중독자인 클라이언트가 사회복지실천의 관계 속에 있기 때문이다. 사회복지사는 클라이언트와 전문적이고 공식적인 관계 속에서 업무를 수행하기 때문에 윤리적으로 실천해야 할 책임이 있다.

2) 사회복지사의 윤리적 책임

여기에서는 우리나라의 사회복지사 윤리강령을 중심으로 사회복지사의 윤리적 책임을 살펴본다(박지영 외, 2014).

(1) 전문가로서 윤리적 책임

첫째, 사회복지사는 국적, 인종, 문화, 성별, 연령, 종교, 신체적 · 정신적 능력 등에 따라 차별적 실천을 하지 말아야 한다. 예컨대, 이주노동자를 우리와 다르게 차별하거나 필요한 서비스에서 배제하지 않아야 한다.

둘째, 사회복지서비스는 사회복지사 자신의 능력 범위 안에서 이루어져야 한다. 사회복지사는 자신의 능력 이상의 서비스를 약속하거나 시도해서는 안 된다. 예컨대, 병원에 근무하는 사회복지사가 치료비가 없는 클라이언트를 위해 동정적으로 치료비 문제를 해결하겠다고 하는 것은 바람직하지 않다.

셋째, 사회정의를 실현하기 위해 일차적으로 사회복지사 자신이 정직해야 한다. 또한 사회복지를 실천하는 과정에서 어떠한 개인적 이득도 획득해서는 안 된다. 예컨대, 장래 목표가 시의원인 사회복지사가 사회복지기관의 서비스를 개인적 목표 달성의 수단으로 활용해서는 안 된다.

넷째, 사회복지실천 과정에서 사회복지사도 경제적 문제, 생활상의 스트레스, 법적 문제 등의 어려움을 겪을 수 있지만 이 때문에 클라이언트에 대한 서비스에 소홀해서는 안 된다.

마지막으로, 사회복지사는 클라이언트에 대한 서비스에 책임성을 가져야 한다. 자신의 서비스가 클라이언트에게 어떻게 작용하였는지를 평가하고 개선하려는 노력이 중요하다.

(2) 클라이언트에 대한 윤리적 책임

첫째, 사회복지사는 사회복지실천을 행함에 있어서 어떠한 상황에서도 클라이언트의 이익을 최우선으로 해야 한다. 이는 사회복지실천에서 수많은 윤리적 문제 발생의 해결책이 되며, 사회복지사의 존재 이유이기도 하다.

둘째, 인간 존엄성과 자유의 가치를 바탕으로 클라이언트의 자기결정권을 존중해야 한다. 사회복지사는 클라이언트와 평등한 관계에서 인간에 대한 존중을 유지하고 정보 획득이나 서비스 제공에서도 사전에 쉬운 언어로 충분하게 설명하고 동의를 얻어야 한다.

셋째, 사회복지사는 클라이언트의 사생활을 알게 되는 경우가 많다. 이 경우 아무리 사소한 비밀이라도 다른 사람에게 발설해서는 안 된다.

넷째, 사회복지사는 클라이언트가 신체적·정신적·경제적·사회적·문화적인 다양성을 가지고 있음을 인정하고 모든 클라이언트의 능력과 환경은 다르다는 사실에서 출발해야 한다.

(3) 사회복지실천 현장에서 윤리적 책임

첫째, 사회복지사는 클라이언트와 마찬가지로 동료도 인간 존엄성의 가치를 기반으로 존경해야 한다. 자신의 이익을 위해 동료 간 또는 고용주와의 분쟁을 활용해서는 안 되며, 동료의 무능력과 비윤리적 행위를 해결하기 위해 노력해야 한다.

둘째, 사회복지사는 사회적 연대의 가치를 실현하기 위해 다른 전문직이나 다학제팀과 협력하고 공동의 목표를 달성하기 위해 노력해야 한다.

셋째, 사회복지사는 사회복지학과 학생이나 지역사회에 슈퍼비전과 자문을 제공하여 유대를 강화해 나가야 한다.

넷째, 사회복지사는 클라이언트의 변화 가능성을 확인하기 위해서 제공된 서비스를 기록해야 한다.

마지막으로, 클라이언트의 변화를 위해 공동으로 노력하는 기관에 대하여 헌신하는 마음이 있어야 한다.

(4) 사회 전체에 대한 윤리적 책임

사회복지사는 사회정의를 실현하고 모든 사회구성원의 자유와 평등을 위해서 사회복지 증진에 노력해야 한다. 이 과정에서 사회복지사는 사회의 불의한 정치·경제적 문제에 대해 직접 참여하거나 사회적 연대를 통하여 해결하도록 노력해야 한다. 예컨대, 장애인 차별을 금지하는 법을 만드는 과정에서 사회복지사가 다른 시민단체와 연대하고 법을 제정하는 국회에 압력을 행사할 수 있다.

3) 윤리강령

대부분의 전문직은 지켜야 할 윤리적 원칙들을 윤리강령으로 명문화한다. 미국의 사회복지사협회는 1970년대부터 윤리강령을 채택하여 전문가들이 현장에서 부딪히는 모든 상황에 대한 지침을 제공해 오고 있다. 전미사회복지사협회의 윤리강령은 서문, 목적, 윤리적 원칙, 윤리적 기준으로 구성되어 있다. 윤리적 기준은 여섯 가지 주요 범주로 구분하여 155개의 구체적 원칙을 제시하고 있다.

우리나라에서도 한국사회복지사협회에서 1982년 사회복지사 윤리강령을 제정하고 이후 3차의 개정을 통하여 사회복지사의 전문성과 사회적 책임성을 확립하고 전문직으로서의 위상을 강화하는 지침으로 자리매김하였다. 우리나라의 사회복지사 윤리강령은 전문, 윤리기준, 사회복지사 선서로 구성되어 있다(〈표 3-1〉 참조).

전문직의 책임과 의무를 다하기 위해 윤리강령을 채택하여 지침으로 활용하고 있지만 윤리강령이 모든 윤리적 갈등을 해결하거나 사회복지사의 윤리적 책임을 완전하게 만드는 기준이 되지는 못한다. 이때 윤리적 실천이나 윤리적 딜레마를 해결하기 위한 또 다른 준거들은 인권이다(Ife, 2008: 120). 사회복지실천에서 윤리강령을 준수하고 인권 중심의 실천을 한다면 보다 향상된 윤리적 실천이 될 것이며 윤리적 딜레마에도 적절하게 대처할 수 있다.

표 3-1 우리나라 사회복지사 윤리강령(2001. 12. 15. 개정)

전문

사회복지사는 인본주의 · 평등주의 사상에 기초하여, 모든 인간의 존엄성과 가치를 존중하고 천부의 자유권과 생존권의 보장활동에 헌신한다. 특히 사회적 · 경제적 약자들의 편에 서서 사회정의와 평등 · 자유와 민주주의 가치를 실현하는 데 앞장선다. 또한 도움을 필요로 하는 사람들의 사회적 지위와 기능을 향상시키기 위해 저들과 함께 일하며, 사회제도 개선과 관련된 제반 활동에 주도적으로 참여한다. 사회복지사는 개인의 주체성과 자기결정권을 보장하는 데 최선을 다하고, 어떠한 여건에서도 개인이 부당하게 희생되는 일이 없도록 한다. 이러한 사명을 실천하기 위하여 전문적 지식과 기술을 개발하고, 사회적 가치를 실현하는 전문가로서의 능력과 품위를 유지하기 위해 노력한다. 이에 우리는 클라이언트 · 동료 · 기관 그리고 지역사회 및 전체 사회와 관련된 사회복지사의 행위와 활동을 판단 · 평가하며 인도하는 윤리기준을 다음과 같이 선언하고 이를 준수할 것을 다짐한다.

윤리기준

Ⅰ. 사회복지사의 기본적 윤리기준

1. 전문가로서의 자세

  1) 사회복지사는 전문가로서의 품위와 자질을 유지하고, 자신이 맡고 있는 업무에 대해 책임을 진다.
  2) 사회복지사는 클라이언트의 종교 · 인종 · 성 · 연령 · 국적 · 결혼상태 · 성 취향 · 경제적 지위 · 정치적 신념 · 정신, 신체적 장애 · 기타 개인적 선호, 특징, 조건, 지위를 이유로 차별대우를 하지 않는다.
  3) 사회복지사는 전문가로서 성실하고 공정하게 업무를 수행하며, 이 과정에서 어떠한 부당한 압력에도 타협하지 않는다.
  4) 사회복지사는 사회정의 실현과 클라이언트의 복지 증진에 헌신하며, 이를 위한 환경 조성을 국가와 사회에 요구해야 한다.

5) 사회복지사는 전문적 가치와 판단에 따라 업무를 수행함에 있어, 기관 내외로
   부터 부당한 간섭이나 압력을 받지 않는다.

6) 사회복지사는 자신의 이익을 위해 사회복지전문직의 가치와 권위를 훼손해서
   는 안 된다.

7) 사회복지사는 한국사회복지사협회 등 전문가단체 활동에 적극 참여하여, 사
   회정의 실현과 사회복지사의 권익옹호를 위해 노력해야 한다.

2. 전문성 개발을 위한 노력

1) 사회복지사는 클라이언트에게 최상의 서비스를 제공하기 위해 지식과 기술을
   개발하는 데 최선을 다하며 이를 활용하고 전파할 책임이 있다.

2) 클라이언트를 대상으로 연구하는 사회복지사는 저들의 권리를 보장하기 위해
   자발적이고 고지된 동의를 얻어야 한다.

3) 연구과정에서 얻은 정보는 비밀보장의 원칙에서 다루어져야 하고, 이 과정에
   서 클라이언트는 신체적 · 정신적 불편이나 위험 · 위해 등으로부터 보호되어
   야 한다.

4) 사회복지사는 전문성을 개발하기 위해 노력하되, 이를 이유로 서비스의 제공
   을 소홀히 해서는 안 된다.

5) 사회복지사는 한국사회복지사협회 등이 실시하는 제반교육에 적극 참여하여
   야 한다.

3. 경제적 이득에 대한 태도

1) 사회복지사는 클라이언트의 지불능력에 상관없이 서비스를 제공해야 하며,
   이를 이유로 차별대우를 해서는 안 된다.

2) 사회복지사는 필요한 경우에 제공된 서비스에 대해 공정하고 합리적으로 이용
   료를 책정해야 한다.

3) 사회복지사는 업무와 관련하여 정당하지 않은 방법으로 경제적 이득을 취하여
   서는 안 된다.

II. 사회복지사의 클라이언트에 대한 윤리기준

1. 클라이언트와의 관계

1) 사회복지사는 클라이언트의 권익옹호를 최우선의 가치로 삼고 행동한다.
2) 사회복지사는 클라이언트에 대하여 인간으로서의 존엄성을 존중해야 하며, 전문적 기술과 능력을 최대한 발휘한다.
3) 사회복지사는 클라이언트가 자기결정권을 최대한 행사할 수 있도록 도와야 하며, 저들의 이익을 최대한 대변해야 한다.
4) 사회복지사는 클라이언트의 사생활을 존중하고 보호하며, 직무수행과정에서 얻은 정보에 대해 철저하게 비밀을 유지해야 한다.
5) 사회복지사는 클라이언트가 받는 서비스의 범위와 내용에 대해 정확하고 충분한 정보를 제공함으로써 알 권리를 인정하고 존중해야 한다.
6) 사회복지사는 문서 · 사진 · 컴퓨터 파일 등의 형태로 된 클라이언트의 정보에 대해 비밀보장의 한계 · 정보를 얻어야 하는 목적 및 활용에 대해 구체적으로 알려야 하며, 정보 공개 시에는 동의를 얻어야 한다.
7) 사회복지사는 개인적 이익을 위해 클라이언트와의 전문적 관계를 이용하여서는 안 된다.
8) 사회복지사는 어떠한 상황에서도 클라이언트와 부적절한 성적 관계를 가져서는 안 된다.
9) 사회복지사는 사회복지 증진을 위한 환경 조성에 클라이언트를 동반자로 인정하고 함께 일해야 한다.

2. 동료의 클라이언트와의 관계

1) 사회복지사는 적법하고도 적절한 논의 없이 동료 혹은 다른 기관의 클라이언트와 전문적 관계를 맺어서는 안 된다.
2) 사회복지사는 긴급한 사정으로 인해 동료의 클라이언트를 맡게 된 경우, 자신의 의뢰인처럼 관심을 갖고 서비스를 제공한다.

Ⅲ. 사회복지사의 동료에 대한 윤리기준

1. 동료

1) 사회복지사는 존중과 신뢰로서 동료를 대하며, 전문가로서의 지위와 인격을 훼손하는 언행을 하지 않는다.
2) 사회복지사는 사회복지전문직의 이익과 권익을 증진시키기 위해 동료와 협력해야 한다.
3) 사회복지사는 동료의 윤리적이고 전문적인 행위를 촉진시켜야 하며, 이에 반하는 경우에는 제반 법률규정이나 윤리기준에 따라 대처해야 한다.
4) 사회복지사가 전문적인 판단과 실천이 미흡하여 문제를 야기했을 때에는 적절한 조치를 취하여 클라이언트의 이익을 보호해야 한다.
5) 사회복지사는 전문직 내 다른 구성원이 행한 비윤리적 행위에 대해, 제반 법률규정이나 윤리기준에 따라 조치를 취해야 한다.
6) 사회복지사는 동료 및 타 전문직 동료의 직무 가치와 내용을 인정·이해하며, 상호 간에 민주적인 직무관계를 이루도록 노력해야 한다.

2. 슈퍼바이저

1) 슈퍼바이저는 개인적인 이익의 추구를 위해 자신의 지위를 이용해서는 안 된다.
2) 슈퍼바이저는 전문적 기준에 의해 공정하게 책임을 수행하며, 사회복지사·수련생 및 실습생에 대한 평가는 저들과 공유해야 한다.
3) 사회복지사는 슈퍼바이저의 전문적 지도와 조언을 존중해야 하며, 슈퍼바이저는 사회복지사의 전문적 업무수행을 도와야 한다.
4) 슈퍼바이저는 사회복지사·수련생 및 실습생에 대해 인격적·성적으로 수치심을 주는 행위를 해서는 안 된다.

Ⅳ. 사회복지사의 사회에 대한 윤리기준

1) 사회복지사는 인권존중과 인간평등을 위해 헌신해야 하며, 사회적 약자를 옹호하고 대변하는 일을 주도해야 한다.
2) 사회복지사는 필요한 사회서비스를 개발하기 위한 사회정책의 수립·발전·입법·집행에 적극적으로 참여하고 지원해야 한다.

3) 사회복지사는 사회환경을 개선하고 사회정의를 증진시키기 위한 사회정책의 수립·발전·입법·집행을 요구하고 옹호해야 한다.

4) 사회복지사는 자신이 일하는 지역사회의 문제를 이해하고 그것을 해결하는 일에 적극적으로 참여해야 한다.

V. 사회복지사의 기관에 대한 윤리기준

1) 사회복지사는 기관의 정책과 사업 목표의 달성, 서비스의 효율성과 효과성의 증진을 위해 노력함으로써 클라이언트에게 이익이 되도록 해야 한다.

2) 사회복지사는 기관의 부당한 정책이나 요구에 대하여 전문직의 가치와 지식을 근거로 이에 대응하고 즉시 사회복지윤리위원회에 보고해야 한다.

3) 사회복지사는 소속기관 활동에 적극 참여함으로써 기관의 성장·발전을 위해 노력해야 한다.

VI. 사회복지윤리위원회의 구성과 운영

1) 한국사회복지사협회는 사회복지윤리위원회를 구성하여 사회복지윤리실천의 질적인 향상을 도모하여야 한다.

2) 사회복지윤리위원회는 윤리강령을 위배하거나 침해하는 행위를 접수받아, 공식적인 절차를 통해 대처하여야 한다.

3) 사회복지사는 한국사회복지사협회의 윤리적 권고와 결정을 존중하여야 한다.

 사회복지실천의 윤리적 딜레마

1) 윤리적 딜레마의 개념

사회복지사는 지식과 가치를 기반으로 전문가로서 윤리적 책임을 다해야 한다. 그러나 사회복지실천 과정에서는 윤리적 책임이 서로 충돌하는 상황이 빈번히 발생한다. 즉, 가치 판단이 어려운 상황에서 어떠한 실천행동을 선택하는 것이 바람직한지에 대해 혼란을 경험하게 된다는 것이다.

사회복지사는 사회복지실천의 과정에서 지식과 기술, 법률과 정책 및 제도, 각종 규정 등에 근거하여 판단하면 전문가로서 책임을 다하게 된다. 하지만 사회복지실천 과정에서 개인적 가치, 사회적 가치, 전문직의 가치가 상충하는 가치 갈등이 발생할 수 있다. 이때 사회복지사는 전문직의 책임과 의무를 다하기 위해 윤리강령을 채택하여 지침으로 활용하고 있다.

그런데 사회복지사가 전문적 지식, 윤리강령 등에 근거하여 의사결정을 하더라도 다양하고 복잡한 사회복지실천 현장에서 도덕적으로 옳은 일은 무엇이며, 어떻게 비윤리적 행동을 피할 수 있는지에 대한 정답을 쉽게 발견할 수 없는 경우도 많다. 이러한 가치 갈등의 상황에서 의사결정이 어려울 때 윤리적 딜레마에 직면하게 된다.

사회복지실천 과정의 윤리적 딜레마(ethical dilemmas)는 어떤 행동이 윤리적으로 옳을 수도 있고 옳지 않을 수도 있는 경우 또는 어떤 행동을 수행해야 된다고 믿어지는 동시에 수행해서는 안 된다고 갈등하는 경우에서 발생한다(김상균 외, 2002: 143). 즉, 사회복지사가 도덕적 규범에 의해서 두 가지 이상의 결정을 동시에 수행해야 하는 의무에서 이들 모두를 동시에 하는 것이 불가능할 때 나타난다.

만약 사회복지사가 사회복지실천의 윤리적 딜레마들을 이해하지 못하고 '법과 원칙' 그리고 '윤리강령'의 내용만을 따르면 '원칙주의의 함정'에 빠지게 된다. 또한 사회복지사가 실천현장에서 개별 사례의 특수성이나 실천의 효율성과 효과성만 강조하거나 현실적인 상황만을 고려한다면 '상황주의의 함정'에 빠질 수 있다(엄명용, 김성원, 오혜경, 윤혜미, 2016: 88-89). 그렇게 된다면 사회복지사의 지식과 경험을 통해 얻는 전문성은 사라지고 오직 임기응변적인 일시적 대처만 반복하게 될 것이다.

2) 윤리적 딜레마의 사례

사회복지실천에서 문제해결은 상충하는 가치 갈등의 문제들로 인한 실천의 어려움을 겪는 경우가 빈번하다. 일반적으로 갈등은 관련 주체들 간의 가치의 충돌, 지식과 가치, 윤리 그리고 법률의 경계 모호, 사회복지사 역할의 다중성, 클라이언트의 다중성, 자원의 공정한 분배의 모호함 등에서 나타난다(김기태, 김수환, 김영호, 박지영, 2007; 김혜란, 공계순, 박현선, 2013; 엄명용 외, 2016). 실제로 사회복지실천 현장에서는 뚜렷한 한두 가지의 가치갈등이 드러나기보다는 복잡한 양상을 띠는 경우가 더욱 흔하다. 여기에서는 사례를 중심으로 윤리적 딜레마의 종류를 살펴본다.

(1) 클라이언트 다수 이익 **대** 개인 이익의 상충

장애인생활시설에 근무하는 사회복지사는 주당 40시간의 근무를 하고 있으며, 담당사례는 10명의 지적장애인 사례이다. 이 사회복지사는 평등의 가치를 실현하기 위해서 10명의 클라이언트에게 주당 4시간씩 공평하게 시간을 배분해야 윤리적이라고 믿고 있다. 그러나 최근 입소한 한 명의 클라이언트로 인하여 하루 중 절반 이상을 할애하고 있다. 사회복지사는 정신적·신체적으로 어려움을 겪는 동시에 다른 클라이언트들에게 공평하게 직접실천을 할 수 없는 윤리적 문제로 고민하고 있다.

실천의 딜레마: 사회복지실천에서 불평등 상황을 고려하는 윤리적 원칙은 존재한다. 즉, 평등하지 않은 사람들은 평등한 삶의 기회를 얻을 수 있도록 특별한 도움을 받아야 한다는 것이다. 이러한 생각은 자원의 불평등 분배를 정당화한다. 이 사례에서 더 많은 서비스를 받아야 하는 지적장애인이 다른 사람보다 더 많은 관심과 자원을 받는 것은 정당하다. 그러나 이러한 원칙이 존재한다고 하더라도 다른 장애인이 받아야 하는 기본적 서비스를 제공할 수 없게 된다면 윤리적 딜레마가 발생한다.

(2) 기관의 가치 대 전문직 가치의 상충

정신병원에 근무하는 정신건강사회복지사는 정신장애인의 일상생활이나 사회생활 능력과 관계없이 병원의 수익을 위해 입원을 유지시키려는 경우에 어떻게 해야 할까? 정신병원의 퇴원은 정신장애인 본인이나 가족 그리고 정신과 의사와 직접적으로 관련이 있다. 사회복지사는 광범위하고 문제가 많은 입원 유지 시스템에 대해 무엇을 할 수 있을까?

실천의 딜레마: 사회복지사는 소속된 기관의 이익이나 가치관과 달라서 윤리적 딜레마에 빠지는 경우가 많다. 사회복지사는 클라이언트의 인권 보장과 삶의 질 향상을 위해 헌신해야 한다. 하지만 이 사례와 같이 구조적으로 모호하게 클라이언트를 억압하는 경우에 사회복지사는 윤리적 딜레마를 경험하게 된다. 관련된 증거들을 수집하고 기관 외부의 사람들과 연대하여 문제 제기를 할 수 있지만 이때 사회복지사는 자신의 직장을 잃을지도 모르고 지역사회의 관련 기관이나 시설로부터 부정적 평판을 얻을 수도 있다.

(3) 전문직의 의무 대 클라이언트 자기결정의 상충

A 씨는 알코올 문제를 가지고 있다. 하는 일이 없고 아침부터 저녁까지 음주하는 경우가 자주 있으며, 초등학교에 다니는 두 자녀에게 폭언과 폭행을 지속하고 있다. A 씨의 부인도 남편으로부터 신체적 · 정신적인 폭력을 당하고 있지만 학대 신고를 거부하고 있다. 자녀들도 학대 신고에 동의하지 않는다. A 씨의 아내는 한때 이혼도 생각했지만 가장 큰 경제적 문제와 자녀들에게 이혼 가정이라는 꼬리표를 남기지 않기 위해 힘들어도 현실을 참는다고 하였다.

실천의 딜레마: 사회복지사는 자신이 알고 있는 지식과 가치의 범위에서 A 씨를 그의 아내와 자녀들에게서 분리하는 것이 바람직하다고 생각할 수도 있다. 이에 따라 사회복지사는 A 씨의 아내에게 가정폭력에 대한 법적 대처와 이혼의 방법 및 절차를 알려 주고, 자녀들을 아버지로부터 단기적으로라도 분리하면서 아버지의 알코올 문제를 치료하는 방법을 고려 할 수 있다. 그러나 가족이 모두 이와 같

은 대처방법에 소극적이거나 거부적인 태도를 보이면서 고통스럽지만 현재의 상황을 유지하기를 바랄 때는 딜레마에 빠지게 된다.

(4) 사회복지사의 원칙 준수 **대** 클라이언트 삶의 질 상충

B 씨는 남편의 폭력을 피해 가정폭력 피해여성 쉼터에서 두 명의 어린 자녀와 함께 생활하고 있다. B 씨는 만성 신체질환을 가지고 있으며 「국민기초생활보장법」상 수급권자이다. B 씨는 동네 미용실의 보조로 있으면서 수입이 거의 없다고 하였으나, 최근에 미용실 주인이 자신이며 언니가 운영하고 있는 것으로 하여 부정 수급을 하고 있다고 하였다. 그러나 B 씨는 미용실 수입이 많지 않기 때문에 수급권을 박탈당하게 되면 현재 살고 있는 월세 집에서 쫓겨나게 된다고 하였다.

실천의 딜레마: 사회복지사는 원칙주의에 입각하여 부정 수급을 신고하고 수급권을 박탈하는 것이 적절하다고 생각할 수 있다. 하지만 클라이언트와 관련된 미래의 잠재적 위험(수입의 감소, 거처의 불안정)에 대해서도 고려해야 한다.

(5) 사회복지사의 신고 의무 **대** 비밀보장의 상충

중학교에 근무하는 학교사회복지사에게 1학년 학생 2명이 찾아와서 최근 발생한 한 학생에 대한 집단적 폭력에 대해 이야기하고 싶다고 하였다. 그러나 이들은 자신이 찾아왔다는 사실을 교장과 학부모 및 관련 기관에 알리지 않는다고 약속해야만 이야기를 할 수 있다고 하였다.

실천의 딜레마: 학교사회복지사는 폭력 피해 아동을 보호하기 위해 학생들과 약속을 어기고 교장 및 관련 사람들에게 이를 알린 후 대책을 세우는 것이 바람직하다고 판단할 수 있다. 그러나 이렇게 결정할 경우 학생들의 정보를 활용하여 이번 사건은 잘 마무리할 수 있을지 몰라도 향후 학생들과의 신뢰관계에 악영향을 가져와 학교에서 지속적으로 사회복지를 실천하는 데 어려움을 겪을 수 있다.

(6) 다중 클라이언트 자기결정권의 갈등

C 군은 11세로 4형제 중 넷째이며, 다운증후군 때문에 지난 2년간 장애인 특수학교에 입소하여 생활하였다. C 군은 다양한 전문가가 재사정한 결과 가족과 함께 동거하면서 일상생활을 하는 것이 가능하다는 판정을 받았다. 그러나 C 군의 부모와 나머지 형제는 전문가팀의 결정을 받아들일 수 없다고 하였다. 그 이유는 부모는 모두 일용직 노동자로 일하고 있으며, 5세인 C 군의 여동생, 중학생과 고등학생인 형들이 방 두 칸의 집에서 살고 있기 때문이라고 하였다. C 군도 가족과 함께 살기를 강력하게 희망하고 있으나, 집으로 돌아오는 순간 가족 모두가 불행해질 것이라고 생각한다.

실천의 딜레마: 개입의 결과가 정반대로 나타나는 다중적인 클라이언트가 존재할 때 누구의 결정을 존중할 것인지에 대한 딜레마이다. 즉, C 군이 클라이언트인지, 부모와 가족을 클라이언트로 생각하고 자기결정권을 존중해야 할지에 관한 내용이다. 부모를 클라이언트로 가정한다면, C 군이 가정으로 돌아가는 것이 바람직한 선택이라는 전문가의 결정과 부모(클라이언트)의 권리를 존중하는 것 사이의 윤리적 딜레마가 발생한다. 또한 C 군의 자기결정권을 받아들이고 전문가의 결정을 바탕으로 C 군을 가족에게 돌려보낸다고 했을 때 과연 C 군이 행복하게 생활할 수 있을지도 의문스럽다. 또 다른 윤리적 딜레마는 클라이언트의 '삶의 질'과 '자유'라는 전문가 원칙의 충돌이라고 할 수 있다. C 군의 자유가 그 자신과 가족 모두의 삶의 질을 향상시킬 수 있을지는 의문이다. 삶의 질 향상을 위해서 전문가가 클라이언트의 자율성을 제약하는 판단도 바람직하지 않다.

(7) 제한된 자원의 공정한 분배의 갈등

예산상 이유로 두 가지 약물중독 재활 프로그램 중에서 하나만을 사회복지사가 선택해야 한다. 첫 번째 프로그램은 빈곤 지역의 초등학교 학생 1,000명을 대상으로 약물중독 예방 프로그램을 실시하는 것이다. 과거 경험으로 미루어 이러한 프로그램이 없다면 중·고등학교 시기에 이들 중 약 100명이 약물에 중독될 것이다. 두 번째 프로그램은 중·고등학교 청소년 약물중독 재활에 초점을 맞추어서 매해 50명의 청소년에게 서비스를 제공하는 프로그램이며, 성공률은 50%이다.

실천의 딜레마: 사회복지실천에서 사회적 자원이 무한하다면 이와 같은 문제는 발생하지 않는다. 그러나 원조과정을 제로섬(zero-sum) 게임의 원칙으로 설명하면 달라진다. 제한된 자원을 한 사람에게 제공한다는 것은 다른 한 사람이 받지 못한다는 것을 의미한다. 이 사례는 담당 사회복지사와 기관의 가치관이 개입될 여지가 많다. 사회복지사가 평소에 약물중독 치료와 재활에 관심이 많다면 두 번째 프로그램을 선호할 것이지만, 예방의 중요성을 더 많이 인식하면서 다수에게 서비스를 제공해야 한다고 생각한다면 첫 번째 안을 지지할 것이다. 그러나 다른 차원에서 생각해 본다면, 한정된 자원이라는 것은 사회의 다른 분야의 우선순위를 위해서 고안된 변명일 수도 있다. 즉, 정책결정자들이 사회복지보다 중요하다고 생각하는 부문에 자원을 분배하기 위해 자원을 제한하려는 의도일 수 있다. 따라서 이 사례에서는 양자택일 이전에 두 가지 프로그램을 모두 실시할 수 있도록 사회적 자원을 증가시킬 방안을 찾아야 한다.

 사회복지실천의 윤리적 딜레마 해결과정

1) 사회복지사의 자기인식

사회복지실천에서 지식과 경험의 부족 및 관련된 법과 규정을 제대로 알지 못해서 윤리적 딜레마가 발생하기도 한다. 윤리적 딜레마 상황에서 적절한 슈퍼비전과 자문을 받는다면 많은 문제를 해결할 수 있다. 그러나 사회복지사가 사회복지실천의 과정에서 언제나 자문이나 슈퍼비전을 받을 수는 없으며, 설령 받는다고 하더라도 실천과정의 윤리적 딜레마가 반드시 해결되는 것도 아니다.

무엇보다 사회복지사는 실천과정에서 자신의 가치관과 삶의 방식을 이해하려는 노력이 필요하다. 이를 통해 사회복지사는 자신의 편견이나 왜곡된 견해가 사회복지실천에 미치는 영향을 감소시킬 수 있으며, 가치 갈등의 상황에서 보다 더 윤리적 실천을 할 수 있다. 즉, 사회복지실천의 윤리적 딜레마 해결을 위한 첫 번째 과업은 사회복지사의 자기인식(self awareness)이다.

　윤리적 실천을 위한 사회복지사의 자기인식은 쉽게 달성되는 것도 아니고 어떤 측면에서는 고통스럽거나 당황스럽고 불편한 과정으로 이어지기도 한다. 사회복지사의 자기인식은 타인인 클라이언트를 수용하고 이해하는 첫걸음이라고 할 수 있다. 자기인식을 통해 사회복지사는 자신을 수용하고 자기의 가치관과 관련된 다른 가치들을 확인하면서 실천의 딜레마를 해결해 나가야 한다. 사회복지사의 자기인식에 도움이 되는 질문들은 다음과 같다(Corey, Corey & Callanan, 1988: 68).

- 사회복지사가 클라이언트를 보호하거나 삶의 질을 향상시키기 위해 의사결정에 관여할 수 있는가?
- 사회복지사는 가치 판단 없이 클라이언트와 진솔한 의사소통을 하는 것이 가능한가?
- 사회복지사는 자신과 뚜렷하게 차이나는 클라이언트의 가치관을 받아들일 수 있는가?
- 사회복지사는 특정한 가치관 속에서 일해야 한다고 믿는가? 만약 존재한다면 어떤 가치관들인가?
- 클라이언트를 포함한 타인이 자신의 가치관에 대해 반대 의견을 제시하면 받아들일 준비가 되어 있는가?

2) 윤리적 딜레마 해결모델

(1) 윤리적 딜레마 해결단계

사회복지사가 사회복지실천 과정에서 윤리적 딜레마를 해결하는 접근법이나 모델에 익숙하지 않다면 주로 자신의 경험을 바탕으로 결정을 내리게 된다. 사회복지실천 현장에서 윤리적 딜레마를 해결하기 위한 정답은 존재하지 않지만 의사결정과 관련된 문제들을 해결하기 위한 다양한 모델로부터 해답을 찾을 수 있다. 여기서는 여러 모델 중 윤리적인 의사결정의 절차와 원칙에 대해 동시에 관심을 가지고 있는 로웬버그와 돌고프(Loewenberg & Dolgoff, 1996)의 모델을 살펴보기로 한다.

사례

이 가족은 외조부모와 중학교 2학년(남), 초등학교 5학년(남), 초등학교 3학년(여, 클라이언트)으로 구성되어 있다. 클라이언트가 다니는 지역아동센터의 장이 외조부의 신체적·정서적 학대가 의심된다고 아동보호전문기관의 사회복지사에게 연락하였다. 센터장은 이 여학생이 자주 다리나 팔 등에 멍이 들거나 깁스를 하는 경우도 잦다고 하였다. 이 가족은 인구 밀집 지역의 단독주택에 살고 있었으며 3남매의 양육을 책임지는 외조모는 조현병 진단을 받았으며, 외조부의 막노동에 의해 생계를 꾸리고 있었다. 클라이언트의 두 오빠는 자주 클라이언트를 폭행하거나 폭언으로 힘들게 한다. 첫째 오빠는 게임에 몰두하여 방 밖으로도 잘 나오지 않고 있으며 학교에도 자주 결석하고, 둘째 오빠는 학교에서 선생님들과 갈등이 많으며 외조부모와도 사이가 매우 좋지 않다. 클라이언트는 외조부의 학대에도 불구하고 오빠들의 괴롭힘을 외조부가 막아 주고 맛있는 음식도 사 준다고 외조부와 함께 계속 집에 머물기를 원하고 있다. 클라이언트를 포함한 가족 모두는 외부 전문가 개입을 거부하고 있으며, 클라이언트에 대한 학대는 없으며 지금 이대로 살기를 원한다고 한다.

로웬버그와 돌고프는 사회복지사가 윤리적인 딜레마에서 의사결정을 하는 데 기본적으로 적용 가능한 절차인 일반의사결정모델(General Decision-Making Model)을 제시하였다. 일반의사결정모델은 윤리적 딜레마 상황에서 의사결정뿐만 아니라 다양하고 복잡한 사례의 일반적 의사결정과정에도 적용이 가능하다. 이를 통해 사회복지사의 자기경험적 비합리성과 충동성 그리고 무계획적 개입으로 인한 부정적 결과를 최소화시킬 수 있다. 앞의 윤리적 딜레마 사례를 일반의사결정모델에 적용하면 〈표 3-2〉와 같다.

표 3-2   일반의사결정모델과 사례 적용

단계	내용	사례 적용
1단계	문제 확인과 지속 요인	• 문제: 클라이언트에 대한 신체적 · 정서적 학대 • 지속요인: 학대 확인 및 학대자와 분리의 어려움
2단계	문제와 관련된 사람(클라이언트, 희생자, 지지자, 전문가 등)과 제도(법률, 자원 등)	• 클라이언트 가족 전체, 사회복지사, 담당 공무원, 변호사, 교사, 학교, 교회, 지역아동센터, 아동보호전문기관, 사회복지관, 정신건강복지센터, 행정복지센터, 「아동복지법」, 「정신건강복지법」
3단계	관련된 문제 체계에서 발생하는 개인적 가치(클라이언트와 사회복지사의 가치 포함), 사회적 가치, 전문직의 가치	• 클라이언트를 포함한 가족들은 가족 전체가 함께 살아야 한다는 가치관, 사회복지사는 가족 유지 및 분리의 가치가 공존, 사회적 가치는 아동 학대에 대한 엄정한 대처, 정신병의 치료, 정규 학교 유지 그리고 전문직 가치는 자기결정권, 삶의 질
4단계	문제를 감소시키거나 해결할 수 있는 목적과 목표	• 클라이언트 학대 의심 조사 및 해결, 가족에 대한 정서적 · 경제적 지원, 가족 의사소통 강화, 오빠의 학교 적응과 게임중독 해결 그리고 외조모의 조현병 치료

5단계	개입방법	• 가족 사례관리: 클라이언트 학대 및 폭력 예방, 가족의 최소 생활비용의 안정적 확보, 외조모의 정신증상 및 오빠의 게임중독과 폭력성에 대한 개입으로 가족 의사소통 향상, 오빠들의 친구 관계 증진
6단계	개입방법의 효과성과 효율성 평가	• 예시: 클라이언트 학대 예방의 효과성과 효율성, 가족 의사소통 향상 방안의 효과성과 효율성
7단계	개입 과정의 의사결정에 참여할 사람	• 가족 전체, 사회복지사, 관련 기관의 담당자, 외부 전문가 및 슈퍼바이저
8단계	적절한 개입방법 선택	• 클라이언트 보호 및 자기결정권과 가족의 삶의 질 조화: 1순위는 클라이언트의 자기결정권을 바탕으로 아동보호전문기관의 학대 조사 및 보호 유지, 2순위는 가족의 최소 생활비용의 안정적 확보를 통한 삶의 질 향상
9단계	선택된 개입방법 실행	• 통합사례관리를 통한 아동 보호 및 가족 전체의 삶의 질 향상을 위한 방안 수행
10단계	개입 과정의 점검 및 예기치 않은 결과	• 점검: 아동보호전문기관의 개입 점검 및 통합사례관리를 통해 연계된 기관의 실행 과정 점검 • 예기치 않은 결과: 두 명의 손자가 조현병을 가지고 있는 외조모를 가끔 폭행한다는 사실이 새롭게 밝혀짐
11단계	결과의 평가 및 새롭게 발생한 문제 대처	• 평가: 학대 예방 및 가족 삶의 질 • 새로운 문제: 손자의 폭력 문제를 노인보호전문기관과 정신건강복지센터의 자문을 통해 대처하기로 함

(2) 윤리적 딜레마의 최종 원칙

윤리적 딜레마 해결단계를 적용하고도 여전히 가치 갈등의 상황이 남아 있을 때는 최종적으로 〈표 3-3〉의 윤리적 원칙 심사표(Ethical Principle Screen)

에 근거하여 우선순위를 선택할 수 있다. 윤리적 원칙 심사표를 활용할 때 서로 다른 원칙을 동시에 선택할 수 없는 경우 높은 순위의 원칙을 적용해야 한

표 3-3 윤리적 원칙 심사표

우선순위	윤리적 원칙	설명 및 예시
1	생명보호의 원칙	가장 우선시하는 원칙. 당뇨병을 앓고 있는 소녀가 자신의 삶의 질을 낮춘다는 이유로 인슐린 투여와 식이요법을 거부하는 경우 자기결정권의 존중과 비밀보장의 원칙보다는 소녀의 생명보호를 위해 가족이나 치료진에 알려 적절한 개입을 해야 한다.
2	평등과 불평등의 원칙	성인이 아동에게 학대를 가했을 경우에 아동은 성인과 비교하여 평등한 입장이 아니다. 학대 성인의 비밀보장이나 사생활 보호의 권리보다는 아동 보호가 우선시되어야 하는 것이다.
3	자율성과 자유의 원칙	자기결정권과 관련이 있다. 그러나 자신이나 타인에게 위해를 가하기 위한 결정이라면 반드시 지켜야 하는 것은 아니다.
4	최소 손실의 원칙	피해로부터 보호받아야 할 기본 권리를 말한다. 예컨대, 열악한 주거환경에 항의하기 위해 주인에게 월세를 거부하는 조치를 취하기보다는 이보다는 덜 위험한 대안들을 먼저 찾는 것이다.
5	삶의 질 원칙	개인, 가족, 집단, 지역사회, 국가 모두에 해당하며, 개입 활동에서 삶의 질도 중요하다는 사실을 말하는 것이다. 사회복지사는 삶의 질과 관련된 활동을 클라이언트와 함께 해야 한다.
6	사생활 보호와 비밀보장의 원칙	사회복지실천에서 매우 중요한 원칙으로 강조되고 있지만 윤리적 원칙 심사표에서 여섯 번째로 언급되고 있다. 사생활 보호나 비밀보장보다는 삶의 질을 우선시한다.
7	진실성과 정보개방의 원칙	개인은 진실이나 가능한 정보 전부를 확인할 수 있는 권리를 가진다는 의미이다.

다. 예를 들면, 두 번째 원칙인 평등과 불평등의 원칙과 첫 번째 원칙인 생명보호의 원칙을 동시에 적용하기 어렵다면 생명보호의 원칙을 선택해야 한다는 것이다(Germain & Gitterman, 1995).

　앞의 윤리적 딜레마 사례로 윤리적 원칙 심사표에 따른 몇몇 원칙을 적용해 보면, 클라이언트가 집에 남겠다는 자기결정을 하더라도 학대로 인해 안전이 위태로울 수 있다고 확인되면 외조부와 분리를 우선시해야 한다. 또한 클라이언트와 가족의 삶의 질보다는 클라이언트의 자기결정을 우선적으로 따라야 하며, 외조부가 손녀를 학대하였다고 말하면서 비밀을 보장해 달라고 하더라도 이는 평등과 불평등 및 삶의 질이 우선 원칙이기 때문에 아동학대를 신고해야 한다.

참고문헌

고수현(2005). 사회복지실천 윤리와 철학. 경기: 양서원.

김기덕(2006). 사회복지윤리학. 서울: 나눔의 집

김기태, 김수환, 김영호, 박지영(2007). 사회복지실천론. 경기: 공동체.

김달효(2013). 사회정의의 역사적 배경, 개념, 유형에 관한 연구. 인문과학연구, 19, 193-219.

김상균, 오정수, 유채영(2002). 사회복지윤리와 철학. 서울: 나남출판.

김혜란, 공계순, 박현선(2013). 사회복지실천론. 경기: 나남출판.

박지영, 배화숙, 엄태완, 이인숙, 최희경(2014). 사회복지의 이해. 서울: 학지사.

박호성(1994). 평등론. 서울: 창작과 비평사.

양옥경, 김미옥, 김미원, 김정자, 남경희, 박인선, 신혜령, 안혜영, 윤현숙, 이은주, 한혜경(2004). 사회복지윤리와 철학. 서울: 나눔의 집.

엄명용, 김성천, 오혜경, 윤혜미(2016). 사회복지실천의 이해. 서울: 학지사.

엄태완(2018). 정신건강사회복지론. 서울: 학지사.

오혜경(2005). 사회복지윤리와 철학. 서울: 창지사.

Arat, Z. F. (1991). *Democracy and human rights in developing countries*. Colorado: Lynne Rienner.

Corey, G., Corey, M. S., & Callanan, P. (1988). *Issues and ethics in the helping professions*. Brooks/Cole Publishing Company.

Germain, C. B., & Gitterman, A. (1995). *The life model of social work practice*. New York: Columbia University Press.

Ife, J. (2008). *Human rights and social work: Towards rights-based practice*. New York: Cambridge University Press.

Levy, C. S. (1984). *Social work ethics*. New York: Human Sciences Press.

Loewenberg, F. M., & Dolgoff, R. (2000). 사회복지실천윤리 (Ethical decisions for social work practice). (서미경, 김영란, 박미은 공역). 경기: 양서원. (원저는 1996년에 출판).

National Association of Social Workers. (2008). *Code of ethics*. Washington, DC: NASW Press.

Rawls. J. (2003). 사회정의론 (A theory of justice). (황경식 역). 서울: 서광사. (원저는 1971년에 출판).

Reamer, F. (1995). *Social work values & ethics*. New York: Columbia University Press.

Reichert, E. (2011). *Social work and human rights*. New York: Columbia University Press.

Wade, R. C. (2007). *Social studies for social justice: Teaching strategies for the elementary classroom*. New York: Teachers College Press.

제**4**장

사회복지실천 현장과
사회복지사의 역할

    사회복지실천 현장은 사회복지사가 활동하는 장이며, 사회복지서비스
이용자에게 사회복지서비스가 직접 전달되는 곳이다. 사회복지서비스의
제공 방식에 따라 직접적 실천현장과 간접적 실천현장으로 분류하며 대
상별, 운영주체별로 분류할 수 있다. 이 장에서는 실천현장의 기능과 목적
에 따라 주요현장(1차 현장)과 관련현장(2차 현장), 행정기관으로 분류하
여 살펴본다. 주요현장에는 이용시설과 생활시설, 관련현장에는 의료기관
과 정신건강기관, 학교, 군대, 교정기관, 시민사회단체 및 종교단체가 포
함된다. 행정기관에는 사회복지 관련 공공기관과 민간전문기관이 포함된
다. 사회복지실천 현장이 확대되고 사회복지사 인력 수요가 증가하고 있
으나, 인력의 과잉배출, 사회복지사 처우 개선, 교육과정과 자격제도의 정
비 등은 해결되어야 할 과제이다. 사회복지사의 전문직 정체성은 전체로
서의 인간 삶에 대한 관여, 비판적 관점과 사회정의 지향, 임파워먼트 전
문직, 조정과 협력의 구심점으로 제시하였다. 사회복지사의 역할은 조력
자, 중재자, 조정자, 관리자, 교육자, 분석/평가자, 촉진자, 혁신자, 협상가,
옹호자 등이다. 사회복지사가 실천현장에서 경험하는 위험으로 사회복지
서비스 이용자의 폭력, 소진과 감정노동, 서비스 과실 등이 있다.

 사회복지실천 현장

1) 사회복지실천 현장의 개념과 구분

(1) 사회복지실천 현장의 개념

사회복지실천 현장은 사회복지사가 활동하는 장(field)으로, 사회복지서비스 이용자에게 사회복지서비스가 직접 전달되는 곳이다. 사회복지사가 사회복지서비스 이용자의 문제와 욕구를 해결하기 위하여 전문적 지식과 기술을 매개로 활동하는 장이 사회복지실천 현장이며, 여기서 사회복지사와 사회복지서비스 이용자, 자원봉사자, 다른 전문 인력 등 사회복지의 실천주체들이 서로 상호작용한다. 따라서 사회복지실천 현장은 기관이나 시설 등 물리적 장소의 개념뿐만 아니라 사회복지사의 전문적 활동과 다양한 사회복지실천 주체들 간의 상호작용을 포함하는 개념이다.

사회복지실천 현장은 매우 다양하고 방대하며, 현장의 특성에 따라 사회복지사의 활동 내용과 방식이 달라진다. 또한 이용자들의 욕구와 사회문제의 변화에 따라 사회복지실천의 장은 다양해지고 영역이 확대되고 있다. 이것은 사회복지사의 실천이 특정한 장소에 한정되기보다 유동적이며 다양한 차원을 포함한다는 것을 의미한다. 예를 들어, 교정시설은 과거에는 범죄자에 대한 징벌 기능을 강조하였으나, 현재는 수감자들의 인권과 복지를 통한 교정의 기능이 부각되고 있다. 이에 따라 사회복지사가 교정시설에서 활동하게 되었고, 교정복지가 체계적으로 실천되고 있다.

(2) 사회복지실천 현장의 구분

사회복지실천 현장은 다양한 차원을 포함하는 방대한 장이기 때문에 여러 가지 방법으로 구분할 수 있다. 사회복지실천 현장을 다양한 기준에 따라 구분하면 다음과 같다.

① 사회복지서비스 제공 방식에 따른 실천현장

사회복지서비스 이용자에게 직접 서비스를 제공하는가에 따라 직접적 실천현장(direct settings)과 간접적 실천현장(indirect settings)으로 구분할 수 있다. 직접적 실천현장은 사회복지서비스 이용자를 직접 대면하여 서비스를 제공하는 현장으로서, 사회복지실천의 주요 대상자 및 문제 영역별 실천현장이 모두 포함된다. 간접적 실천현장은 정책사항 결정과 자원배분, 사회복지서비스 전달체계를 운영하기 위한 행정 업무와 기관 간 협의 및 연계, 지도감독 등을 담당하는 행정기관을 의미하며, 전문자격 관리 및 전문가 교육 등을 수행하여 사회복지실천을 지원하는 기관도 포함된다(우국희, 성정현, 좌현숙, 장연진, 최승희, 2018). 예를 들어, 공공기관 중에서도 중앙정부의 보건복지부나 시 · 도 광역지방자치단체의 사회복지 관련 부서는 간접적 실천현장이지만, 기초지방자치단체인 시 · 군 · 구 및 읍 · 면 · 동의 행정복지센터는 일선 대민서비스 기관이므로 직접적 실천현장이다.

② 사회복지실천 대상별 실천현장

사회복지실천의 대상은 사회복지서비스를 받는 이용자를 의미한다. 사회복지실천의 대상은 아동, 청소년, 노인과 같은 생애주기별 대상과, 장애인, 여성, 다문화 가족 등과 같은 특수한 욕구를 가진 대상으로 나눌 수 있다. 사회복지실천 현장은 다양한 대상을 모두 포괄할 수도 있고, 특정한 집단을 대상으로 할 수도 있다. 예를 들어, 종합사회복지관은 전체 인구집단을 대상으로 하지만, 노인복지관이나 장애인복지관은 노인이나 장애인 등 특정한 이용자들을 대상으로 한다.

③ 운영주체별 실천현장

운영주체가 중앙정부와 지방정부인 경우 공공사회복지실천 현장, 개인이나 법인인 경우 민간사회복지실천 현장으로 구분할 수 있다. 우리나라의 경우 공공사회복지실천 현장에서는 사회복지전담공무원이, 민간사회복지실천 현장에서는 사회복지사가 전문 인력으로서 활동한다.

④ 기관(시설)의 기능과 목적에 따른 실천현장

사회복지서비스 제공을 일차적 기능 및 목적으로 하는 장인가 그렇지 않은가에 따라 주요현장(primary settings)과 관련현장(secondary settings) 혹은 1차 현장과 2차 현장으로 구분할 수 있다(박지영, 배화숙, 엄태완, 이인숙, 최희경, 2014). 이 분류 방식은 대체로 직접 및 간접 실천현장 및 대상별, 문제 영역별 현장을 포함하여 다양한 현장을 포괄할 수 있다는 점에서 일반적인 분류 방식이다. 주요현장(1차 현장)은 사회복지서비스 제공을 일차적인 목적으로 하는 현장으로, 사회복지사가 중심이 되어 이용자들에게 사회복지서비스를 제공한다. 관련현장(2차 현장)은 기관의 일차적인 목적이 사회복지서비스 제공은 아니지만 사회복지사가 해당 분야의 다른 전문가들과 협력하여 사회복지서비스를 제공하는 기관이다. 병원이나 정신건강센터, 학교, 군대나 교정시설, 시민단체와 종교단체 등은 원래의 고유한 목적을 가지고 있지만, 사회적 변화에 따라 사회복지사의 활동을 필요로 하게 되어 사회복지실천 현장에 포함되었다.

여기서는 우리나라의 사회복지사가 활동하는 사회복지실천 현장을 주요현장(1차 현장)과 관련현장(2차 현장)으로 분류하고, 행정기관을 별도로 분류하여 살펴볼 것이다([그림 4-1] 참조). 주요현장(1차 현장)은 이용시설과 생활시설로 구분하며 대부분의 사회복지사들은 주요현장(1차 현장)에서 활동한

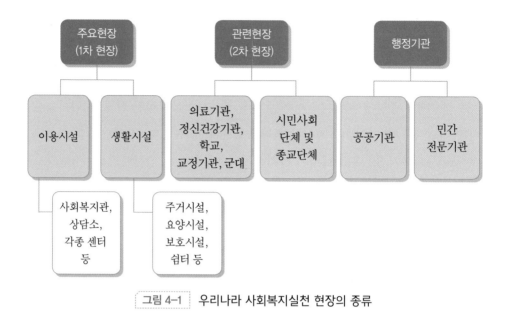

그림 4-1   우리나라 사회복지실천 현장의 종류

다. 관련현장에는 의료기관, 정신건강기관, 학교, 교정기관, 군대 등 전문사
회복지실천 현장과, 시민사회단체 및 종교단체가 포함된다. 행정기관에는
사회복지 관련 공공기관과 민간전문기관이 포함된다.

2) 사회복지실천의 주요현장(1차 현장)

우리나라 사회복지실천의 주요현장(1차 현장)에는 이용시설과 생활시설이
포함된다.[1] 이용시설은 사회복지서비스 이용자가 자신의 집에 거주하면서
필요한 서비스가 있을 때 활용하는 시설로, 사회복지관, 각종 상담소와 센터,
어린이집 등이 해당된다. 생활시설은 사회복지서비스 이용자가 거주하면서
의식주를 포함한 사회복지서비스를 제공받는 기관으로, 주거시설, 요양시

---

1) '시설'이라는 용어는 현장에서 주로 생활시설을 의미하는 경우가 많으나 여기서는 이용시설과
　생활시설 모두를 포괄하는 용어로 사용된다.

| 표 4-1 | 우리나라의 이용시설과 생활시설 |

소관 부처	시설 종류	세부 종류	
		이용시설	생활시설
보건 복지부	노인복지시설	• 재가노인복지시설 • 노인여가복지시설 • 노인보호전문기관 • 노인일자리지원기관	• 노인주거복지시설 • 노인의료복지시설 • 학대피해노인전용쉼터
	복합노인 복지시설	• 농어촌 지역에 한해 「노인복지법」 제31조의 노인복지시설을 종합적으로 배치한 복합노인복지시설을 설치·운영	
	아동복지시설	• 아동상담소 • 아동전용시설 • 지역아동센터 • 아동보호전문기관 • 가정위탁지원센터 • 다함께돌봄센터 ('19. 4. 16.부터 적용)	• 아동양육시설 • 아동일시보호시설 • 아동보호치료시설 • 자립지원시설 • 공동생활가정
	장애인 복지시설	• 장애인지역사회재활시설 • 장애인직업재활시설 • 장애인의료재활시설 • 장애인생산품판매시설	• 장애유형별 거주시설 • 중증장애인 거주시설 • 장애영유아 거주시설 • 장애인단기 거주시설 • 장애인공동생활가정
	어린이집	• 어린이집	
	정신보건시설	• 정신재활시설 중 이용시설	• 정신요양시설 • 정신재활시설 중 생활시설
	노숙인시설	• 노숙인종합지원센터 • 노숙인일시보호시설 • 노숙인급식시설 • 노숙인진료시설 • 쪽방상담소	• 노숙인자활시설 • 노숙인재활시설 • 노숙인요양시설
	사회복지관 결핵·한센시설	• 사회복지관	• 결핵·한센시설
	지역자활센터	• 지역자활센터	

여성 가족부	성매매피해 지원시설	• 자활지원센터 • 성매매피해상담소	• 일반지원시설 • 청소년지원시설 • 외국인지원시설 • 자립지원공동생활시설
	성폭력피해 보호시설	• 성폭력피해상담소	• 성폭력피해자보호시설
	가정폭력 보호시설	• 가정폭력상담소 • 긴급전화센터	• 가정폭력피해자보호시설
	한부모가족 복지시설	• 학부모가족복지상담소	• 모자가족복지시설 • 부자가족복지시설 • 미혼모자가족복지시설 • 일시지원복지시설
	다문화가족 지원센터	• 다문화가족지원센터	
	청소년복지시설		• 청소년쉼터 • 청소년자립지원관 • 청소년치료재활센터 • 청소년회복지원시설

출처: 보건복지부(2019).

설, 보호시설, 쉼터 등이 해당된다. 우리나라의 이용시설과 생활시설의 종류
는 〈표 4-1〉과 같다.

(1) 이용시설

① 현황

이용시설은 「사회복지사업법」이 규정한 사회복지서비스를 제공하는 사회
복지실천 현장이다. 특히 지역사회 중심의 재가복지사업이 강조되면서 생활
시설보다 이용시설을 중심으로 한 사회복지서비스가 증가하고 있으며, 이용

시설은 가장 많은 사회복지사가 활동하는 주요 실천현장이다. 사회복지실천 현장으로서 이용시설은 다양한 유형의 사회복지서비스 이용자를 대상으로 하므로 아동부터 노인까지 생애주기별 이용자는 물론 장애인과 정신장애인, 노숙인 등 특수한 욕구를 가진 이용자까지 모두 포함한다.

우리나라의 가장 대표적인 이용시설인 사회복지관을 중심으로 살펴보면 다음과 같다. 사회복지관이란 지역사회를 기반으로 일정한 시설과 전문 인력을 갖추고 지역주민의 참여와 협력을 통하여 지역사회 복지문제를 예방하고 해결하기 위해 종합적인 복지서비스를 제공하는 시설을 말한다(「사회복지사업법」 제2조). 2018년 전국에 총 466개의 종합사회복지관과 노인복지관 364개소, 장애인복지관 48개소 등이 있다(보건복지부, 2018).

사회복지관의 사업 대상은 사회복지서비스 욕구를 가진 모든 지역주민이다. 「국민기초생활 보장법」의 수급권자, 차상위계층 등의 저소득 주민을 가장 우선적인 서비스 대상으로 하고, 장애인, 노인, 한부모 및 다문화가족 주민, 직업 및 취업 알선이 필요한 주민, 유아, 아동 또는 청소년의 보호 및 교육이 필요한 주민 등에게 제공한다(「사회복지사업법」 제34조의 5).

사회복지관은 지역사회의 특성과 지역주민의 복지 욕구에 대한 조사 결과를 바탕으로 사업 내용을 결정할 수 있는데, 사례관리 기능, 서비스 제공 기능, 지역조직화 기능의 세 가지 기능에 따라 사업 내용을 구성하고, 우선사업

표 4-2 사회복지관의 3대 기능과 사업 분야 및 내용

기능	사업 분야	사업 및 내용
사례 관리 기능	사례발굴	지역사회 내 보호가 필요한 대상자, 위기개입대상자 발굴, 개입계획 수립
	사례개입	보호가 필요한 대상자, 위기개입대상자에 대한 맞춤형 서비스 제공
	서비스연계	사례개입에 필요한 지역 내 민간 및 공공 자원과 서비스에 대한 정보제공, 연계, 의뢰

서비스 제공 기능	가족기능 강화	가족관계중진사업, 가족기능보완사업, 가정문제 해결치료 사업, 부양가족지원사업, 다문화가정 및 북한이탈주민 중 지역 내 이용자 특성을 반영한 사업
	지역사회 보호	급식서비스, 보건의료서비스, 경제적 지원, 일상생활 지원, 정서서비스, 일시보호서비스, 재가복지봉사서비스
	교육문화	아동청소년 사회교육, 성인기능교실, 노인여가문화, 문화 복지사업
	자활지원 등 기타	직업기능훈련, 취업알선, 직업능력 개발, 그 밖의 특화사업
지역 조직화 기능	복지 네트워크 구축	지역 내 복지기관, 시설들과 네트워크를 구축하여 지역사 회연계사업, 지역 욕구조사, 실습지도 등 수행
	주민조직화	주민복지증진사업, 주민조직 육성 지원, 주민의식 교육
	자원개발 관리	자원봉사자 및 후원자 개방 및 관리

출처: 「사회복지사업법 시행규칙」〈별표 3〉 사회복지관의 사업.

대상자를 위해 분야별로 1개 이상을 포함하여 사업을 수행하여야 한다(〈표
4-2〉 참조).

② 사회복지사의 활동

이용시설 이용자들의 욕구는 간단한 물질적 지원부터 전문적 상담과 치료
에 이르기까지 다양하기 때문에, 사회복지사는 다양한 이용자에 대한 전문
지식과 더불어 그들의 문제와 욕구를 해결하기 위해 전문적 개입기술을 필요
로 한다. 사회복지관을 비롯한 이용시설은 지역사회 차원의 활동이 강조되
므로 지역사회 자원의 동원과 활용, 주민 자치활동과 조직화를 통한 지역사
회 조직활동이 점차 중요해지고 있다. 이용시설 사회복지사의 활동 내용은
매우 다양하여 사회복지사가 모든 영역에서 전지전능해야 하는 것처럼 보인
다. 그러나 사회복지사가 모든 프로그램 내용을 직접 실천할 필요는 없으며,
전체적인 사업의 내용을 숙지하고 프로그램을 기획하고 관리·조정하는 전

문가로 활동한다. 프로그램은 필요에 따라 그 분야의 전문가들을 초청하여 실시하거나 자원봉사자를 활용할 수 있다. 사회복지관의 사회복지사에게 중요한 것은 모든 세부적인 실천 내용을 직접 실천하는 기술보다는 사회복지의 가치를 바탕으로 지역사회 전체의 복지 증진을 위한 전문적 관점을 확립하는 것이라고 할 수 있다(박지영 외, 2014). 이용시설 실천현장의 사회복지사들의 주요 업무는 다음과 같다.

- 사회복지서비스 이용자들을 위한 프로그램 기획 및 실행
- 지역사회 자원의 동원과 활용
- 후원자 개발
- 각종 상담
- 연계와 의뢰
- 정보 수집과 조사 및 정보 제공

(2) 생활시설

① 현황
사회복지 생활시설은 독립적으로 활동을 할 수 없거나 가족의 보호와 부양이 불가능한 경우 주거를 포함하여 생활 전반에서 필요로 하는 서비스를 제공한다. 생활시설에서는 일상생활서비스뿐 아니라 상담, 정서 지원, 재활, 법률 지원, 생활지도 등이 종합적으로 제공된다. 사회복지서비스 이용자의 개별적인 욕구에 맞는 서비스 및 자원을 지역사회에서 연계하여 제공하기도 한다. 특히 의료서비스나 직업훈련, 교육서비스 등은 해당 시설에서 제공하기 어렵기 때문에 지역사회 자원이나 전문가를 연계하는 경우가 많다. 사회복지 생활시설에는 아동, 청소년 및 장애인 생활시설 및 보호시설, 노인요양시설, 성폭력 및 가정폭력 피해여성쉼터, 모·부자복지시설, 공동생활가정 등

표 4-3	사회복지 생활시설 현황

구분	시설 수	종사자
장애인	1,517	17,926
아동	830	7,820
노인	5,631	103,151
노숙인	118	1,456
정신요양	59	2,002
결핵 및 한센	7	96
합계	8,162	132,451

* 이 표에 제시된 시설은 보건복지부 소속 생활시설들로, 여성가족부 소속 한부모가족 및 여성, 청소년 시설 등은 제외된 수치임.

출처: 보건복지부(2018).

다양한 형태의 생활시설이 포함된다.

사회복지 생활시설 수는 총 9,148개소(보건복지부 관할 생활시설은 8,162개소), 종사자 수는 총 136,608명(보건복지부 관할 시설 종사자는 132,451명)이다(〈표 4-3〉 참조). 노인생활시설이 가장 많고, 그 다음은 장애인, 아동 생활시설 순이다. 이 외에도 노숙인, 정신요양, 결핵 및 한센인 생활시설이 있고, 여성가족부에서 관할하는 한부모가족, 청소년 생활시설 등이 있다(보건복지부, 2018).

생활시설의 특성상 폐쇄적으로 운영될 가능성이 높기 때문에 과거에는 지역사회와 분리되어 이용자의 인권이 무시되는 경우도 종종 발생하였다. 최근에는 시설의 폐쇄성을 극복하기 위하여 지역사회에 시설을 개방하고 개방적으로 운영하는 생활시설도 점차 늘어 가고 있다. 생활시설의 문제를 해결하기 위해서는 지역사회와 함께하는 운영 방식으로 변화해야 하며 자원봉사자들을 적극적으로 활용하여야 한다. 지역주민들과 시설 이용자들이 함께 다양한 행사를 진행한다든지, 생활시설의 공간을 지역주민들이 이용할 수 있도록 하는 등의 노력이 필요하다(박지영 외, 2014).

② 사회복지사의 활동

생활시설 이용자들은 보호가 필요한 아동, 장애인, 노인, 여성 등이다. 이들은 돌보는 가족이 없거나 경제적 빈곤으로 개인생활이 불가능하여 사회복지시설에 입소한 경우가 많으며, 장애인이나 노인의 경우 중증의 질병이나 장애로 거동이 불편하고 독립적인 생활이 불가능하여 입소한다. 생활시설 현장에서 사회복지사는 이용자의 생활지원서비스뿐만 아니라 치료, 재활, 사회복귀를 위한 상담과 치료 등 전문적인 서비스도 제공하여야 한다. 이용자들과 일상생활을 함께 하면서 직접적으로 접촉하여 활동하고, 대개 24시간 서비스가 제공되어야 하므로 주야 교대근무를 한다.

생활시설에서 일하는 사회복지사는 이용자의 개선이 느리거나 신체적·심리적·사회적으로 위축되어 가는 상황에 직면할 수 있기 때문에 인내심을 가지고 서비스를 제공해야 하며, 같은 서비스를 제공하더라도 더 많은 노력과 시간이 필요할 수 있다. 노인요양시설에서 일하는 사회복지사는 최선을 다해 서비스를 제공하더라도 신체적으로는 점점 허약해지는 노인들과 함께해야 한다. 이처럼 생활시설은 이용시설과는 다른 특성과 문화가 있으며, 사회복지사의 역할에서도 다른 측면이 많이 존재한다. 따라서 생활시설에 근무하는 사회복지사는 이러한 특성을 잘 이해하고 인간 존엄성의 가치를 우선적으로 확립해야 하며, 이들과 함께하면서 사회복지사 자신의 성장과 의미를 확보할 수 있어야 한다(박지영 외, 2014). 생활시설 현장에서 일하는 사회복지사의 주요 업무는 다음과 같다.

- 이용자의 입소생활 관리 및 관련 행정 업무
- 상담 및 정서적 지원
- 치료 프로그램 개발 및 실행

• 후원자 개발 및 연결
• 자원봉사자 관리

3) 사회복지실천의 관련현장(2차 현장)

인간의 삶의 질을 향상시키기 위한 사회복지실천은 사회복지전문가뿐만 아니라 다양한 전문가 간의 협력을 필요로 하며, 다른 분야의 전문가와 협력적으로 실천함으로써 개입의 효과성과 효율성을 증대시킬 수 있다. 특히 사회복지실천의 관련현장은 기관의 고유한 기능을 일차적으로 수행하면서 사회복지실천이 병행되는 장이므로, 사회복지사는 해당 분야의 전문가들과 협력하는 것이 무엇보다 중요하며, 전문가들 간 연계와 협력이 잘 이루어질 수 있도록 중간자 역할을 해야 한다. 관련현장은 전문 분야에 대한 이해나 실천기반이 다르기 때문에 사회복지전문가로서 이해받고 실천하기가 쉽지 않으며, 따라서 관련현장의 종사자들과 이용자들에게 사회복지실천의 의미와 중요성을 증진시키기 위해 노력해야 한다. 우리나라의 관련현장은 전문사회복지실천 현장으로 인정되며 별도의 자격과 훈련을 필요로 한다. 여기서는 의료기관, 정신건강기관, 학교, 교정기관, 군대, 시민사회단체 및 종교단체를 중심으로 관련현장의 현황과 사회복지사의 활동을 살펴본다.

(1) 의료기관

① 현황
의료사회복지의 실천현장은 종합병원이나 대학병원, 일반병원, 요양병원, 보건소 등 의료기관이며, 의사, 간호사, 행정직원 그리고 다른 전문가들과 협력적 팀을 이루어 환자의 치료와 재활을 위해 노력하는 현장이다. 1973년 「의료법」에 의해 종합병원에 사회복지사의 채용규정이 마련된 이후 대학부속병원을 중심으로 의료사회복지사를 채용하기 시작하였으며, 2001년 실습 및 수련 슈퍼바이저 자격제도를 도입하였고, 2008년부터 의료사회복지사 자격 제도가 시작되었다. 대한의료사회복지사협회 홈페이지에 따르면「의료법 시행규칙」(제38조)상 종합병원에는 사회복지사 자격을 가진 자를 1인 이상 두도록 되어 있으며 현재는 요양병원을 비롯한 중형급 병원까지 확대되어 있다. 2018년 의료사회복지사협회의 회원기관은 총 322개이며 2008년부터 2017년까지 총 877명의 의료사회복지사가 배출되어 활동하고 있다(대한의료사회복지사협회 홈페이지, http://www.kamsw.or.kr).

② 사회복지사의 활동

의료사회복지사는 사회복지사 1급자격증을 취득한 후 인증수련기관에서 1년간의 수련을 마친 후 의료사회복지사 자격시험을 통해 의료현장에서 일할 수 있다. 의료사회복지사는 질병을 가진 환자와 그 가족, 지역사회를 대상으로 의료진과 함께 사회복지서비스 이용자의 문제를 해결하도록 돕고, 입원뿐만 아니라 입원 전과 퇴원 후에도 사회적 기능을 원활히 수행하도록 돕는다. 의료사회복지사는 주로 의료전문가들과 함께 팀으로 일하는데, 의료진과 함께 토론과 회합, 회진에 참여하고, 진료 후 회의에 참석한다. 의료사회복지사는 의료팀과의 의사소통을 위해 의학적인 기본 지식을 가지고 있어야 하며 다른 전문직의 독자성과 고유성을 존중해야 한다. 의료사회복지사는 의료현장에서 의학적 지식을 중심으로 환자와 가족에게 개입하는 것이 아니라, 의료적 문제를 팀 협력적 차원에서 사회복지실천의 가치와 기술을 통하여 해결해 나가야 한다. 의료기관에서 일하는 사회복지사의 주요 활동은 다음과 같다(남석인, 최권호, 2014).

- 심리사회적 문제 해결을 위한 사정 및 상담
- 환자 및 가족 교육

- 자조모임 조직화 및 운영
- 경제적 문제 해결 및 지역사회 자원 연결
- 퇴원 후 사회복귀 및 재활문제 원조
- 고위험 환자 상담
- 교육 및 연구조사

(2) 정신건강기관

① 현황

정신건강기관에서 사회복지사는 정신건강 영역에서 사회복지학의 가치와
이론을 바탕으로 하여 가족과 지역사회를 기반으로 정신질환자(정신병, 성격
장애, 알코올 및 약물 중독, 기타 비정신병적 정신장애인)에게 사회복지서비스를
제공한다. 정신건강사회복지사가 활동하는 실천현장은 정신의료기관(종합병
원과 대학병원의 정신과, 정신과 전문병원과 의원), 각 시·군·구에 설치된 정신
건강복지센터와 중독관리통합지원센터, 정신요양시설, 정신재활시설, 정신
장애인 사회복귀시설 등이다. 2018년 이들 기관 및 시설은 전국에 총 2,255개
소가 있다(〈표 4-4〉 참조).

표 4-4 **정신건강 관련 기관 및 시설 현황** (단위: 개소)

구분	기관 수	주요 기능
계	2,255	
정신건강복지센터	243	• 지역사회 내 정신질환 예방, 정신질환자 발견 · 상담 · 정신재활훈련 및 사례관리 • 정신건강증진시설 간 연계체계 구축 등 지역사회 정신건강사업 기획 · 조정 ※ 기초 227, 광역 16

정신 의료기관	국·공립	20	• 정신질환자 진료, 지역사회정신건강증진사업 지원
	민간	1,534	• 정신질환자 진료
정신요양시설		59	• 만성 정신질환자 요양·보호
정신재활시설		349	• 병원 또는 시설에서 치료·요양 후 사회복귀 촉진을 위한 훈련 실시
중독관리 통합지원센터		50	• 중독 예방, 중독자 상담·재활훈련

출처: 보건복지부, 국립정신건강센터(2018).

정신질환자를 위한 시설은 1995년의 「정신보건법」 제정 이래 꾸준히 증가하고 있다. 「정신보건법」 제17조(정신건강전문요원의 자격 등)에 따르면 정신건강기관에서 일하는 정신건강전문요원은 정신건강임상심리사, 정신건강간호사 및 정신건강사회복지사이다. 2017년 정신건강사회복지사 1급자격증 취득자는 총 1,218명이며, 매년 수련을 통해 200~300명의 2급 정신건강사회복지사가 배출되고 있다(한국정신건강사회복지사협회 홈페이지, http://www. kamhsw.or.kr).

② 사회복지사의 활동

정신건강사회복지사는 정신건강기관에서 정신질환자를 대상으로 의사, 간호사, 임상심리사 등과 팀 협력을 통해 활동한다. 앞으로 정신질환자가 정신병원이나 요양시설에서 생활하는 기간은 점점 짧아지고, 지역사회에 거주하면서 전문적 서비스와 치료를 받는 지역사회중심 정신건강사업이 확대될 것이다. 또한 급격한 사회변화에 적응하기 어려운 사회구성원이 증가함에 따라 정신건강사회복지사의 활동 범위는 의료기관뿐만 아니라 지역사회 전체로 확대되고, 정신건강 관련 서비스는 모든 사회구성원과 다양한 사회 영역에서 제공될 것이다. 정신건강사회복지사의 주요 활동은 다음과 같다.

- 정신질환자의 발견, 상담, 치료
- 정신질환자의 사회복귀 훈련 및 지원
- 정신질환자 가족 지원 및 상담, 교육
- 정신질환자 사례관리
- 지역주민 대상 정신질환 및 자살, 중독 예방 관련 교육과 홍보

(3) 학교

① 현황

학교사회복지는 학생의 문제 및 가족, 학교, 지역사회의 역기능적 환경에 의해 유발된 문제들을 예방 또는 해결하고, 학생의 복지와 학교의 교육 기능과 목적을 달성하도록 돕는 사회복지실천의 전문 분야이다(주석진 외, 2016). 따라서 학교사회복지사의 실천현장은 초 · 중 · 고등학교이다.

학교사회복지사 자격제도는 2005년부터 시행되기 시작하였고, 현재는 교육복지우선지원사업을 실시하는 학교에 한해 교육복지사나 지역사회교육전문가라는 명칭으로 일하며, 지방자치단체의 조례에 따라 학교사회복지사가 상주하는 지역도 있다. 우리나라에서 학교사회복지는 아직 제도화되지 못하여 부분적으로 실행되고 있으나, 효과성과 전문성이 입증되고 있으므로 향후

표 4-5 **학교사회복지 현황과 사회복지사 배치 현황**   단위: 개소(명)

	교육복지우선지원사업					교육 복지 센터	지방자치단체 학교사회복지사업					민간지원사업			
	초	중	고	특	계	계	초	중	고	특	계	초	중	고	계
계	1,812 (781)	1,246 (697)	129 (35)	4 (2)	3,191 (1,515)	23	83 (83)	36 (36)	15 (15)	1 (1)	135 (135)	3 (3)	2 (2)	1 (0)	6 (5)

* 괄호 안은 배치된 사회복지인력
자료: 한국학교사회복지사협회(2018).

지속적인 확대와 강화가 예상된다. 학교사회복지 현장의 현황과 사회복지사 인력의 현황은 〈표 4-5〉와 같다.

② 사회복지사의 활동

학교사회복지사는 사례관리, 개별 및 집단 프로그램 운영, 가족 개입, 지역사회 연계 업무를 수행한다. 또한 학교사회복지사는 학생뿐 아니라 학부모를 실천 대상으로 하며, 교사, 교육청, 지역사회 청소년 관련 기관 전문가 등과 함께 활동한다(한국학교사회복지사협회 홈페이지, http://www.kassw.or.kr).

학교사회복지사의 주요 활동은 다음과 같다.

- 학생을 위한 개별 및 집단 상담 등 치료적 개입
- 학습 진로 및 정보 제공
- 학부모 대상 교육 및 상담 제공
- 학생과 가족에게 필요한 자원의 발굴과 연계
- 학생과 가족, 학교의 상호작용 및 문제해결과정 중재
- 학생의 인권보장을 위한 옹호활동
- 교사를 비롯한 전문가, 관련 기관과의 협력

(4) 교정기관

① 현황

교정복지는 범죄인 및 비행청소년의 사회복귀와 재통합을 위해 사회복지 전문가가 그들의 사회적 기능 수행을 회복하도록 돕는 전문적 활동이다. 또한 범죄인과 비행청소년의 가족, 범죄피해자, 지역사회를 대상으로 보호와 지원, 사회적 인식 개선 등을 포함한다(우국희 외, 2015). 따라서 교정복지의 실천현장인 교정기관은 법무부의 범죄예방정책국과 교정본부 산하의 기관

과 시설(소년원, 보호관찰소, 지방교정청, 교도소 등)을 포함한다. 교정복지의 실천현장은 성인과 소년 대상 현장으로 분류되며 성범죄, 약물범죄, 일반폭력범죄, 학교폭력 등 범죄 유형에 따라 세분화된다.

교정복지는 1989년 보호관찰제도가 도입되면서 논의되기 시작하였으며 이후 사회복지사 자격증 소지자를 보호직 공무원으로 특채하면서 교정기관이 사회복지실천 현장으로 자리 잡게 되었다. 전국 56개 기관(지방교정청, 구치소, 교도소 등), 5만여 명의 수용자들을 대상으로 한 교정시설에서 사회복지사 및 임상심리사 자격증 소지자에 대한 수요가 증가하여 2010년 보호관찰관 신규 채용 시 49명(7급 6명, 9급 43명)의 사회복지사를 특별 채용한 것을 시작으로, 지난 5년간 보호관찰 분야에서 182명, 교정 분야에서 120명의 총 302명의 사회복지사를 특별 채용하였다. 그 결과, 보호관찰관 중 사회복지사자격증 소지자는 20% 이상이다(법무부, 2017).

② 사회복지사의 활동

교정사회복지사는 교정시설에서 범죄인의 재활과 범죄 예방에 개입하는 사회복지전문직을 통칭한다. 그러나 교정복지의 범위는 교정시설 내에서의 교정행정뿐 아니라 보호관찰 등 보호행정, 출소자 복지 지원, 범죄피해자 지원 등 다양하고 폭넓게 구성되며 수용자의 가족, 지역사회의 각종 범죄 관련 프로그램에 이르기까지 확대될 수 있다. 교정기관 실천현장에서 일하는 사회복지사는 사회복지의 가치와 철학을 가지고 비행청소년과 범죄인을 사회의 일탈자로 바라보기보다 존중하면서 이들의 재활에 전문적 방식으로 개입해야 한다. 또한 범죄 및 사법제도에 대한 지식을 학습해야 하며, 법조인, 일반교정공무원 및 임상심리전문가, 종교인 등과 협력하여 활동한다. 교정기관 실천현장에서의 사회복지사의 주요 활동은 다음과 같다.

• 교정시설 내 수용자를 대상으로 한 교정상담

- 수용자 분류 및 사례관리
- 교정 프로그램 운영
- 출소자 복지 지원
- 자원봉사자 관리

(5) 군대

① 현황

군사회복지는 전 국민의 안전과 관련된 국방을 위한 군 전투력의 향상과 유지를 위하여 군인의 생활보장이라는 복지권의 기본 이념에 입각하여 군인의 삶의 질을 유지시키는 것을 목적으로 하는 전문적 활동을 말한다(박지영 외, 2014). 우리나라에서는 2000년대 이후 군대 내 장병들의 인권문제와 군사회복지의 중요성이 부각되기 시작하였으며, 2007년 「군인복지기본법」이 통과되면서 군인들의 복지에 대한 법적 근거가 마련되었다. 우리나라에서는 군사회복지사전문자격제도 대신 비슷한 자격의 병영생활전문상담관제도가 2005년 시범운영으로 도입되어 사회복지사를 채용하기 시작하였으며 2018년까지 376명이 충원되었다. 병영생활전문상담관은 군경력자, 상담 경력을 가진 민간인으로서, 심리상담 또는 사회복지 분야의 학위와 상담 경력 등을 필요로 한다(대한민국 국방부 홈페이지, www.mnd.go.kr).

② 사회복지사의 활동

군사회복지사는 복지 및 인사 담당 현역군인, 군종장교, 민간복지전문가, 군종위원회 소속 종교지도자 등과 함께 일한다. 군사회복지사의 활동은 주로 병사들의 인권 향상과 병영 문화의 개선에 초점이 맞추어지며, 군인가족을 위한 프로그램, 군이 속해 있는 지역사회와의 연계 등도 포함된다. 군사회복지사의 구체적인 활동은 다음과 같다(김도희, 장재원, 장용언, 2017).

- 병사들의 정신건강 상담 및 스트레스 관리를 통한 군생활 적응능력 원조
- 군대 내 각종 폭력 및 중독, 자살 등 병영사고 예방과 치료
- 직업군인 부부 및 가족 문제 상담
- 전쟁이나 재난 등 외상적(traumatic) 사건과 관련된 위기대응
- 지역사회와 군대의 인도주의적 관계 유지

(6) 시민사회단체 및 종교단체

민간기관으로서 사회복지의 관련현장이 되는 시민사회단체 및 종교단체는「사회복지사업법」상의 규정기관은 아니지만 사회복지사업의 긴 역사를 가지고 있으며 다양한 기관을 운영하면서 사회복지사를 채용하는 경우가 많다. 시민사회단체는 정부와 시장에서 하지 않거나 할 수 없는 다양한 정치, 경제, 교통, 환경, 의료 등의 분야에서 비영리적 목적을 추구하며 자발적으로 조직되어 활동한다. 사회복지현장과 관련이 깊은 주요 단체를 예로 들면 참여연대, 경제정의실천시민연합, 한국YMCA, 아름다운재단, 한국여성의전화, 한국마약퇴치운동본부, 한국국제기아대책기구, 흥사단, 우리민족서로돕기운동본부 등이 있다. 이들 단체는 순수하게 시민이나 종교단체가 주체가 되어 설립·운영하고 있으며 우리나라 민간사회복지사업에서 주요 역할을 맡고 있다. 시민사회 및 종교단체는 전국 각지에 지회나 지부를 두고 전국적 연계망을 형성하고 있으므로 전국적 차원의 사업을 진행할 수 있는 역량을 가지고 있다. 이들 단체는 사회복지의 주요현장인 이용시설과 생활시설을 정부로부터 위임받아 운영하기도 하며, 사회복지사들은 단체가 운영하는 일선기관 혹은 단체의 본부나 지부에서 사회복지 관련 업무를 담당한다.

4) 행정기관

행정기관은 행정적 사회복지실천의 장으로, 공공기관과 민간전문기관이

포함된다. 사회복지 관련 공공기관은 중앙정부의 보건복지부와 여성가족부, 지방정부의 사회복지 관련 부서가 해당된다. 민간전문기관에는 사회복지협의회, 사회복지사협회, 사회복지공동모금회 등의 기관이 포함된다.

(1) 공공기관

① 현황

공공기관은 우리나라의 공공조직 중 사회복지와 관련된 업무를 수행하는 현장이다. 정부 주도하에 사회구성원의 삶의 질 향상을 위해 사회복지서비스의 생산과 전달 등 전문적이고 직접적인 개입활동을 수행한다. 공공기관에 속하는 현장은 다음과 같다.

- 보건복지부와 여성가족부(중앙정부)
- 광역자치단체(시 · 도) 사회복지 관련 부서
- 기초자치단체(시 · 군 · 구 및 읍 · 면 · 동) 사회복지 관련 부서 및 행정복지센터

현재 사회복지를 담당하는 중앙정부 부서는 보건복지부와 여성가족부로 이원화되어 있어서 관할 업무가 중복되거나 분산된다는 문제를 가지고 있다. 보건복지부와 여성가족부의 결정에 따라 직접 집행하는 지방정부의 전달체계는 행정자치부의 조직에 포함되어 있기 때문에 정책 결정과 집행의 일관성이 부족하고, 사회복지 고유의 업무를 전문적으로 실천하기 어렵다는 문제를 가지고 있다.

공공기관에서 사회복지실천을 수행하는 인력은 사회복지전담공무원으로서,「사회복지사업법」제14조의 규정에 따라 지방자치단체에 소속되어 공공영역의 사회복지서비스를 집행하는 기능을 수행한다(오정수, 류진석, 2016).

사회복지전담공무원은 사회복지사 자격증 소지자들 중 공무원임용시험을 통해 사회복지직으로 임용된다. 1987년에 배치되기 시작한 이후, 사회복지 업무의 증가에 따라 지난 10년간 꾸준히 증가하여 2007년 10,515명에서 2017년에는 22,711명(정원 기준)으로 두 배 이상 늘어났다. 이 중 사회복지사 자격증 소지자는 1급 12,904명(56.8%), 2급 7,998명(35.2%) 등이다(보건복지부, 2018).

② 사회복지사의 활동

우리나라의 경우 사회복지서비스 이용자에 대한 직접서비스는 민간복지기관에 위탁하여 이용기관과 생활기관에서 실행되므로, 공공복지실천의 장인 행정기관에서는 국민기초생활보장제도를 비롯한 장애인, 노인 등을 대상으로 하는 사회보장 업무가 중심이 된다(박지영 외, 2014). 일선에서 사회보장 관련 업무를 수행하기 위한 사회복지사의 활동은 다음과 같다.

- 기초생활보장 등 각종 급여의 대상자 선정과 소득 및 부양자 조사
- 기초생활보장급여 및 각종 수당 및 기초연금 지급 및 전달
- 취약계층 및 서비스 이용자에 대한 상담과 지원시책 안내 및 정보 제공
- 서비스 이용자와 지역 내 전문기관과의 연계 및 의뢰
- 문서 작성 및 행정 실무

지금까지 사회복지전담공무원은 주로 저소득층 대상 기초생활보장 및 수당 관련 업무를 전담해 왔으나 최근 지방자치단체마다 '찾아가는' 사회복지 프로그램의 증가, 사회복지서비스 이용자의 다양화 및 증가로 점차 사례관리, 방문, 상담 등 직접적 대인서비스 업무의 비중이 증가하고 있다. 한편, 사회복지전담공무원의 업무 과중, 사회복지사와 공무원 사이의 역할정체성 혼란, 민간 이용기관과 생활기관에서 제공하는 사회복지서비스와의 중복 등의

문제가 심각해지고 있다. 이러한 문제를 해결하기 위해서는 사회복지전담공무원의 지속적 확충과 더불어, 사회복지전담 전달체계의 수립, 공공행정기관과 민간기관의 역할 분담이 필요하다. 또한 사회복지전담공무원의 사회복지사로서의 직업정체성 확립, 사회복지의 가치와 윤리 및 실천방법에 대한 지속적 고민이 필요하다.

어느 사회복지전담공무원의 호소

2017년 9월 청와대 국민청원게시판에는 어느 지방자치단체에서 근무하고 있는 사회복지전담공무원의 청원이 올라왔다. 많은 사회복지 전공자가 선호하는 사회복지전담공무원은 왜, 어떤 이유로 청원을 올린 것일까? 그의 청원 내용을 자세히 살펴보자.

• 인력을 충원해 주세요.

– 2013년 사회복지전담공무원의 잇단 극단적 선택 이후 인력 충원이 증가하였으나 민원과 업무는 그보다 더 가파르게 증가했습니다.

• 늘어난 사회복지 사업에 맞게 전달체계를 개편해 주세요.

– 뼈대도 없이 살과 근육만 늘리는 것과 무엇이 다른가요?

• 사회복지전담공무원의 자존감을 높여 주세요.

– 민원인들의 폭언과 폭력, 상급자들의 다그침, 언론의 뭇매가 무섭습니다.

• 사회복지 업무 담당자 수를 늘리고 정규직화해 주세요.

– 희생과 봉사라는 명예를 가장한 멍에로 열정 페이를 강요하지 말아 주세요.

• 일반행정과 사회복지행정 업무를 구분해서 사회복지 업무에 집중하게 해 주세요.

– 도로포장 빼고는 다 사회복지 업무인가요?

• 주민센터와 분리하여 사회복지사무소를 신설해 주십시오.

– 각종 잡무, 행사 지원, 단체 지원을 위해 평일 업무시간은 물론 주말에도 불려 나갑니다.

* 이 청원은 2,950명의 참여인원으로 종료되었다. https://www1.president. go.kr/petitions/15972

(2) 민간전문기관

① 현황

민간전문기관은 민간단체 협의회 및 연합회 차원에서 사회복지 관련 행정 업무를 수행한다. 이들 기관은 직접 서비스를 제공하지는 않지만 전문적 사회복지실천을 위해 행정적·재정적 지원과 전문성 향상을 위한 교육과 훈련 등의 지원 업무를 수행한다. 민간전문기관 실천현장은 전문적 사회복지실천의 환경을 조성한다는 점에서 간접적 사회복지실천 현장으로 분류되기도 한다(우국희 외, 2018). 사회복지협의회, 사회복지사협회, 사회복지공동모금회, 각 사회복지시설연합회, 전국규모 복지법인본부 등이 이에 속한다.

사회복지협의회는 지역사회 내의 각종사회복지시설, 사회복지에 관심을 갖는 민간단체나 개인의 연합체로서, 지역사회가 요구하는 사회복지 욕구를 효과적으로 달성하기 위해 상호 협력하고 조정하는 조직체로서 전국 단위의 중앙협의회와 시·도 협의회가 있다(한국사회복지협의회 홈페이지, www.bokji.net).

한국사회복지사협회는 사회복지에 관한 전문 지식과 기술을 개발·보급하고 사회복지사의 자질 향상을 위한 교육·훈련을 실시하며 사회복지사의 복지 증진을 도모하기 위하여 설립된 전문가단체로서(「사회복지사업법」 제46조), 지역별 지방협회를 운영한다(한국사회복지사협회 홈페이지, www.welfare.net).

사회복지공동모금회는 국민의 자발적 성금으로 조성된 재원을 효율적으로 공정하게 관리·운영하기 위한 기관으로(「사회복지공동모금회법」 제1조), 중앙조직과 지역별 지회로 운영된다(사회복지공동모금회 홈페이지, http://chest.or.kr).

② 사회복지사의 활동

사회복지협의회의 주요 업무는 지역사회의 사회복지에 관한 조사연구 및 정책 건의, 지역사회 사회복지 관련 기관 및 단체 간의 연계, 협력 및 조정, 사회복지 소외계층 및 민간사회복지 자원 발굴, 사회복지에 관한 교육과 훈련, 사회복지에 관한 자료수집 및 간행물 발간, 사회복지에 관한 계몽과 홍보, 자원봉사활동과 기부활동 증진 등이다(한국사회복지협의회 홈페이지, https://www.bokji.net).

한국사회복지사협회에서 일하는 사회복지사의 업무는 전문 지식 및 기술의 개발과 보급, 사회복지사의 전문성 향상을 위한 교육·훈련, 사회복지사 제도에 대한 조사연구 및 홍보, 출판사업 등이며, 사회복지사의 위상 확립과 권익 실현과 관련된 활동도 수행한다(한국사회복지사협회 홈페이지, https://www.welfare.net).

사회복지공동모금회에서는 모금사업, 배분사업, 재원의 운용 및 관리, 사회복지공동모금에 관한 조사연구 및 홍보, 국제교류 및 기부금품 모집자와의 협력사업 등의 활동을 한다(사회복지공동모금회 홈페이지, https://chest.or.kr/base.do).

사회복지실천 현장의 기회와 도전

기회	도전
• 사회복지실천 현장이 확대되고 있다.	• 유사 전문직과의 경쟁이 심화되고 있다.
• 사회복지서비스 이용자가 급속히 증가한다.	• 사회복지사 채용 증가 속도가 느리다.
• 사회복지전문인력 수요가 증가한다.	• 사회복지전문인력이 과잉 배출되고 있다.
• 사회복지사에 대한 사회적 인식이 좋다.	• 사회복지사의 고용, 임금, 처우가 열악하다.
• 사회복지사의 전문성이 향상되고 있다.	• 교육과정과 자격제도의 정비가 필요하다.
• 복지정책과 복지예산이 확대되고 있다.	• 복지 확대를 위한 증세가 어렵다.

사회복지사의 정체성과 역할

1) 사회복지사의 전문직 정체성

　전문가로서의 사회복지사는 어떤 점에서 다른 전문직과 구별되는가? 예를 들면, 학교에서 일하는 상담교사와 교육복지사는 어떻게 다른가? 노인요양시설에서 일하는 사회복지사와 간호사는 어떤 점에서 구별되는가? 많은 사람이 사회복지실천 현장에서 일하는 휴먼서비스 관련 다른 직업군과 사회복지직을 명확히 구분하지 못하거나 거의 동일하게 인식한다. 현장 사회복지사도 '인간과 관련된 서비스를 지원하는 다른 전문직과 구별되는 사회복지만의 전문성이란 과연 무엇인지, 그런 게 과연 있기는 한 것인지, 사회복지사가 하는 일의 고유성이 무엇인지가 분명하지가 않다.'고 고백한다(박지영 외, 2014). 이처럼 사회복지전문직 내부와 사회적 인식 모두에서 사회복지사의 실천이 어떤 특성을 가지고 있는지 명확하지 않으며 여전히 형성되어 가고 있다. 따라서 사회복지실천을 고정된 실체로 이해하기보다는 실천의 장과 시대적 상황 등 맥락에 따라 정의하는 것이 더 적절하다(김교성, 최명민, 임정기, 이현주, 2016). 지금까지 사회복지실천가들과 연구자들은 이 질문에 답하기 위하여 지속적으로 노력해 왔으며, 여기서는 지금까지 논의된 특성들을 중심으로 사회복지사의 전문직 정체성을 살펴본다.

(1) 전체로서의 인간 삶에 대한 관여
　역사적으로 사회복지전문직은 사회의 발전과 변화 속에서 다양하고 복합적인 전문적 정체성을 형성하였으며, 이것은 다양한 인간 삶의 영역에 총체적으로 관여하는 사회복지실천 자체의 본질적 특성과 관련이 있다(Glasser, 2001). 대부분의 휴먼서비스 관련 전문직은 자신들이 관심을 갖고 해결하고

자 하는 문제나 증상, 질환 등에 초점을 맞추지만, 사회복지전문직은 문제, 증상, 질환 그 자체가 아니라 그러한 것을 가지고 있는 사람과 그 주변 사람들 및 환경에 총체적으로 관여한다. 따라서 다른 전문직에 비해 사회복지는 접근하는 문제의 범위와 유형, 실천의 수준과 개입의 범위, 근무기관과 서비스 대상집단 등의 범위가 더 넓다. 이처럼 '전체로서의 인간'의 삶을 포괄적으로 다루는 총체적(holistic) 특성 때문에 사회복지실천의 내용과 범위는 광범위하고 모호하다. 사회복지는 관할 영역이 너무 넓고 다양하며 인접 실천 분야와 공유하는 영역이 많기 때문에 독점적 영역을 확보하기 어렵고 확고한 전문적 정체성을 규정하기 어려운 것도 사실이다.

전체로서의 인간을 바라보고, 삶의 다양한 영역에 관여하는 사회복지의 특성상, 사회복지서비스 이용자들과 거리를 유지하며 전문가로서의 우월한 지위를 강조하기보다는 사회복지서비스 이용자들과 공존하는 상생의 관계를 바탕으로 일상적 삶의 문제를 함께 해결하는 '생활실천성'이야말로 사회복지 실천 현장에서 요구되는 사회복지사의 전문성이다. 사회복지서비스 이용자들과 일상의 삶을 공유하고 삶의 현장에서 함께 도전에 맞서 나가는 공감과 연대의 실천성이 사회복지사의 전문성의 핵심인 것이다(최명민, 임정기, 김승연, 김교성, 2015).

의료사회복지사와 간호사

간호사는 질병의 발견과 치료, 회복에 주로 관심을 가진다. 간호사는 환자의 가족이 환자를 돌보지 않는다거나 환자가 경제적 문제 때문에 치료를 중단해야 할 때 환자가 질병 때문에 실직하더라도 굳이 이 문제에 관여할 필요가 없다. 그러나 사회복지사는 환자의 신체적 질병뿐만 아니라 환자의 정서와 욕구, 의료진과 환자의 관계, 환자와 가족의 관계, 경제적 문제와 퇴원 이후의 생활에까지 관심을 갖는다. 질병 때문에 가족에게 문제가 생겼을 경우 가족을 돕고, 질병 치료를 감당할 경제적 능력이 되지 않을 경우 보험급여나 의료급여, 후원 등의 경제적 자원을 연결하며, 가족의 어려움과 문제를 상담하고 해결하도록 돕는다. 뿐만 아니라 환자가 병원에서 부당한 차별이나 처우를 받지 않는지, 의료진과의 관계나 의사소통에 문제가 없는지 등을 살펴 문제가 있을 경우 이를 해결하고, 퇴원과정 및 퇴원 후 생활복귀 절차까지 함께 계획하고 돕는다. 이처럼 사회복지사의 역할은 질병 치료를 제외한 환자의 삶의 전 영역에 걸쳐 있다. 또한 이때 사회복지사는 환자와 환자의 가족, 주변인들의 어려움과 문제에 귀 기울이며, 그들과 함께 문제를 해결해 나가는 방식으로 일한다(박지영 외, 2014).

(2) 비판적 인식과 사회정의 지향

전체로서의 한 인간의 삶에 관여해야 하기 때문에 사회복지사는 인간을 어떻게 이해하고 바라볼 것인가, 인간이 가진 문제에 대해 어떤 입장과 태도를 갖는 것이 바람직한가라는 윤리적 · 규범적 질문에 항상 직면할 수밖에 없다. 이것은 사회복지전문직이 가치기반 전문직(value-based professional)의 특성을 가지고 있음을 뜻한다. 사회복지사는 질병, 장애, 범죄, 비행, 중독, 실직, 빈곤과 같은 문제에 대해 무엇이 옳고 그른지, 무엇이 가치 있는 삶인지에 대한 가치를 기준으로 판단하고 행동해야 한다는 것이다.

사회문제는 개인의 책임과 사회적 요인이 복합적으로 얽혀 있기 때문에 그 원인이 불분명하고 명쾌한 해결책이 존재하지 않는다. 그럼에도 불구하고 사회복지사는 인간에 대한 이해와 존중을 바탕으로, 겉으로 나타나는 문제들 아래 숨겨진 인간의 잠재성을 실현하는 데 걸림돌이 되는 사회구조와 사회적 부정의에 대해 성찰적이고 비판적인 입장을 가져야 한다. 사회적 약자와 소수자들이 처한 불리한 상황을 당연시하지 않고, 차별과 억압, 인권의 제한에 대해 비판적 인식을 갖고 이를 해결하기 위해 노력하여야 한다(DuBois & Miley, 2005; Kirst-Ashman, 2007).

사회문제에 대한 비판적 인식과 변화의 노력이 지향하는 사회복지전문직의 핵심 가치는 사회정의이다. 톰슨(Thompson, 2009)은 교사나 간호사와 같은 다른 원조전문직과 비교할 때 사회복지의 두드러진 특징 중의 하나가 '사회정의에 대한 헌신'이라고 하였다. 사회와 사회문제에 대한 비판적 관점은 사회복지의 근본적 부분이며 사회정의를 위한 실천은 사회복지의 정체성, 즉 사회복지실천의 성격을 규정하는 중심 특징이다(Thompson, 2009). 따라서 사회복지사는 권리와 자원의 측면에서 더 불리한 위치에 있는 약자들의 편에 서서 공정하고 평등한 사회를 실현하기 위해 노력해야 한다.

사회복지사의 주장

우리나라 전체 노인 70%가 받는 기초연금을 기초생활수급자 노인들은 받지 못한다. 기초연금을 받으면 소득액이 높아져서 그 액수만큼 지급되는 생계비가 깎이기 때문이다. 법조항 때문에 가장 빈곤한 노인들이 기초연금을 받지 못하는 것이다. 이에 사회복지사들은 박봉을 쪼개어 신문에 광고를 게재하고 노인들과 함께 서명운동, 성명서 발표, 시위 등을 통해 기초생활수급자 노인들의 기초연금 수혜를 주장하였다. 제도와 현실, 빈곤한 노인들의 삶과 법 조항 사이에서 사회복지사들은 가장 약자인 기초생활수급 노인들의 삶을 개선시키기 위해 노력한 모습을 보여 주었다.

자료: 한겨레신문(2014. 7. 25.)

---

(3) 임파워먼트 전문직

일반적으로 사회복지사의 역할은 가난하고 문제를 가지고 있고 무기력하고 많은 것이 결여되어 있는 사람들에게 일방적으로 도움을 '제공'하는 것이라고 생각한다. 그러나 사회복지실천에서 사회복지사는 사회복지서비스 이용자보다 높은 위치에서 도움을 주는 전문가라기보다는 이용자가 자신의 삶의 주인이 되고 사회구성원으로서 당당하게 살아가는 주체가 되도록 돕는 '동반자'라고 할 수 있다.

예를 들어, 장애인에게 사회복지사는 의사나 물리치료사와 다른 어떤 역할을 하는지 살펴보자. 의사나 물리치료사의 실천에서 핵심 주체는 전문가지만, 사회복지실천에서 주체는 장애인 자신이다. 사회복지사는 장애인이 자신의 삶의 주인이자 한 사람의 사회구성원으로서 교육, 직업, 문화, 가족생활을 영위하는 과정에서 더 나은 선택을 할 수 있도록 돕고 정보를 제공하며 함께 해결책을 모색하는 한편, 장애인에 대한 사회적 차별을 제거하고자 노력하는 전문가이다(박지영 외, 2014).

이러한 사회복지실천의 배경에는 인간을 바라보는 특별한 관점이 존재한다. 사회복지전문직은 인간이 문제를 가지고 있고, 나약하고, 좌절하는 존재임에도 불구하고 궁극적으로 문제와 어려움을 극복하고 새로운 삶에 적응하며 이를 통해 평생 동안 발달하고 성장하는 존재라고 본다. 인간의 잠재성에 대한 절대적인 신뢰는 사회복지전문직의 정체성을 이루는 핵심이다(DuBois & Miley, 2005; Saleebey, 2003). 인간에게는 중독, 질환, 범죄, 부적응, 결핍과 손상을 극복하고 회복하는 잠재성이 있다고 믿으며, 다양한 방식으로 잠재성을 극대화하고 잠재성의 실현을 가로막는 요소들을 제거하는 것이 사회복지사의 역할이다.

인간의 잠재성을 실현시키기 위한 사회복지실천을 '임파워먼트(empowerment)'라고 한다. 임파워먼트는 권한 혹은 권력의 달성을 의미하는데, 자신감, 자부심 등과 같은 개인적 차원뿐만 아니라 필요한 자원과 권한을 획득하는 사회적 차원에서도 한 인간이 온전한 영향력을 행사할 수 있음을 의미한다(Gutierrez, 1994). 즉, 사회복지사는 인간의 강점(strength)과 잠재성에 대한 신뢰를 바탕으로 개인적으로나 사회적으로 자신의 강점과 잠재성을 실현하고 온전한 권한을 갖고 살아가도록 돕는 동반자인 것이다.

장애인의 독립

　선천적 지체장애를 가지고 있는 여성장애인 J(31세)는 특수학교 졸업 후 가족의 보호를 받으며 생활해 왔다. 집 안에서만 지내던 J는 최근 SNS를 통해 알게 된 장애여성 연극동아리에 참여하면서 사회생활에 대한 자신감과 독립에 대한 희망을 갖게 되었다. 그러나 가족들은 J가 심한 장애로 혼자 생활하는 것이 불가능하다고 여기고 J의 독립을 반대하였다. J는 고민하던 중 동아리 동료의 소개로 장애인자립생활센터의 사회복지사 K를 만나게 되었다. 사회복지사 K는 J의 살아온 경험과 마음을 깊이 이해하였으며, 공감적인 대화를 나누었다. 사회복지사 K의 실천의 초점은 J가 지금까지의 고립과 가족에 대한 의존을 극복하고 한 인간으로서 자신의 꿈을 실현하며, 독립 계획을 수립하여 실천하게 돕는 것이었다. K는 J가 자신의 장점(부모님의 사랑, 독립에 대한 의지, 연극 재능, 인간관계 적응능력)을 이해하고 스스로 독립을 위한 장단기 계획을 수립하도록 도왔으며, 반대하는 가족들을 설득하여 J의 자립을 지지하도록 하였다. 또한 장기적으로 J가 스스로 가능한 경제활동을 할 수 있도록 직업교육 및 훈련 정보를 제공하고, 활동지원서비스 등 필요한 서비스를 안내하였다. 그 결과, J는 직업교육을 받는 한편 장애인의 독립적 주거 확보를 위한 운동에 참여하게 되었으며, 여기서 다른 여성장애인 2명을 만나 독립과 공동생활을 함께 준비하고 있다.

(4) 조정과 협력의 구심점

　현대 사회에서 인간이 처한 현실은 매우 복합적이고 인간이 당면하는 문제들은 복잡하게 얽혀 있기 때문에 한 가지 측면에만 개입해서는 해결할 수 없다. 예를 들어, 비행청소년의 문제는 청소년 개인의 특성이나 심리적 문제뿐아니라 학교생활, 또래집단, 가족관계, 지역사회 환경 등과 복잡하게 얽혀 있다. 독거노인은 대부분 신체적 질병과 심리적 소외, 경제적 고통을 함께 겪는다. 정신장애인의 경우 정신장애로 인한 당사자의 고통은 물론이고 가족들의 어려움, 사회적 낙인과 차별 등의 문제를 동시에 경험한다. 이 모든 경우 한 분야의 전문가의 개입만으로는 문제를 해결하기 어렵다. 결국 다양한 분야의 관련 전문가들이 함께 문제를 해결하는 데 협력해야 한다(박지영 외, 2014). 사회복지서비스 이용자의 욕구가 다양해지고 다양한 서비스가 통합적으로 제공되어야 할 필요성이 커짐에 따라 앞으로 다양한 전문직이 함께 실천하는 팀 기반 활동이 더욱 증가할 것이다.

사회복지사가 다른 분야의 전문가들과 함께 일할 때는 공통의 목표를 추구하며 협력하는 동시에 사회복지실천의 고유한 역할과 가치를 실천해야 한다. 전문직들 간에 추구하는 목표가 다르고 실천의 과정에서 충돌하는 경우에도 개방적인 의사소통과 이해의 노력을 통해 차이를 극복하고 협력함으로써 효과적인 실천을 수행할 수 있다.

다양한 인력과의 협력과 조정에 있어 특히 사회복지사는 중심적인 역할을 수행할 것으로 기대된다. 왜 다른 전문직이 아닌 사회복지사가 협력의 구심점이 되어야 하는가? 그것은 사회복지사가 다른 전문직보다 우월해서라기보다는 인간에 대한 총체적인 접근 방식을 갖는 전문직이 인간의 특정한 부분에 대해 기술적 접근을 하는 전문직보다 협력과 조정에 더 적합하기 때문이다(김기덕, 2008). 사회복지실천 현장에서 다양한 서비스를 조정하고 여러 전문직 간에 협력을 유지하는 것이 중요해짐에 따라 사회복지사는 다른 전문직과 파트너십을 형성하고 효과적으로 협력하는 능력을 갖추어야 할 것이다.

호스피스와 사회복지사

호스피스는 죽음을 앞둔 말기 환자와 가족들에게 다양한 서비스를 제공하여 존엄한 죽음을 맞이하고 사별에 따른 적응을 돕는 전문적 실천이다. 말기 환자와 가족들에게 통합적인 서비스를 제공하기 위하여 의사, 간호사, 사회복지사, 임상심리사, 간병인 등의 전문 인력과 준전문 인력, 성직자, 자원봉사자와 가족 등이 팀을 이루어 활동하는 다학제적 팀(interdisciplinary team)으로 운영된다. 다학제적 팀 활동에서는 구성원들의 개별적인 역할뿐만 아니라 전문가들 간의 협력

2. 사회복지사의 정체성과 역할 125

이 필수적이다. 각 분야의 전문가들은 팀 안에서 자신의 전문적 역할을 실행함과 동시에 다른 전문가의 역할을 이해하고 서로 협력할 때 효과적인 실천을 수행할 수 있다. 호스피스 실천현장에서 사회복지사는 환자와 환자 가족, 환자가 살아온 전체의 삶에 대한 총체적 이해를 바탕으로 임종환자와 가족들에게 정서적 지지를 제공하는 한편, 환자와 가족, 가족과 의료진, 팀 구성원들 간의 의사소통을 촉진하고 개별적인 전문적 활동을 연결하는 매개자 역할을 수행한다. 다학제적 팀 활동에서는 구성원들 간의 신뢰와 원활한 의사소통, 책임의 공유, 이해와 수용, 친밀한 관계 등이 중요한 요인이다(최희경, 2013).

2) 사회복지사의 역할과 위험 관리

(1) 사회복지사의 역할

사회복지사의 역할이란 사회복지사가 중요하다고 여기는 전문적인 기능과 관련하여 기대되는 행동을 말하는 것으로, 사회복지사가 사회복지의 모든 현장에서 실제 수행하고 있는 일이다(Zastrow & Kirst-Ashman, 2001). 우리나라의 「사회복지사업법 시행령」 제6조 제1항에서는 사회복지사의 주요 활동 내용으로 ① 사회복지 프로그램의 개발 및 운영, ② 시설거주자의 생활지도 업무, ③ 사회복지를 필요로 하는 자에 대한 상담 업무 등을 규정하고 있다. 다양한 사회복지실천 현장에서 사회복지사의 역할은 주로 이 세 가지 활동이 중심이 된다.

실제 현장에서 일하는 사회복지사들은 사례관리, 상담 및 원조, 보호서비스 제공, 프로그램 제공, 자원 개발과 관리, 권익 증진 및 환경 변화, 지역사회 조직화, 사업 기획 및 평가, 기관 행정, 인적 자원 관리 순으로 활동의 중요성을 평가하였다. 현재 사회복지사들은 기관행정 활동이 너무 많고, 사례관리나 권익증진 활동, 지역사회 조직화에 더 많은 활동을 수행해야 하는 것으로 생각하였다(김교성 외, 2016).

지금까지 우리나라의 사회복지실천 현장은 민간사회복지기관에 의해 주
도되었으나, 사회복지정책의 확대로 이용자가 증가하고 가족과 지역사회의
급속한 변화로 사회안전망을 재구축해야 할 필요성이 커짐에 따라 일선 사
회복지전담공무원이 증원되고 공공 영역도 사회복지실천의 주요 축이 되었
다(우국희 외, 2015). 또한 대표적인 주요 사회복지실천 현장인 지역사회복지
관도 기존의 서비스 전달과 프로그램 실시 기능 외에도 지역사회 조직화와
지역사회 자원 개발 등의 역할이 점차 강조되고 있다. 이처럼 우리나라에서
사회복지사의 역할은 점차 증대되고 있으며, 사회복지실천 현장의 변화에
따라 사회복지사의 역할도 변화하고 있다. 다양한 실천현장에서 사회복지사
에게 기본적으로 요구되는 주요 역할을 살펴보면 〈표 4-7〉과 같다(Zastrow,
2010).

표 4-7   사회복지사의 역할

역할	내용	실천의 예
조력자 (enabler)	개인, 가족, 집단, 지역사회의 문제를 확인하고 해결하도록 도우며, 대처능력을 개발하는 역할	• 이혼, 실직, 중독문제에 대한 이용자의 대처능력 개발, 해결전략 모색
중재자 (mediator)	중립적 위치에서 관련 당사자 간의 의사소통을 돕는 역할	• 부부간, 부모와 자녀 간 갈등이 있을 때 의사소통 매개
중개자 (broker)	인간의 욕구와 이를 충족시킬 (인적 · 물적 · 심리적 · 사회적) 자원을 연결하는 역할	• 생계 곤란자와 긴급 구호 제공 기관 연결
조정자 (coordinator)	다양한 자원과 서비스들을 적절히 배분 · 배치하는 역할	• 이혼가족 원조 시 재정, 법률, 건강, 교육, 상담 관련 기관 간 협력, 조정
관리자 (manager)	사회복지 기관과 부서에서의 행정적 책임과 관련된 역할	• 목표 세우기 • 프로그램 개발과 운영 • 재정자원의 모금과 배분 • 인력 관리와 발전

교육자 (educator)	정보를 제공하거나 여러 가지 기술을 가르치는 역할	• 치매노인 가족에게 장기요양보험제도 및 요양서비스 관련 정보 제공
분석/평가자 (analyst/evaluator)	프로그램의 기능과 효과성을 평가하는 역할	• 각종 중독 치료 프로그램의 효과성 평가
촉진자 (facilitator)	개인이나 집단, 사회의 긍정적인 변화를 촉진시키는 역할	• 치매노인 가족 자조집단의 조직과 활동 촉진
혁신자 (initiator)	개선되어야 할 문제나 이슈에 대한 관심을 불러일으키는 역할	• 장애인 활동보장서비스 증대 필요성, 아동학대 관련 법 개정 주장
협상가 (negotiator)	개인이나 집단의 입장에서 특정한 합의에 도달할 수 있도록 노력하는 역할	• 재개발지역 세입자가 불이익을 받지 않도록 담당부서와 합의
옹호자 (advocator)	사회정의를 지키기 위해 개인, 집단, 지역사회의 입장을 지지·변호하는 역할	• 시설장애인 인권 침해 개선 요구 • 결혼이주여성 권리 보호

출처: 박지영 외(2014)에서 수정 및 재구성.

　사회복지사의 역할은 매우 다양하며 여러 분야에 걸쳐 있다. 그러나 실천현장에서 사회복지사가 이러한 역할을 모두 수행하는 것은 아니며, 실천현장의 특성이나 서비스 이용자의 욕구와 문제에 따라 여러 역할 중 더 강조되거나 주된 역할이 있다. 또한 지금까지는 조력자나 교육자의 역할이 강조되었으나 최근 사회복지실천 현장에서 사례관리 기능이 강화됨에 따라 중개자와 조정자 역할이 점차 강화되고 있다. 반면에, 혁신자나 옹호자로서 사회복지사의 역할은 앞으로 더 강화되어야 할 역할이다.

다음은 어느 노인복지관에서 일하는 사회복지사의 하루 동안의 활동을 시간 순으로 구성한 것이다. 사회복지사의 활동과 〈표 4-7〉에 제시된 사회복지사의 주요 역할을 연결시켜 보자.

어느 사회복지사의 하루

• 오전 9~10시: 전체 직원 회의에 참석하여 업무보고 및 중요 일정 공유, 일정과 사례 보고 후 팀장으로부터 슈퍼비전을 받음 (역할:)

• 오전 10~11시: 지역사회 노인자원봉사자 프로그램에서 교육 실시. 신규 자원 봉사자 모집을 위한 계획 및 예산안을 작성하여 올림. 현재 기관에서 실습 중인 실습생들을 대상으로 복지관 사업 내용을 설명함 (역할:)

• 오전 11~12시: 치매노인 가족 프로그램 기획안 작성. 프로그램 참가자 모집을 위해 인근 노인요양시설 사회복지사와 통화하여 프로그램 안내 부탁. 전화로 긴급 생계비를 요청한 노인 이용자를 위해 행정복지센터 사회복지담당공무원에게 노인을 방문하여 경제 상황을 점검하도록 연락함 (역할:)

• 오후 1~2시: 최근 치매 진단을 받은 이용자 노인의 배우자와 자녀를 상담하여 역할 분담을 둘러싼 가족들의 불안을 완화하고 의사소통을 통해 협력하여 당면한 문제를 해결하도록 원조함 (역할:)

• 오후 2~4시: 혼자 생활하는 이웃의 노인이 요즘 보이지 않는다는 주민의 전화에 동료 1인과 긴급 가정 방문을 실시함. 가정 방문 결과, 화장실에서 낙상을 하였으나 전화기를 분실하여 외부와 연락이 닿지 못한 채 이틀간 방치된 노인을 발견하여 119로 긴급 호송하도록 하고, 경찰과 행정복지센터에 노인의 자녀나 친척을 찾도록 함. 노인이 호송된 병원을 방문하여 입원계획을 점검하고 행정복지센터의 사회복지전담공무원과 통화하여 의료비 지원 등을 처리함
(역할:)

• 오후 4~5시: 지역사회 노인학대 관련 사례회의에 참석하여 노인보호전문기관, 사회복지전담공무원, 노인단체 대표 등과 함께 학대 사례에 대한 협조방안을 논의하고 노인학대 및 인권 의식 개선을 위한 지역사회 캠페인을 열기로 함
(역할:)

- 오후 5~6시: 예비노인들과 저소득층 노인들의 노인일자리사업 참여의 필요성
  이 더 크다는 점을 알리고 예비노인 대상 일자리사업 신설과 저소득층 노인의
  일자리사업 참여 기간 연장을 위한 방안과 예산 확충을 구청에 요구함
  (역할:)
- 오후 6~6시 30분: 노인방치 사례와 처리 결과를 전산 시스템에 기록함. 사회
  복지실습생 일지를 점검하고 피드백을 제공함 (역할:)

(2) 위험 관리

사회복지사는 다양한 실천현장에서 다양한 이용자의 삶의 영역 전반에 관여하는 전문직이다. 따라서 사회복지실천 과정에서 다양한 위험을 경험한다. 이러한 위험요인들은 사회복지사의 안전과 복지를 위협하고, 사회복지사가 제공하는 서비스의 질을 저하시키며, 궁극적으로 사회복지사가 실천현장을 떠나게 하는 요인이 된다. 사회복지실천의 발전을 위해서는 이러한 위험요인들을 인식하고 그것을 극복하기 위해 적극적으로 노력하여야 한다. 여기서는 서비스 이용자의 폭력, 사회복지사의 소진과 감정노동, 서비스 과실을 중심으로 사회복지실천 현장의 위험과 그에 대한 해결방안을 살펴본다.

① 사회복지서비스 이용자의 폭력

사회복지서비스 이용자의 폭력은 '사회복지실천 현장에서 사회복지사 등이 사회복지서비스 이용자에게 복지서비스 제공 등의 직무를 수행하는 과정에서 이용자나 그의 가족 또는 가해자 등으로부터 당하는 신체적 혹은 비신체적 폭력 · 공격 · 위협 · 괴롭힘 또는 기물파손 등'을 말한다. 이러한 폭력에는 신체적 · 언어적 · 정서적 · 성적 · 경제적 · 의료적 · 정보적 위험이 포함된다(손영은, 송현진, 2018).

사회복지전담공무원의 90% 이상, 민간사회복지기관 사회복지사의 60% 이상이 사회복지서비스 이용자로부터 폭력을 당한 경험이 있다고 응답하였

으며, 폭력의 이유는 서비스 탈락에 대한 불만, 이용자의 정신문제나 알코올
문제, 사회복지사에 대한 잘못된 인식과 낮은 권위 등이었다. 그러나 사회복
지사의 대응은 '주변 동료와 푸념하거나 하소연'하거나 '개인적으로 참고 넘
기기' '직장 상사나 동료 등 주위에 도움 요청하기' 등 소극적으로 대응하였
으며, '직접적으로 당사자에게 표현'하거나 고충처리위원회를 통한 대응이나
법적 대응 등 적극적인 대응은 극소수에 불과하였다(손영은, 송현진, 2018). 사
회복지사의 인권보장 수준은 10점 만점에 평균 5.6점이었으며 스스로 자신
의 안전과 건강을 지킬 권리와 폭력에 맞서거나 회피할 방어권이 특히 취약
한 것으로 나타났다(국가인권위원회, 2013).

　　사회복지서비스 이용자의 급속한 증가와 다양화에 따라 사회복지실천 현
장의 폭력문제는 점점 심각해지고 있다. 사회복지서비스 이용자의 폭력문제
를 해결하기 위해서는 무엇보다「사회복지사 등의 처우 및 지위 향상을 위한
법률」에 사회복지사를 폭력으로부터 보호하고 폭력의 예방과 처벌을 위한
조항이 명시되어 법적 구속력을 가질 수 있어야 한다. 또한 현장 기관에서도
이용자의 폭력 및 공격에 대한 대응과 예방에 대한 지침이 마련되어 실행되
어야 하며, 기관장이 가해자에 대한 제재를 가할 수 있는 재량을 법적으로 보
장하여 폭력과 사고로부터 사회복지사를 보호하고 지지할 수 있는 제도와 지
침이 마련되어야 한다. 사회복지사 개인은 폭력에 적극적으로 대응하고 비
상시의 대응 방식을 숙지하여 체계적으로 대응할 필요가 있다.

② 소진과 감정노동

　　소진(burn out)은 업무와 관련하여 다양한 스트레스에 노출되고 이러한
스트레스를 배출할 수 없는 상태에서 극복하지 못하였을 때 나타나는 복
합적 반응이자 결과를 의미한다. 소진과정은 열정 → 정체 → 좌절 → 무
관심을 거치게 되며 마지막에는 위기로 볼 수 있을 정도의 신체적 · 심리적
및 대인관계에서의 부정적인 결과로 나타난다. 소진의 증상은 극심한 신체

적 피로와 탈진, 서비스 이용자에 대한 무감각과 무관심, 보람 상실 등이다
(Brotheridge & Grandey, 2002).

소진은 사람을 직접 대면하여 서비스를 제공하는 간호사, 사회복지사, 임
상심리사 등에게 자주 발생한다. 특히 사회복지사는 업무 부담이 크고 자신
의 노력에도 불구하고 상황이 개선되지 않는 경우가 많으며, 위기나 문제 상
황에 자주 노출된다는 점에서 소진을 경험할 가능성이 높다. 소진은 점진적
으로 진행되기 때문에 문제를 자각하기 어렵고, 인내와 봉사 등 사회복지전
문직의 이상적 윤리에 대한 강조 속에서 지나치기 쉽다.

소진은 사회복지사 개인의 문제라기보다는 기관과 조직 문화, 사회복지실
천 현장의 구조적 문제 등과 관련이 있다. 따라서 사회복지사들 스스로 문제
를 명확히 인식하고 자각하며, 기관에서도 소진을 예방하고 해결하는 데 적
극적인 노력을 해야 한다. 기관 차원에서는 동료 지지집단 구성, 주기적인
자기성찰과 휴식, 교육과 워크숍 등을 통해 소진을 예방해야 한다(김성천 외,
2009).

한편, 사회복지사의 업무와 관련된 주요 문제 중 하나는 감정노동이다(한
상미, 양성욱, 2018). 감정노동은 조직의 목표를 성취하거나 지지하기 위해 노
동자가 감정을 억제하거나 조절하는 과정이다. 즉, 서비스 제공자는 서비스
이용자의 요구에 응하는 과정에서 친절이나 배려와 같은 좋은 감정을 의도적
으로 표현하거나 개인의 부정적인 감정을 드러내지 않도록 마음, 태도와 표
정을 조절하는데, 이러한 과정은 노동자들에게 물리적 노동 외에도 심리적ㆍ
정서적 업무로 부과된다(Hochschild, 2009). 특히 사회복지사에게 친절, 봉사
정신 등의 윤리를 이유로 감정노동을 강요한다면 사회복지사의 노력이나 수
고는 당연시되고 권리는 부정되는 결과를 초래할 것이다.

사회복지사의 과다한 감정노동은 소진을 촉진하며, 사회복지사 개인에게
부정적 영향을 미칠 뿐만 아니라 사회복지서비스 이용자에게도 질 낮은 서비
스를 제공하도록 하여 사회복지실천 전체에 손상을 가져오게 된다. 사회복

지사의 감정노동과 소진을 방지하기 위해서는 무엇보다 사회복지사들의 인권 보호를 위한 시스템을 강화해야 한다. 사회복지사들의 인권과 노동법 교육의 의무화, 사회복지사들의 안전권 확보를 위한 기관의 노력, 감정노동자를 보호하는 구체적인 법안 마련 등이 중요하다(한상미, 양성욱, 2018).

③ 서비스 과실

사회복지사는 사회복지서비스 이용자에게 최선의 서비스를 제공해야 할 전문적인 책임이 있다. 그러나 사회복지실천 현장에서의 여러 가지 상황이나 사회복지사의 실수 때문에 의도하지 않게 이용자에게 불이익이나 위해를 가져올 수 있다. 이러한 서비스 과실은 이용자의 권리를 침해하거나 사회복지사의 의무를 다하지 않기 때문에 발생하며, 사회복지사가 지켜야 할 법적 의무 위반, 태만이나 직무유기, 이용자의 손실이나 위해 발생 등을 포함한다(Reamer, 1995: 김성천 외, 2009에서 재인용).

우리나라에서는 공공기관의 경우 서비스 과실에 대해 민원 절차를 통해 이의를 제기하거나 이용자의 권리를 구제하는 절차가 존재하지만, 민간사회복지실천 현장에서는 서비스 과실과 관련된 절차나 노력이 미비한 편이다. 그러나 최근 폭력이나 학대와 관련하여 사회복지전문가의 신고의무를 법제화하였으며, 의무를 위반하였을 경우 형사처벌을 받은 사례도 발생하였다. 이처럼 사회복지사의 의무 위반 문제에 대한 제재가 강화되고 있으나, 실제 현장에서 서비스 과실이나 의무 위반이 발생한 경우 대응과 해결 절차에 대한 체계적인 규정은 미비한 상태이다.

전미사회복지사협회(NASW)에서는 서비스의 책임성과 이용자에게 최선의 서비스를 제공할 전문가의 의무를 강조하며 서비스 과정에서 발생한 불만 사항이나 고발에 대응하는 전문적 조사과정을 운영한다. 이는 궁극적으로는 사회복지서비스의 질을 향상시키고자 하는 것으로, 이 과정에서 참여자의 중재와 회복이 이루어지며 사회복지서비스 이용자를 보호한다. 또한 사회복지사와 기관이 문제를 적극적으로 해결함으로써 사회복지전문직의 책임성을 강화하고 사회복지사를 보호하는 효과가 있다(NASW, 2005).

참고문헌

국가인권위원회(2013). 사회복지사 인권상황 실태조사. 국가인권위원회.

김교성, 최명민, 임정기, 이현주(2016). 사회복지사는 누구이며 무슨 일을 하는가? 서울특별시사회복지사협회 창립30주년 기념 세미나 자료집, 9-89.

김기덕(2008). 사회복지전문직만의 고유정체성. Social Worker, 2008. 9월호. http://www.welfare.net/welfare_in/Socialworker_list_view.jsp

김도희, 장재원, 장용언(2017). 빅데이터를 활용한 '군사회복지' 현황 분석과 자격제도의 법제화 모색. 한국군사회복지학, 10(1), 93-118.

김성천, 강욱모, 김혜성, 박경숙, 박능후, 박수경, 송미영, 안치민, 엄명용, 윤혜미, 이성기, 최경구, 최현숙, 한동우(2009). 사회복지학의 원리와 실제. 서울: 학지사.

남석인, 최권호(2014). 의료사회복지사의 역할 및 특성 연구. 제33차 대한의료사회복지사협회 춘계 심포지엄 자료집, 27-38.

박지영, 배화숙, 엄태완, 이인숙, 최희경(2014). 함께하는 사회복지의 이해(제2판). 서울: 학지사.

법무부(2017). 2017년 범부무 범죄예방정책국 조직진단 및 인력현황. 법무부.

보건복지부(2018). 2018 보건복지통계연보. 보건복지부.

보건복지부(2019). 2019 사회복지시설관리안내. 보건복지부.

보건복지부, 국립정신건강센터(2018). 2018 전국정신건강관련 기관 현황집.

손영은, 송현진(2018). 2018 사회복지사 통계연감. 한국사회복지사협회.

오정수, 류진석(2016). 지역사회복지론(제5판) 서울: 학지사.

우국희, 성정현, 좌현숙, 장연진, 최승희(2018). 사회복지실천론(제2판). 서울: 신정.

주석진, 조성심, 라미영, 방진희, 엄경남, 이종익, 전구훈(2016). 학교사회복지론(제2판). 경기: 양서원

최명민(2014). 사회복지사업 인력의 전문성: 현황과 미래 핵심 역량. 아산재단 창립 37주년 기념 심포지엄 자료집, 85-106.

최명민, 임정기, 김승연, 김교성(2015). 사회복지시설 평가제도, 사회복지사는 무엇을 경험하고 무엇을 바라는가. 한국사회복지행정학, 17(3), 1-26.

최희경(2013). 호스피스 완화 돌봄 분야에서 일하는 사회복지사의 다학제적 팀 활동 경험에 관한 연구-전문적 정체성을 중심으로. 사회복지연구, 44(2), 203-236.

한국학교사회복지사협회(2018). 2018 학교 내 사회복지사업 현황 자료. 한국학교사회복지사협회.

한상미, 양성욱(2018). 사회복지사의 감정노동이 소진에 미치는 영향: 슈퍼비전과 인권의 조절효과를 중심으로. 한국자치행정학보, 32(1), 157-178.

Brotheridge, C. M., & Grandey, A. (2002). Emotional labor and burnout: Comparing two perspectives of "people work". *Journal of Vocational Behavior, 60*, 17-39.

DeBois, B., & Miley, K. K. (2005). *Social work: an empowering profession* (5th ed.). Boston, MA: Allyn and Bacon.

Kirst-Ashman, K. K. (2007). *Introduction to social work & social welfare: critical thinking perspectives* (7th ed.). Belmont, CA: Brooks/Cole.

Glasser, G. (2001). Reflections of a social work practitioner: Bridging the 19th. and 21st. centuries. *Research in Social Work Practice, 11*(2), 13-28.

Gutierrez, L. M. (1994). Beyond coping: An empowerment perspective on stressful life events. *Journal of Sociology and Social Welfare, 21*, 201-219.

Hochschild, A. R. (2009). 감정노동: 노동은 우리의 감정을 어떻게 상품으로 만드는가 (*The managed heart: The commercialization of human feeling*). (이가람 역). (원저는 1983년에 출판).

NASW. (2005). *NASW procedures for professional review* (4th ed.). Washington: NASW.

Saleebey, D. (2003). Strength based practice. In R. A. English (Ed.), *Encyclopedia of social work: 2003 supplement* (pp. 150-162). Washington, DC: NASW Press.

Thompson, N. (2009). *Understanding social work* (3rd ed.). UK: Palgrave.

Zastrow, C. (2010). *Introduction to social work and social welfare: Empowering people* (10th ed.). CA: Brooks/Cole.

Zastrow, C. & Kirst-Ashman, K. K. (2001). *Understanding human behavior and the social environment* (5th ed.). Belmont, CA: Brooks/Cole.

제 5 장

사회복지실천의 준거틀과 관점

사회복지실천 현장에서 클라이언트의 문제를 해결하고 변화를 이끌어 내기 위해 필요한 지식기반은 매우 다양하다. 클라이언트의 삶에서 실제적인 변화를 가져오기 위해 실천과정에서 기본 이론이나 지식을 활용하고 적용하는 것이 바로 사회복지실천을 위한 준거틀이다. 이 장에서는 사회복지실천의 준거틀을 실천의 과정을 체계화하는 구체성의 정도에 따라 패러다임, 관점, 이론, 모델, 실천지혜 등으로 구분하여 살펴보고자 한다. 그동안 사회복지실천은 사회문제의 요인과 해결방안에 대해 개인 대 사회구조라는 두 가지 관점으로 상이한 시각과 분석틀을 제시하고 활용해 왔다. 이 장에서는 사회복지실천의 주요 관점인 '환경 속의 인간'에서부터 생태체계적 관점과 강점 관점, 비판적 관점, 포스트모더니즘 관점을 살펴볼 것이다.

 1 사회복지실천의 준거틀

사회복지실천의 준거틀은 인간의 행동 및 심리적 문제, 인간에게 영향을 미치는 여러 가지 사회환경의 문제를 어떻게 파악하고 이해하며 어떻게 변화시킬 수 있을 것인가에 대한 지침을 제공한다. 사회복지실천의 준거틀은 사회복지실천 과정을 체계화하는 구체적인 방법이자 도구로 실천에 영향을 미치는 구체성 정도에 따라 패러다임, 관점, 이론, 모델, 실천지혜 등의 형태로 구분된다(Sheafor, Horejsi, & Horejsi, 1997: 49-52).

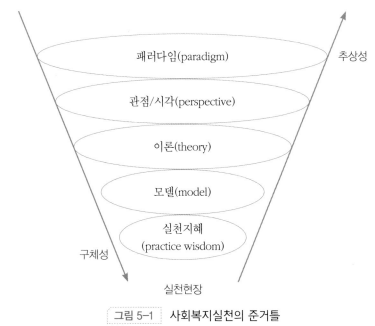

그림 5-1   사회복지실천의 준거틀

출처: 홍선미(2004), p. 197.

1) 사회복지실천의 패러다임

패러다임은 세상을 바라보는 철학적 인식체계를 의미한다. 근대로부터 현재까지 사회과학에서 철학적 패러다임은 실증주의, 해석주의, 비판주의로 분류하는데(조영아, 2015; Bucci, 2002), 사회복지의 패러다임도 이와 같은 사회과학의 철학적 토대를 공유한다. 사회복지실천의 패러다임은 실천을 인식하는 개념적 틀로서 사회복지실천의 대상과 이를 둘러싼 환경 그리고 실천방법에 대한 인식의 방향을 결정하는 데 영향을 미친다.

실증주의 패러다임은 현실 상황에 기반을 두고 관찰 가능한 현상들을 탐구하며, 이를 논리적으로 설명함으로써 사회현상을 설명한다. 따라서 사회복지실천에서 실증주의 패러다임은 실천현장에 존재하는 클라이언트의 문제와 상황을 과학적으로 탐구함으로써 객관적이고 보편적인 원리를 발견하고 일반화할 수 있다는 입장이다. 생태체계적 관점, 심리사회적 이론, 인지행동이론 등이 실증주의 패러다임에 속하는 관점이나 이론이다.

실증주의 패러다임이 객관적이고 일반적인 지식이나 법칙을 추구하는 반면, 해석주의 패러다임은 동일한 대상이나 현상에 대해 사람마다 다르게 받아들여 하나의 현상을 다양하게 인식하고 해석한다는 주관적인 '의미' 형성에 관심을 둔다. 따라서 해석주의 패러다임에 의하면 사회복지실천 현장에서 클라이언트의 문제나 경험은 객관적 사실로 존재하는 것이 아니라 클라이언트의 주관적 해석에 의해 그 의미가 다르게 형성될 수 있다. 이것은 클라이언트 스스로 문제해결의 주체자가 될 수 있음을 의미한다. 강점 관점, 포스트모더니즘 관점, 임파워먼트모델 등이 해석주의 패러다임에 속한다.

비판주의 패러다임은 실증주의와 해석주의 패러다임이 본질적으로 기존 사회질서를 그대로 인정하고 유지하는 데 기여할 수 있다는 한계를 지적하며, 기존 사회구조와 권력의 틀 안에서 작동하는 부조리한 관행과 불공평한 구조를 극복하여 사회정의를 실현하고자 한다. 따라서 비판주의 패러다임에

의하면 클라이언트의 어려움은 단순히 개인의 문제가 아닌 사회구조적 불평
등이 작동한 결과이므로, 클라이언트가 현실에 대한 비판적 사고를 기르고
사회구조와 권력관계의 변화를 통해 문제를 해결해 나갈 수 있다고 본다. 급
진적 사회복지와 반억압적 실천모델 등이 비판주의 패러다임에 속하며 임파
워먼트모델도 비판주의 패러다임을 일부 공유한다.

2) 사회복지실천의 관점

패러다임의 하위 수준인 관점은 포괄적이고 추상적인 형태를 가진 실천의
개념적 준거틀이다. 사회복지실천의 관점은 인간 행동과 사회구조를 바라보
는 개념적 렌즈로 개입전략을 선택하는 데 안내자 역할을 한다(우국희, 성정
현, 좌현숙, 장연진, 최승희, 2018: 157). 어떤 현상을 특정 관점으로 바라본다는
것은 현상을 변화시키기 위한 노력의 방식도 결정하게 한다. 따라서 사회복
지실천의 관점은 클라이언트의 행동과 그의 환경체계를 이해하고 분석하기
위한 도구이자, 전문적인 원조와 문제해결을 위한 전략을 선택할 수 있는 시
각을 제공하는 기능을 한다(김수환, 2016: 134). 사회복지실천 분야에서 개인
과 사회환경 사이의 관계를 파악하고 개입 방향을 제시하는 대표적 관점은
'환경 속의 인간' 개념에 기초한 생태체계적 관점을 들 수 있다. 그 밖에도 강
점 관점, 비판적 관점, 포스트모더니즘 관점 등이 최근 실천현장에서 주요 관
점으로 활용되고 있다.

3) 사회복지실천 이론 및 모델

실천이론은 실천의 관점을 한 단계 구체화한 것으로, 실천과 관련된 개념
과 그들 사이의 관계를 설명할 뿐만 아니라 변화를 위한 개입활동에 대하여
개괄적 지침이나 실천 원리를 제공한다. 그래서 실천이론은 개입활동을 위

한 로드맵(road map)이 된다(홍선미, 2004: 199). 대부분의 실천이론은 하나 혹은 그 이상의 일반이론에 뿌리를 두고 있다.

실천모델은 특정 실천이론에 기반해 구성되거나 또는 실천과 관련된 일련의 개념과 원리, 개입 절차 등을 구체적으로 종합해 놓은 것으로, 실천이론과 실천모델은 개념 구분 없이 혼용되기도 한다. 실제 사회복지실천 과정에서 유용하게 사용하기 위하여 다양한 이론과 모델을 조합 또는 변형하여 사용하는 절충주의 형태를 띤다. 예컨대, 인지행동이론, 심리사회이론은 인지이론, 학습이론, 정신역동이론에 기초한 실천이론이면서 인지행동모델, 심리사회모델로 활용된다.

4) 사회복지실천 지혜

사회복지실천의 관점과 이론, 모델 등을 실천과정에서 적용할 때 활용되는 암묵적 지식이 실천지혜이다. 이는 실천현장에서 사회복지사가 나름의 방식을 적용하는 과정에서 획득된 것이다. 실천지혜는 객관적으로 증명하거나 구체화할 수 있는 지식은 아니지만 사회복지사의 직관이나 개인적 경험으로부터 얻어지는 지식이며, 사회복지사의 개인적 경험에서 도출되기 때문에 비공식적 지식이다. 실천지혜가 공식적 지식으로 인정되는 데 필요한 일관된 설명의 틀을 갖추지 못함으로써 객관적 유용성을 입증받기 어렵다는 한계가 있다(홍선미, 2004: 199). 공식적인 실천 지식 및 기술도 중요하지만, 그럼에도 실천현장에서 축적된 비공식적인 지식과 기술이 결합되어 실천활동의 숙련도와 전문성을 높일 수 있다는 점에서 실천지혜는 매우 유용하게 활용된다. 예컨대, 아동복지 현장에서 오래 일한 사회복지사는 아동과 부모의 의사소통 방식, 아동의 행동과 모습에서 학대의 징후를 감지할 수 있다.

사회복지실천의 주요 관점

사회복지실천에서 사회문제에 대한 시각은 개인 대 구조의 문제로 엇갈리면서 상이한 분석틀을 제시하고 활용해 왔다. 사회복지실천의 전통적 접근은 개인에게 초점을 둔 의료모델에서 출발했으나, 점차 개인과 환경의 두 측면을 모두 고려한 '환경 속의 인간' 관점 쪽으로 중심을 이동하게 되었다. 특히 생태체계적 관점을 통해 '환경 속의 인간' 관점은 사회복지실천에서 더욱 공고히 확립되었다. 의료모델의 병리적 관점을 넘어 클라이언트의 건강성에 초점을 두는 강점 관점이 등장한다. 또 생태체계적 관점과 강점 관점이 기존 사회질서를 그대로 인정하며 갈등적인 사회구조를 간과하는 한계를 지적하면서 비판적 관점이 출현하였다. 최근 후기 근대사회의 시대적 변화와 모더니즘에 대한 비판으로부터 포스트모더니즘 관점이 등장한다.

1) 생태체계적 관점

사회복지실천의 전통적 접근은 개인의 심리 내적 문제에 초점을 둔 의료모델로부터 출발하였으나, 점차 그 초점을 개인과 환경 모두에 두는 '환경 속의 인간'이 사회복지실천 현장을 관통하는 주요 개념이 되었다. '환경 속의 인간'은 사회복지실천의 공통 기반을 개인과 환경에 두고, 개인과 상황, 사람과 환경이 하나의 통합된 개념이 되어 단순히 인간뿐만 아니라 환경에도 관심을 가져야 한다는 차원을 넘어 인간과 환경은 서로 불가분의 관계로서 서로 영향을 주고받고 있다는 의미를 내포한다. 리치몬드(Richmond, 1917: 25-26)는 사회복지실천 현장에서 사회복지사가 전문적 서비스를 제공하기 위해 클라이언트가 겪고 있는 어려움이나 문제가 어린 시절, 연령, 질병, 착취, 기회 상실 등 '사회적 관계 속에서의 한 인간'과 동떨어져 이해될 수 없다는 점을 강조한다. 이러한 시각은 사회복지실천의 기본 개념인 '환경 속의 인간'을 함축하며, 한 인간을 이해하고 전문적으로 원조하기 위해서는 그 자신은 물론 그를 둘러싼 환경에 대한 이해를 동반해야 함을 의미한다(우국희 외, 2018: 166).

'환경 속의 인간'에 기반한 사회복지실천의 핵심은 개인과 환경에 대한 이중 초점을 유지하며, 개인변화와 사회개혁이라는 두 측면에서 동시에 개입이 이루어져야 한다는 것이다. 여기에는 개인의 문제해결 능력과 대처능력을 향상시키고, 사회와 환경의 변화를 꾀하며, 개인과 환경 사이의 바람직한 상호작용을 촉진시키는 세 가지 활동이 모두 포함된다. 예컨대 자살생각을 가진 클라이언트를 이해하기 위해서는 그의 심리정서적 특성과 행동적 특성을 이해해야 하지만, 이와 함께 가족과 친구/동료, 직장, 거주 지역 등에 대한 이해가 동반되어야 하며, 실천에서도 개인에 대한 개입뿐만 아니라 사회환경에 대한 개입도 병행되어야 한다.

사회복지실천에서 개인과 환경에 대한 동시적 개입의 필요성이 강조되면서 '환경 속의 인간'이 제시하는 개념적 틀을 실천적 의미로 구체화한 것이 생태체계적 관점이다. 생태체계적 관점은 사회복지실천 현장의 복합적이고 다양한 문제를 다루기 위해 개인과 환경을 모두 포괄하는 기본 관점으로 등장하였다. 생태체계적 관점은 인간과 환경은 별개로 분리될 수 없고, 인간은 환경에 수동적으로 반응하는 존재가 아니라 환경과의 적극적인 상호작용 속에서 변화하고 발전하는 '환경 속의 인간'에 대한 이해에 강조점을 둔다. 또한 생태체계적 관점은 다양한 이론과 모델을 체계적으로 연결시키는 주요 개념을 제시하며, 사회복지실천의 핵심인 '환경 속의 인간'을 보다 명확히 설명해 준다.

[그림 5-2]는 개인이 가족체계, 교육체계, 정치체계, 경제체계, 사회서비스 체계 등 다양한 환경 속에 존재하며, 이들 체계와의 상호작용과 교류 속에 이해될 수 있음을 보여 준다.

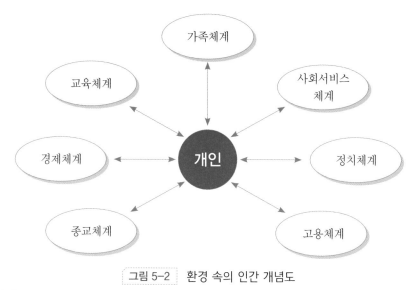

그림 5-2 환경 속의 인간 개념도

출처: Zastrow (2010), p. 50.

(1) 주요 개념

생태체계적(eco-system) 관점은 버탈란피(Bertalanffy, 1968)의 일반체계이론과 브론펜브레너(Bronfenbrenner, 1979)의 생태학이론이 통합된 것으로(김동배, 이희연, 2003: 33), 모든 형태의 체계에서 나타나는 복잡한 상호작용에 대하여 다차원적 설명과 이해를 가능하도록 했다. 즉, 체계모델에 기반하여 클라이언트가 드러내는 삶의 복잡성과 상호관계를 통해 문제를 총체적으로 보게 되었고, 여기에 클라이언트의 환경에의 적응과 상호작용을 증진시키는 데 초점을 둔 생태학과 결합되어 사회복지실천 현장에서 주요한 관점이 되었다. 체계이론을 설명하는 주요 개념은 다음과 같다.

- **하위체계와 경계**: 체계는 수많은 부분, 즉 하위체계들로 구성된다. 그리고 전체로서의 체계는 이들 각 하위체계(부분)를 단순히 합한 것 이상의 의미를 지닌다. 즉, 한 체계의 전체적 속성을 이해하기 위해서는 부분들을 합한 것과 함께 부분들 간의 상호작용으로 발생하는 역동성이 고려되어

야 한다. 예를 들어, 가족구성원 수가 4인인 A 가족과 B 가족이 있다고 가정하자. 만약 전체가 부분의 합으로만 규정된다면, A 가족과 B 가족은 그 속성에서 동일해야 한다. 그러나 구성원 수는 동일하더라도 가족 고유의 상호작용이 더해져 A 가족과 B 가족은 가족 내 규칙, 의사소통 방식, 의례 등에서 완전히 다른 속성을 지닌 체계이다. 또한 각 체계는 물리적 · 정신적 경계를 가짐으로써 체계의 안과 바깥을 구분해서 상호작용하게 된다. 예컨대, 가족의 경계 기준을 무엇으로 잡느냐에 따라 가족체계가 다른 체계와 구분되는데, 가족 경계의 기준으로 동거하는 가족만 포함할지 혹은 동거하지 않는 가족구성원을 모두 포함할지는 각 가족구성원의 판단에 따라 다를 수 있다. 또한 가족체계는 세대, 역할, 기능 등에 따라 부부체계, 부모-자녀 체계, 형제자매 하위체계 등으로 구분해서 살펴볼 수 있다. 이때 경계가 명확한지, 애매한지, 또는 경직되었는지에 따라 체계 간 상호작용상의 관계의 질도 달라진다. 일반적으로 명확한 경계선을 가진 체계가 안팎으로 원활한 상호작용을 할 가능성이 높다.

- **홀론**(holon): 모든 체계는 전체인 동시에 부분으로서의 속성을 지닌다는 것을 가리킨다. 한 체계는 그 아래 다양한 하위체계를 지닌 상위체계, 즉 전체인 동시에 더 큰 상위체계의 하위체계, 즉 부분이기도 하다. 예를 들어, 가족체계는 부부체계나 부모-자녀체계보다는 상위체계이지만 사회체계보다는 하위체계이다.

- **개방체계와 폐쇄체계**: 개방체계는 체계 내부와 외부의 에너지의 이동이 가능하여 성장 및 발달에 필요한 정보나 자원 등을 자유롭게 받아들인다. 폐쇄체계는 체계의 경계선을 넘어 에너지가 이동하지 못하는 투과성이 없는 상태를 말하는데, 다른 체계와 정보와 자원 등 상호교류가 없는 체계로 고립되거나 변화가 불가능하다. 예컨대, 가족체계에 문제가 발생하게 되면 개방체계인 경우 외부의 전문가의 도움이나 정보 유입

등으로 문제를 해결할 수 있지만, 폐쇄체계인 경우는 외부와의 접촉 단절로 도움을 받기 어렵게 된다.

- 엔트로피(entropy)와 네겐트로피(negentropy): 엔트로피는 체계가 지속적 존립을 위해 자신의 에너지를 사용함에 있어 체계 경계선 밖의 외부 체계로부터 정보나 자원, 에너지의 투입을 받지 못해 소진되어 소멸된 상태를 일컫는 것으로, 주로 극도의 폐쇄체계에서 나타난다. 예컨대, 가족체계에 문제가 생길 때 무질서하여 혼란된 상태에 도달함을 의미하며, 엔트로피 상태를 피하기 위해서는 외부로부터의 자원, 정보 등의 도움을 유입해야 한다. 네겐트로피는 체계에 적절한 정보와 에너지 등이 투입되어 체계의 변화가 이루어짐으로써 체계가 지속되는 상태를 가리킨다. 이는 개방체계의 가장 이상적 상태로, 이때 체계 간의 상호작용(협업)은 최대 효과(시너지)를 일으킨다. 예컨대, 부부 사이의 갈등으로 가족체계에서 엔트로피가 증가한 가족의 경우 부부상담을 통해 부부관계가 회복되는 계기를 마련하면 네겐트로피 상태가 된다.

- 항상성: 체계는 역동적 평형 상태(dynamic equilibrium) 혹은 안정 상태를 유지하는 방향으로 기능하기 때문에 어느 정도의 성장과 발전을 추구하면서도 갑작스러운 변화는 거부한다. 모든 체계는 중요한 변화나 불균형이 일어났을 때 기능 수준을 이전의 안정적인 수준으로 재빨리 이동시키려는 경향을 지니는데 이것을 항상성(homeostasis)이라고 부른다. 체계 균형과 안정성을 유지하려는 항상성이 체계의 기능에 항상 긍정적 영향을 미치는 것은 아니다. 전체 기능을 유지하기 위해 체계 내 하위체계의 희생과 대가가 요구되는 방식으로 항상성이 작동될 경우 문제가 된다. 그 예로, 부부 갈등이 첨예할 때 어린 자녀가 심하게 아프거나 도벽과 같은 문제를 보이는 경우를 가정해 보자. 아이가 아프거나 심한 문제행동을 보일 때 부부는 잠시 휴전 또는 갈등의 소강 상태에 돌입함으로써 부부싸움으로 인한 가족 붕괴의 가능성은 낮아진다. 이 가족의 경

우 아이가 가족 전체의 균형성 회복을 위한 희생양 혹은 속죄양의 역할을 맡는 구도 안에서 가족 항상성이 작동되는 문제를 안고 있다.

• **호혜성**: 체계의 요소는 상호 교환적이어서 체계에서 한 부분의 변화는 다른 부분의 변화를 생성하는 호혜성을 가진다. 예컨대, 부부간의 갈등을 해결하기 위해 상담기관 등 외부 체계와의 교류가 이루어지고 문제가 해결되면, 부부 갈등의 문제뿐만 아니라 자녀와의 관계 개선도 이루어진다.

• **동등종결과 다중종결**: 체계는 여러 다른 방식으로 같은 결과에 이르는 동등종결(equifinality), 그리고 한 가지 방식이 다른 결과에 이르는 다중종결(multifinality)의 특성을 지닌다. 동등종결은 다양한 원인이 작용해서 하나의 결과로 나타난다는 것으로, 클라이언트가 내보이는 문제 상황을 사정함에 있어 여러 가지 원인의 가능성을 짚어 볼 필요가 있다는 함의를 지닌다. 다중종결은 비슷한 문제를 겪더라도 사람마다 이후 삶의 형태나 적응 정도는 각각 다를 수 있다는 함의를 지니며, 삶의 결과가 달라질 수 있도록 하는 개입의 당위성을 뒷받침한다. 예컨대, 이혼을 경험한 사람마다 이혼 후의 삶의 형태나 적응 정도는 각기 다를 수 있다. 이들 중 개입을 통해 적절한 지지와 자원 연결을 제공받은 사람은 더 바람직한 방향으로 삶의 결과를 기대할 수 있을 것이다.

생태학이론은 유기체의 환경에 대한 적응과 성장에 관심을 두는 학문으로 자연환경은 물론이고 인간관계 및 사회환경 전반에도 적용된다. 생태학은 1866년 독일 생물학자 헤켈(Haekel)에 의해 소개된 학문 분야로 자연환경에서 함께 살아가는 식물과 동물의 상호의존과 적응에 관한 과학적 지식이다. 브론펜브레너(1979)가 생태학에 영향을 받아 인간생태학이론으로 발전시켰다. 인간생태학에 의하면 발달과정 속에서 인간은 더 큰 환경적 맥락에 영향을 받지만, 개인을 단순히 환경의 영향을 받는 존재로만 보는 것이 아니라 점차 환경과의 상호작용을 통해 환경을 재구성하는 존재라고 보았다(Minar & Teune, 1978: 김동배, 이희연, 2003: 34-35에서 재인용). 생태학이론을 통해 설명하는 주요 개념은 다음과 같다.

- **상호교류**: 사람과 환경은 서로 간에 지속적인 교류가 이루어지며, 단선적인 교류가 아닌 순환적 교류를 통해 의사소통하며 서로 영향을 미친다.
- **적응**: 인간이 환경과의 끊임없는 상호작용 속에서 능동적으로 적응하는 존재로 주변 환경의 조건에 맞추어 조절하는 능력을 말한다. 한 개인이 효과적으로 기능하기 위해서는 새로운 조건과 환경에 따라 변화하고 조절하는 적응력이 필요하다.
- **적합성**(goodness of fit): 인간의 적응 욕구와 환경 자원이 부합되는 정도이며, 개인적 욕구와 사회적 요구 사이의 조화와 균형의 정도를 의미한다. 인간과 환경 간의 적응적인 상호교류가 계속되면 인간은 성장하고 발달하며 적합성이 높아지고, 적합도가 비교적 양호할 경우 그것이 적응이 잘 된 상태가 된다.

(2) 체계의 작용과정

체계는 체계의 존재 목적과 기능 수행을 위해 끊임없이 변화하고 움직이면서 나름의 작용 방식을 가진다. 체계가 작용하는 방식은 투입, 전환, 산출, 피드백으로 설명된다.

① 투입: 투입은 체계 외부로부터 경계선을 넘어 그 체계 내로 들어가는 에너지를 뜻한다. 투입은 체계에 영향을 주는 외적 사건이나 정보, 자원, 프로그램 등을 의미하기도 하고, 사회적 접촉과 자극이 될 수도 있다. 사회복지실천에서 투입은 개입을 위한 프로그램이 시작되는 단계로, 예컨대 부모와 자녀 간의 갈등을 해결하기 위해 상담을 시작하는 것은

체계에 에너지가 투입되는 것이다.

② 전환: 투입을 산출로 전환하는 과정으로 투입된 에너지가 체계의 기능 유지에 필요한 형태로 전환하는 작용이다. 사회복지실천에서는 전환은 개입이 실제 실행되는 단계로, 예컨대 부모와 자녀 간의 갈등해결을 위한 상담을 지속하면서 부모와 자녀가 자신을 돌아보게 되어 서로에 대한 감정과 행동에 변화가 일어나게 되는 것이다.

③ 산출: 산출은 체계의 전환과정을 통해 결과물이 체계 밖으로 나타난 것을 의미한다. 사회복지실천에서 산출은 프로그램이나 개입의 결과 또는 효과를 말한다. 예컨대, 부모와 자녀 간의 갈등이 해소되어 서로에 대한 부정적 감정이 사라지고 가족관계가 회복된다면 이것이 산출이다.

④ 피드백(환류): 체계가 투입과 전환 과정을 통해 결과물을 산출하는데, 이 과정을 모니터링하는 의사소통 장치가 피드백이다. 피드백을 통해 기존의 체계로 다시 들어와 투입을 수정하여 새로운 산출을 만들어 낸다. 사회복지실천에서 피드백은 개입의 효과에 대한 평가를 통해 기존의 개입방법을 수정하거나 개선을 요구하는 과정이다.

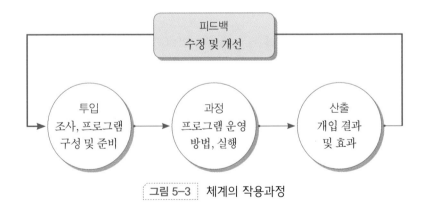

그림 5-3 체계의 작용과정

(3) 환경의 다층적 구조와 사회복지실천의 적용

생태체계적 관점에서 환경은 다음의 네 가지 수준의 다층체계 구조로 되어 있다(Bronfenbrenner, 1989; 20-24: 우국희 외, 2018: 178-179에서 재인용; 엄명용, 김성천, 오혜경, 윤혜미, 2016: 207).

- **미시체계**(microsystem): 전체 사회적 환경 중에서 개인이 일상생활 속에서 직접 접촉하고 상호 교류할 수 있는 부분이다. 미시체계는 개인에게 가장 근접한 환경으로 가족, 친구, 보육시설, 놀이터와 같이 개인이 직접 대면하고 경험하는 일상적 세계이다.
- **중간체계**(mesosystem): 개인이 참여하는 미시체계에 직간접적으로 영향을 주는 체계로, 둘 이상의 환경 간의 상호작용으로 이루어진다. 예컨대, 아동의 경우 가족, 학교, 친구 집단 사이의 관계들이며, 성인의 경우 가족, 직장, 이웃, 친구집단 사이의 관계이다. 따라서 중간체계는 미시체계들로 구성된 하나의 체계이다.

그림 5-4   생태체계의 다층적 구조

- **외체계**(exosystem): 개인이 적극적인 참여자로 관여하지는 않지만 그 개인이 속한 환경에서 일어나는 일에 영향을 주거나 영향을 받는 환경을 의미한다. 예를 들어, 아동의 경우 부모가 다니는 직장, 형제자매의 학교 학급, 부모의 친구관계망, 교육청의 활동 등이 포함된다.
- **거시체계**(macrosystem): 사회구성원 모두에게 공통적으로 해당되는 환경으로 사회적 · 문화적 · 정치적 · 경제적 구조 등이 모두 여기에 속한다. 한국 사회의 정치, 경제, 사회, 문화 등을 의미한다.

핀커스와 미나한(Pincus & Minahan, 1973)은 일반체계이론을 활용하여 사회복지사가 활동하게 되는 다양한 체계를 네 가지 유형으로 분류하였다. 변화매개체계, 클라이언트체계, 표적체계, 행동체계가 그것이다. 콤튼과 갤러웨이(Compton & Galaway, 1999)는 이러한 4체계에 전문가체계와 의뢰-응답체계를 추가하였다(관련 내용은 제1장 참조).

생태체계적 관점의 적용: 통합적 실천

통합적 실천은 사회복지의 공통된 원리나 개념을 기반으로, 활용 가능한 이론과 실천모델의 일부나 전부 또는 최소한 2개 이상을 동시에 통합적으로 사용하여 개인과 집단, 지역사회에 개입하는 방법이다. 일반체계이론과 생태체계이론이 사회복지실천의 기본틀로 자리 잡은 이후 통합적 사회복지실천은 보편적인 접근법이 되었다. 따라서 인간과 환경의 상호작용에 초점을 맞추고 사회복지실천의 개념, 활동, 기술의 공통기반을 공유하면서, 문제의 특성에 따라 다양한 실천모델의 지식을 광범위하게 활용한다. 통합적 사회복지실천의 핵심적인 내용은 다음과 같다(McMahon, 2001).

- 생태체계적 관점의 유지: 스트레스나 문제를 인간과 환경의 상호작용의 문제로 봄
- 문제의 초점: 문제를 병리적이거나 부정적인 상황이 아니라 해결과정의 쟁점,

욕구, 현안, 어려움 등을 포함하는 광범위한 개념으로 봄
- 다차원적 접근: 미시적 수준(개인, 가족)부터 중범위(집단, 조직), 거시적 수준
　(지역사회, 제도, 사회)까지 다양한 수준의 체계에 대해 다양한 방식으로 접근함
- 이론과 개입의 개방적 선택: 특정 이론에 국한되지 않고 문제와 대상에 따라 다
　양한 이론과 개입방법을 선택적으로 활용함
- 문제해결과정: 문제해결을 위해 목표 달성으로 나아가는 단계적이고 연속적인
　과정으로 봄

(4) 생태체계적 관점의 실천 적용에서의 유용성과 한계

생태체계적 관점의 사회복지실천에 적용하는 것의 유용성은 다음과 같다.

- 생태체계적 관점은 특정 개입방법이나 기술을 제시해 주기보다는 문제
　나 현상을 사정・평가하기 위한 관점으로, 사정과 개입에 있어서 일반
　적으로 적용될 수 있는 통합된 관점을 제공한다.
- 개인이나 환경 어느 한쪽을 병리화하기보다는 체계 내부에서 그리고 체
　계 사이에서 일어나는 상호작용에 주목한다.
- 개인과 환경의 복잡한 현상을 상호 연관된 중첩된 실재로 이해하게 함
　으로써 복합적인 클라이언트의 현실을 보여 주며, 실천가들이 복잡한
　상황 속에서 사례를 이해하도록 돕는다.
- 전체적으로 사회복지전문직을 위한 지식, 태도, 기술, 관점, 서비스 제
　공방법에 대해 공통적인 핵심요소를 제공하며, 기존의 지식이나 기술을
　배제하는 것이 아니라 더 넓고 깊은 각도에서 문제를 사정하며 이해할
　수 있는 틀을 마련해 준다.
- 클라이언트를 사정할 때 클라이언트에게 직간접적으로 영향을 미치는
　체계들을 확인하고 그 관계를 탐색할 수 있는 생태도를 활용한다. 클라
　이언트와 관련 있는 체계들과 그 체계들 간의 관계 양상을 그림으로 나

타내는 생태도는 사회복지실천을 위한 사정 및 평가 도구를 제공한다.

다음은 생태체계적 관점을 실천현장에 적용하는 것에 대한 한계이다.

- 생태체계적 관점은 추상성과 일반성으로 인해 실천의 구체적인 지침이
  나 개입에 필요한 실제적 기술을 제시해 주지는 못한다.
- 개인을 둘러싼 가족, 집단, 지역사회 등의 직접적 환경에만 초점을 두어
  정치, 사회, 문화 등 거시적인 구조가 미치는 영향이 간과되어 구조적 불
  의나 권력 불균형의 문제에는 개입하지 않는다.
- '체계의 균형' 유지에 초점을 두어 만성적으로 지속되는 클라이언트의
  문제에 효과적으로 대응하지 못한다.
- 체계분석과정에서 수집된 많은 정보가 실질적인 개입전략 수립에 도움
  이 되지는 못한다. 때로는 클라이언트의 복합적 문제 영역에 대한 종합
  적이고 포괄적인 접근보다는 전문적이고 구체적인 접근이 효율성과 효
  과성을 높일 수 있기 때문에 생태체계적 관점만으로는 한계가 있다.

2) 강점 관점

강점 관점은 클라이언트의 문제나 병리에 초점을 둔 의료모델의 한계를 넘
어 장점 또는 건강한 측면에 초점을 두는 관점이다. 따라서 클라이언트 속에
잠재된 가능성을 발견하며 이를 통해 변화가 가능하다고 본다. 강점 관점은
클라이언트의 문제해결 능력에 대한 신뢰를 바탕으로 클라이언트에 대한 존
중과 자기결정권을 강조하여 사회복지의 가차를 구현한다는 측면에서 다양
한 집단에 적용 가능한 관점으로 인정받고 있다.

(1) 강점 관점의 의미

강점 관점은 사회복지사가 클라이언트를 돕는 과정에서 클라이언트의 문제가 아닌 클라이언트의 강점에 초점을 둘 때 클라이언트의 문제해결과 성장, 변화의 가능성이 높아진다고 본다. 강점은 장점과 다른 의미이며, 잘하는 것뿐만 아니라 '이미 갖고 있는 것' '좋아하는 것' '하고 싶은 것'까지 포괄하는 개념이다. 따라서 강점은 다양한 원천으로부터 발견될 수 있다.

기존의 전통적인 사회복지실천은 클라이언트의 문제를 검토한 후 적절한 개입을 통해 문제를 해결하는 과정으로, 클라이언트의 의견과 관점보다는 사회복지사의 전문적 지식과 관점이 주된 역할을 한다. 이렇게 되면 사회복지실천 현장에서 사회복지사와 클라이언트의 관계가 돕는 자와 도움을 받는 자의 관계가 되어 힘의 불평등, 통제 및 조정이 가능한 관계가 된다(이원숙, 2008: 144). 이와 달리 강점 관점은 클라이언트를 문제해결 능력을 가진 존재로 보고 클라이언트의 재능, 기술, 가능성, 희망에 집중한다. 강점 관점으로 클라이언트를 바라보면 클라이언트는 이미 많은 강점을 가진 존재이고, 강점을 발견함으로써 클라이언트는 전문가와 동등한 입장에서 문제를 정의하고 가능한 해결책을 찾을 수 있다(우국희 외, 2018: 196-197). 예를 들면, 가정폭력 피해여성은 오랜 폭력에 의해 자존감이 낮아져 자신은 강점이 전혀 없다고 인식하는 경우가 많은데, 클라이언트가 폭력 상황에서도 자녀를 지키기 위해 노력해 왔다는 강점을 인식한다면 앞으로의 변화과정에서 성장 가능성과 기대를 가질 수 있다.

(2) 강점 관점의 요소와 병리적 관점과의 차이

강점 관점에서 강점은 개인적 요소뿐만 아니라 사회적 · 환경적 요소를 포함한다. 개인적 요소는 개인의 인지, 정서, 동기, 대처능력, 대인관계적 특성, 재능, 이전의 역경을 극복한 경험 등이며, 사회적 · 환경적 요소는 클라이언트를 둘러싼 주변의 활용 가능한 사회적 · 환경적 지지 자원 등이다(조학래,

2016).

클라이언트가 가진 강점의 예는 다음과 같다(Hepworth & Larsen, 1990: 213-214).

- 문제가 있는 것을 인정함
- 책임을 인정함
- 타인으로부터 정보와 조언을 구하고 이를 수용함
- 변화에 대한 위험을 감수하려 함
- 타인에 대해 애정과 관심을 나타냄
- 가족으로서의 의무를 이행하고 재정적 어려움을 해결하려 함
- 우정을 유지함
- 가족, 친척, 친구 등에 대한 관심과 헌신을 표현함
- 자기통제를 함
- 타인에게 상처를 준 것에 대해 죄의식과 유감을 느낌
- 타인과 그가 처한 상황을 이해하려 함
- 즐거운 일을 타인과 나누려 함
- 자신의 사회적 · 경제적 상황이 더 나아질 것을 바람
- 사회, 지역사회 단체나 종교단체에 참여함
- 자신의 꿈을 지니고 이를 이루고자 함
- 타인의 잘못을 용서함
- 자신의 관점과 생각을 표현함
- 자신 및 타인의 권리를 옹호함
- 위험에 놓이거나 불이익을 받고 있는 타인을 보호하려 함
- 대인관계 등 특별한 영역에서 재능을 가짐

강점 관점은 클라이언트를 바라보는 시각과 사회복지실천의 여러 과정에

표 5-1	병리적 관점과 강점 관점의 비교	
구분	병리적 관점	강점 관점
개인	개인을 '사례', 즉 진단에 따른 증상을 가진 존재로 규정한다.	개인을 독특한 존재, 즉 강점을 가진 재능, 자원을 지닌 존재로 규정한다.
치료 초점	클라이언트의 문제에 있다.	문제보다 해결 가능성에 있다.
클라이언트 진술	전문가에 의해 재해석되어 진단에 활용된다.	클라이언트를 알아 가고 평가하는 중요한 방법 중 하나이다.
사회복지사 태도	클라이언트의 진술에 회의적이다.	클라이언트의 진술을 인정한다.
외상 경험	어린 시절의 상처는 성인기의 병리를 예측할 수 있는 전조이다.	어린 시절의 상처는 개인을 약하게 할 수도 있고 강하게 할 수도 있다.
치료 활동	전문가에 의해 준비된 치료 계획이다.	개인, 가족, 지역사회에의 참여이다.
전문가	사회복지사는 클라이언트 삶의 전문가이다.	개인, 가족, 지역사회가 클라이언트 삶의 전문가이다.
개인적 발전	병리에 의해 제한된다.	제한 없이 항상 개방되어 있다.
변화 자원	전문가의 지식과 기술이다.	변화를 위한 자원은 개인, 가족, 지역사회의 장점, 능력, 적응기술이다.
원조 목적	행동, 강점, 사고, 관계의 부정적인 개인적·사회적 결과와 증상의 영향을 감소하는 것이다.	클라이언트의 삶에 함께하며 가치를 확고히 하는 것이다.

출처: Saleebey (1996), p. 298.

서 병리적 관점과 차이를 보이는데, 〈표 5-1〉은 강점 관점과 병리적 관점을 비교한 것이다.

다음 사례를 통해 앞에서 정의한 강점을 찾아보면 다음과 같다.

클라이언트는 현재 모자복지시설에 거주하고 있는 42세된 여성으로, 4년 전 남편의 가출 뒤 두 자녀를 데리고 친척집을 전전하다 2년 전에 이곳 시설에 오게 되었다. 큰아이는 중학교 3학년, 작은아이는 초등학교 6학년에 다니고 있으며 클라이언트는 시설에서 소개한 파출부 일을 2년째 하고 있다. 현재 클라이언트의 월수입은 파출부 일과 정부로부터의 생계 보조비 등을 합쳐 150만 원 정도 되지만, 1년 뒤 시설을 나가 다른 곳에 거주지를 마련해야 하므로 생활의 여유가 전혀 없는 편이다. 특히 사춘기에 접어든 두 아이가 시설에 사는 것을 극도로 싫어하는데다 큰아이의 경우 무단 결석과 가출을 일삼아 클라이언트에게 심리적으로 큰 고통을 주고 있다. 남편이 가출하고 나서 두 아이를 학교에도 보내지 못하고 밥도 굶다시피 하던 때와는 달리 지금은 주거지가 있고 정규적인 수입이 있지만, 1년 뒤에는 주거지를 옮겨야 하므로 걱정이 많다. 적금으로 모아 둔 돈이 천만 원 정도 있지만, 이 돈으로는 월세방밖에는 얻지 못할 것이기 때문이다. 클라이언트의 친정도 모두 어렵게 살고 있어서 도움을 받기 어려우며, 아이들의 친가와도 왕래가 끊긴 상태여서 도움을 바랄 수가 없다. 현재 시설 내에서는 비슷한 처지의 여성들과 친하게 지내는 편이고, 2년 정도 생계를 담당하며 사는 동안 어느 정도 생활에 적응이 된 상태이지만, 생계가 아직 불안정하고 미래에 대한 자신감도 전혀 없다. 특히 아이들에게 잘 해 주지 못하고 있다는 생각 때문에 자책감이 들 때가 많고, 아이들 문제를 해결해야 하는데 어떻게 해야 할지 막막하기만 하다.

현재 클라이언트는 여러 가지 어려운 상황에 처해 있으나, 힘든 삶의 변화를 겪어 내면서 포기하지 않고 살아남았으며 현재 삶에 적응하였다. 이것은 클라이언트가 문제에 잘 대처해 왔음을 보여 준다. 클라이언트는 혼자 가족을 책임지고 아이들을 키우면서 경제활동을 하고 저축도 하였다. 또한 주거나 경제적인 측면 등에서 과거보다 상황이 개선되었다. 그리고 시설 내의 여러 여성과 친하게 지내는 인간관계를 유지하고 있고, 시설 생활을 하는 동안 여러 사회복지기관과 서비스에 대한 지식도 있을 것이다. 자녀들을 바르게 잘 키우고 싶은 희망이나 안정적인 주거에 대한 바람도 클라이언트가 더욱 열심히 살아가도록 하는 원동력이다.

(3) 강점 관점의 실천 원칙과 적용

강점 관점은 클라이언트의 강점과 자기주도성에 초점을 맞춘다. 강점 사정을 출발점으로 하여 적극적인 지역사회 관여와 비공식적인 원조체계를 활용하며, 클라이언트와 사회복지사 간의 협력적 관계를 강조한다. 강점 관점은 초기에는 심각한 정신장애인에게 주로 적용되었으나, 점차 아동과 청소년, 노인, 빈곤여성가구주, 알코올과 약물 문제, 폭력문제, 교정시설 수형자, HIV 환자, 사례관리 등 다양한 집단과 문제에 활용되어 많은 효과를 나타내고 있다(우국희 외, 2018).

강점 관점을 사회복지실천에 적용할 때의 원칙은 다음과 같다(Healy, 2012: 351-365).

- 낙관적인 태도를 취하라. 낙관적 태도는 사회복지사들이 클라이언트가 가진 장점과 자원을 볼 수 있도록 한다. 희망적 언어를 사용하여 클라이언트가 장점과 능력, 자원을 가졌다는 근거를 찾아냄으로써 클라이언트의 문제해결 능력에 대한 신뢰를 전달할 수 있어야 한다.
- 모든 개인, 집단, 가족, 지역사회는 강점을 지닌다는 것에 주목하라. 클라이언트 문제의 실재성을 부정하는 것이 아니라 강점을 사정과 개입의 초점으로 삼는 것이다. 클라이언트가 가진 자산, 자원, 지식 등과 같은 강점을 사회복지사가 처음부터 알 수는 없으나, 이를 알아보고 식별해 나가는 것이 강점 관점에서 중요시하는 부분이다. 클라이언트의 환경, 즉 가족, 사회적 관계망, 지역사회 모두 잠재적 자원이 되며, 공식적·비공식적 자원 모두를 원조과정에서 적극적으로 활용해야 한다.
- 클라이언트와 협력하라. 전문가의 역할보다는 협력자의 역할이 사회복

지사에게 요청된다. 이것이 서비스 이용자의 권한을 강화하는 요소이 며, 사회복지사의 인정과 지지가 있을 때 더욱 잘 성장할 수 있다.
- 서비스 이용자의 역량강화를 지향하라. 서비스 이용자가 자신의 삶과 이에 영향을 미치는 중요한 결정에 대한 통제력을 가질 수 있도록 하며, 미래의 가능성에 초점을 맞추는 실천을 함으로써 역량강화를 도모할 수 있다.
- 공동체에 참여하도록 하라. 클라이언트가 공동체에 참여함으로써 지지 망을 확보하여 공동체 구성원으로부터 인정과 지지를 받을 수 있다. 상 호 간에 강점과 자산을 공유할 수 있어 클라이언트의 능력 발휘에 큰 도 움이 된다.

 다음 동영상을 통해 사회복지실천에 적용된 강점 관점의 원칙을 확인할 수 있다.

Working not Begging(https://www.youtube.com/watch?v=7M2zDMIaTC4)

(4) 강점 관점의 실천 적용에서의 유용성과 한계

강점 관점은 사회복지사와 서비스 이용자 모두에게 긍정적인 힘이 된다. 실천과정에서 사회복지사들의 태도와 언어가 미묘한 차이로 클라이언트의 역량을 강화시킬 수도 있고 약화시킬 수도 있기에 문제를 당연시하는 부정적 태도보다는 낙관적 태도를 통해 대안적 방법을 찾아갈 수 있다.

강점 관점의 또 다른 장점은 사회복지사와 서비스 이용자의 협력관계를 강 조함으로써 사회복지사의 전문적 지식으로 클라이언트를 이끌어 나가기보 다는 클라이언트 스스로 자신의 강점을 통해 문제해결의 주체가 될 수 있도 록 하는 것이다.

그 밖에도 강점 관점은 서비스 이용자의 개인적 상황뿐만 아니라 사회적 환경에도 관심을 가지게 함으로써 이용자의 공식적 · 비공식적 관계망에 내재한 자원에 주목하고, 지역사회 내에 지속 가능한 지지망 형성을 위해 노력한다(Healy, 2012: 369-371).

강점 관점을 실천에 적용하는 것의 한계는 다음과 같다.

- 강점 관점은 구조적 장벽에 대해 지나치게 단순하게 생각한다. 클라이언트가 가진 장점만을 향상시키려는 노력으로 인해 자칫 사회제도와 정책, 조직에 대한 문제를 등한시함으로써 문제해결을 위한 행동이 제한될 수 있다. 예컨대, 가정폭력 피해여성이 강점 관점을 통해 희망적 언어를 사용하여 능력, 자원, 문제해결 능력이 향상되었다 해도, 폭력을 허용하는 사회 문화나 가해자에 대한 처벌 법규의 미비, 가부장제의 영속 등이 당연시되는 사회구조 내에서 폭력의 완전한 근절은 어렵다.
- 강점 관점이 주목하는 변화는 너무 좁고 제한적이며, 변화의 책임을 개인과 지역사회에 지나치게 전가하는 한계가 있다.
- 강점 관점은 일부 실천현장에서는 적용이 어렵다. 예컨대, 위기개입이 필요한 아동보호기관이나 정신건강상의 위기 상태일 경우 강점에만 초점을 맞추는 것은 가능하지 않다. 특히 강점 관점이 실천에 적용되어 효과를 나타내는 사례는 만성적인 어려움보다는 극적인 사건을 극복한 예가 많아 만성적인 문제를 가진 취약계층에 대한 적용 가능성에 한계가 있다.
- 강점 관점의 실천이 가져온 효과성을 측정하거나 입증하기가 어려워 강점 관점이 단지 긍정적인 생각을 격려하는 슬로건이 될 수 있으며, 객관적 실재를 무시한다는 한계가 지적된다(Brun & Rapp, 2001: 우국희 외, 2018: 200에서 재인용).

3) 비판적 관점

사회복지실천의 비판적 관점은 복잡한 사회문제를 개인의 심리적 문제로 축소시켜 설명하는 전통적 관점과 기존의 사회질서를 당연시하는 생태체계적 관점의 한계를 비판한다. 비판적 관점은 마르크스주의 사회복지, 급진적 사회복지, 구조적 사회복지, 여성주의 사회복지, 반인종차별 사회복지 그리고 반억압적 사회복지와 반차별적 사회복지 등을 포함하는 매우 광범위한 실천적 접근을 가리킨다.

(1) 비판적 관점의 의미와 주요 특성

비판적 관점은 사회적 삶의 모든 차원은 거시적인 사회구조에 의해 형성된다고 본다. 클라이언트가 당면한 어려움을 클라이언트 개인의 심리적 문제나 부적응의 문제로 축소하여 클라이언트에게 책임을 전가하는 기존 사회복지실천의 전통적 관점을 비판한다. 그 예로, 비판적 관점에서는 가구주의 장기 실업으로 인한 빈곤과 이로 인한 가족의 어려움이 가족구성원의 개인의 무능함이나 심리정서적 취약성이 아니라 자본주의 체제가 양산한 불평등한 노동시장으로 인해 고용의 기회가 박탈되어 발생한 사회구조적 문제라고 본다.

비판적 관점은 기존의 사회제도가 더 나은 사회복지실천을 어렵게 하는 장애물이라고 인식하며, 거시적인 정치, 경제, 사회의 변화를 모색한다. 따라서 사회복지사는 서비스 이용자들이 가진 문제의 사회구조적 맥락에 초점을 맞추어 서비스 이용자들로 하여금 문제의 원인에 대한 비판의식을 갖도록 돕고, 사회구조적 해결책을 마련하기 위해 서비스 이용자들이 집단적 대응을 하도록 촉진한다. 비판적 관점의 특징은 다음과 같다.

첫째, 클라이언트가 당면한 문제의 원인을 개인이 아닌 거시적인 사회구조에서 찾으며, 사회복지실천에 거시적 사회구조와 권력관계가 미치는 영향을 분석하고 이러한 사회구조를 변화시키는 데 관심을 둔다. 예컨대, 비판적 관점에 의하면 노숙인 발생은 가족해체나 장기 실직 등 사회적 위험에 대한 안전망을 마련하지 못한 자본주의 체제의 한계를 보여 주는 것이므로 거시적 사회구조의 변화를 통한 해법을 찾을 필요성이 있다.

둘째, 클라이언트가 당면한 현실은 그들 개인의 선택과 책임에 의한 것이 아니라 사회구조에 의해 제약된 것이다. 따라서 사회복지사는 서비스 이용자들이 그들이 가진 문제의 원인이 그들 자신에게 있는 것이 아니라 부당한 사회구조에 있다는 사실을 깨닫도록 의식 향상을 돕고, 집단행동을 통해 이를 해결하도록 옹호한다.

셋째, 비판적 관점에서 사회구성원은 가진 자와 못 가진 자라는 두 집단으로 구분되고, 이들의 이해관계가 상반되어 있다고 본다. 여기서 가진 자는 특권집단에 속하는 사람들로 중간계급 이상의 사람, 남성, 비장애인 등이며, 못 가진 자는 특권집단의 반대편에 속한 사람들로서 노동계급에 속하는 사람, 여성, 장애인 등이다. 이러한 관점에서 볼 때 사회복지사들은 전문적 지위를 누리며 권력에 접근할 수 있어 상대적으로 특권집단에 속하는 권력자 혹은 힘 있는 자로 개념화되는 반면, 서비스 이용자들은 상대적으로 비권력자 혹은 힘없는 자로 개념화된다. 사회복지사는 자신이 서비스 이용자들을 위해 수행하는 보호적 역할이 사회통제적 성격을 가진다는 점을 인식하고 끊임없이 자신을 성찰해야 한다.

마지막으로, 사회에서 동일한 특성을 가진 억압받는 사람들이 집합적 대응에 참여할 수 있도록 그들의 역량을 강화한다. 예를 들면, 가정폭력 피해여성들이 여성폭력에 대항하는 집합적 노력을 통해 가정폭력에 허용적인 가부장적 사회에 대한 변화를 요구하고, 가정폭력방지법을 만들기 위한 집단적 활동에 참여한다.

(2) 비판적 관점의 실천 원칙과 적용

비판적 관점의 실천 원칙은 다음과 같다(Healy, 2012: 403-412).

- 사회복지사는 자신들의 실천에 대해 개방적이고 비판적인 자세를 가져야 한다.
- 서비스 이용자가 삶에서 겪은 차별과 억압의 경험에 대해 비판적으로 사정한다.
- 서비스 이용자의 역량을 강화한다. 이는 클라이언트가 자신의 삶을 스스로 통제할 수 있는 힘을 갖도록 할 뿐만 아니라 사회적·제도적 한계까지도 극복하고자 하는 것이다.
- 함께 일한다. 서비스 제공자와 클라이언트가 불평등한 관계를 넘어 동반자 관계로 협력하여 권력을 공유하고 함께 일할 수 있는 출발점을 만든다.
- 개입을 최소화한다. 이는 사회복지실천이 사회적 돌봄의 성격과 사회통제적 성격이 혼합된 활동이 될 수 있다는 점에서 억압적이기 때문에 최소개입의 원칙을 주장한다.

〈표 5-2〉는 비판적 관점인 급진적 사회복지실천과 비급진적 사회복지실천의 구성요소를 비교한 것이다. 급진적 사회복지실천은 사회문제의 요인을 사회경제적 구조에서 찾고, 권력 불균형과 불평등, 지배적인 사회적 신념을 비판한다. 따라서 개인의 욕구를 충족시키기에 부적절한 사회경제적 구조와 불균형적인 권력을 사정한다. 개입의 목표는 클라이언트에게 영향을 미치는 부당한 구조를 변화시키고 통제하도록 하며, 개인의 변화와 통제를 가능하게 하는 역량강화를 위해 사회교육을 통한 비판적 인식과 적극적인 자원 활용, 사회적 지지를 고양한다.

비급진적 사회복지실천은 사회문제가 발생한 것을 개인이 환경에 잘 대처

표 5-2 급진적/비급진적 사회복지실천의 구성요소 비교

구성요소	비급진적-환경 강조	급진적-구조 강조
사회적 요인	• 문제와 관련된 사회환경 • 의사소통 패턴, 역할기대, 과거 사회경험, 물리적 자원	• 사회-경제적 구조가 문제를 일으킴 • 권력불균형과 불평등, 지배적인 사회적 신념과 실천들, 역사적·사회적 변화, 사회경제적 구조
사정	• 개인은 자신의 환경에 대처하지 못함 • 서투른 의사소통	• 사회-경제적 구조는 개인의 욕구를 충족시키기에 부적절 • 부족한 권력
목표	• 개인이 사회환경에 적응하고 대처해 나가도록 돕는 것	• 개인이 자신들에게 영향을 미치는 구조를 변화시키고 통제하도록 돕는 것
방법	• 개인의 적응과 대처를 가능케 하는 것 • 기술훈련: 실제적 도움, 소극적 자원활용, 정서적 공감, 지지, 자기인식 개발 • 가족치료, 관계개입	• 개인의 변화와 통제를 가능케 하는 것 • 사회교육, 적극적인 자원활용, 사회적 공감, 사회적 지지, 비판적 인식 • 임파워먼트, 옹호

출처: Payne(2001), pp. 364-365.

하지 못한 결과로 보고, 개인의 의사소통 패턴과 과거 경험, 물리적 자원 등을 사정한다. 개입 목표는 개인의 사회환경 적응과 대처를 지원하는 것에 두며, 이를 위해 개인의 적응과 대처를 가능하게 하는 실제적인 도움, 소극적인 자원 활용, 정서적 지지, 관계 개입 등의 기술훈련에 초점을 둔다.

　다음 사례를 통해 비급진적 사회복지실천과 급진적 사회복지실천을 차이를 중심으로 비판적 관점의 적용을 살펴보면 다음과 같다.

사례

　거리노숙인 A 씨(56세)는 1997년 IMF 때 다니던 회사가 부도나면서 실직하게 되었다. 가족은 아내(52세)와 아들 둘(26세, 24세)이 있지만, 집을 나온 지 10년이 넘어 그동안 아내와 자녀들을 거의 본 적이 없다. A 씨는 부모님이 일찍 돌아가셔서 큰아버지 밑에서 겨우 고등학교를 졸업하였다. 고등학교 졸업 후 별다른 기술은 없었지만, 판매직으로 일을 하게 되어 결혼도 하고 어린 자녀를 키우며 그럭저럭 생활할 수 있었다. 결국 회사가 부도나면서 밀린 임금을 받지 못하고 전세 대출금을 갚지 못하여 경제적 어려움에 오래 시달렸다. 생활비가 없어 사채를 빌려 생활하게 되었고, 사채 빚과 이자는 눈덩이처럼 불어나고 날마다 사채업자에게 시달리면서 아내는 집을 나가고 두 아이는 아동양육시설에 맡기게 되었다. 처음에는 아이들을 보러 보육시설에 가기도 했지만 차츰 아이들을 볼 면목이 없어 더 이상 가지 않게 되었다. 이때부터 A 씨는 건설공사장에서 일용직을 전전하며 하루하루 연명해 갔다. 하지만 매일 술을 먹지 않고는 잠들 수가 없어 술로 세월을 보내게 되었고, 공사장에서 사고도 잦고 건강이 좋지 않아 더 이상 일을 할 수 없게 되었다. 결국 알코올중독에 빠져 거리를 전전하며 쪽잠을 자게 되었고, 이러한 생활에 익숙해졌다. 최근 노숙인지원센터의 도움으로 응급잠자리센터에 잠을 자기도 하고, 센터에서 병원에 동행해 줘서 간염 치료를 받을 수 있게 되었다.

　노숙인 A 씨의 사례는 IMF라는 거시적인 사회 위험으로부터 한 개인과 가족이 어떠한 고통을 겪고 해체되는지를 보여 준다. 어린 시절의 불우한 가정환경, 저학력과 기술의 부족, 이로 인한 신체 및 정신 건강의 취약함 그리고 공식적·비공식적 안전망의 부재 상태는 한 개인이 감당할 수 있는 상황을 넘어선다. 이러한 과정에서 미래에 대한 희망이 사라지고 대인관계가 손상되며 사회적 고립으로 만성적인 무기력 상태에서 노숙이 고착화되어 간다.

　비급진적 사회복지실천에서 보면 A 씨의 부적응 문제가 초점이 된다. 즉, 경제위기에 제대로 적응하지 못하고 잘못된 대처 방식(사채, 알코올중독 등)의 문제를 해결하기 위하여 사회복지 개입은 A 씨의 알코올중독을 치료하고 의료서비스를 연결하며, 주거문제와 경제적 어려움을 극복할 수 있도록 도움을 주는 데 초점을 둘 것이다.

그러나 비판적 관점을 중심으로 하는 급진적 사회복지실천은 클라이언트가 당면한 문제의 원인의 초점을 사회구조적 맥락에 맞추어 노숙인 자신의 잘못이 아니라 국가적 부도 상태에서 어떠한 보호도 받지 못하고, 노동시장으로부터도 배제되며, 심리정서적 지원도 제공받지 못하는 사회체계에 대한 문제 제기로부터 시작된다. 따라서 국가나 사회가 실업이라는 사회적 위험으로부터 개인이나 가족을 보호하는 사회적 안전망을 갖추지 못한 데 대한 비판적 인식이 중요하다. 그리하여 이러한 사회적 구조의 변화를 요구할 수 있도록 노숙인의 역량강화와 함께 노숙인 연대를 통해 집단적 대응방안을 모색하며, 실업문제 해결과 노숙인의 사회안전망 구축을 위한 법과 제도 마련이 우선적 과제가 된다.

(3) 비판적 관점의 장점과 한계

비판적 관점이 갖는 중요한 장점은 사회복지의 주요 가치인 사회정의를 구현하기 위한 실천방법을 잘 조화시키고 있다는 점이다. 사회복지실천 현장에서 발생하는 많은 문제가 어떠한 사회적 차별과 불평등, 억압 등에서 발생하는지에 대한 비판의식을 향상시킨다. 그리고 개인의 변화에 초점을 둔 실천방법이 아닌 정책이나 제도의 변화, 나아가 정치나 사회, 문화의 변화를 통해 거시적 사회구조적 변화를 이끄는 집단적인 실천방법을 활용한다. 이를 위해 개인이 겪는 어려움에 대해 그 개인을 비난하지 않고, 억압의 개인적·문화적·구조적 차원을 모두 인식하는 다차원적 분석을 시도한다.

또한 비판적 관점의 사회복지실천에서 사회적 불평등이나 부정의의 문제를 해결할 수 있는 거시적인 사회구조 변화가 개입의 주요 영역이다. 구체적인 실천방법에서도 클라이언트가 주도성을 갖고 사회복지사와 동등한 관계에서 실천이 이루어지도록 한다.

비판적 실천이 가지는 한계는 다음과 같다(Payne, 2001; 371-374).

- 비판적 관점은 사회문제를 야기하는 거시적 사회구조의 변화에 초점을 맞추기 때문에 클라이언트의 긴급한 개인적 욕구를 무시하는 경향이 있다. 개인 욕구의 충족보다는 사회구조의 변화를 위한 의식 변화와 집단행동에 집중하므로 위기개입이 필요한 고위험적 상황에 적용하는 데는 한계가 있다는 비판을 받는다.
- 사회적 불평등을 야기하는 사회구조적인 문제에 관심을 두고 이와 관련된 해결방법을 강조하기 때문에 클라이언트의 정서적이고 개인적인 문제는 무시하게 된다.
- 사회복지사와 클라이언트가 무엇을 해야 할지에 대해 구체적으로 처방해 주지 않는다. 즉, 생태체계적 관점과 마찬가지로 상황에 대한 전반적인 관점을 제공해 주는 것에 그친다.
- 사회복지사에게 부여된 개입이 클라이언트에게 꼭 필요한 도움임에도 불구하고, 이를 클라이언트에 대한 억압으로 인식함으로써 클라이언트에게 도움이 된다는 사실을 간과한다.
- 서비스 이용자들의 상황과 욕구를 고려하지 않은 최소개입의 원칙은 이용자에게 꼭 필요한 서비스가 제한되는 문제가 될 수 있어 이용자를 방임할 우려도 제기된다.

4) 포스트모더니즘적 관점

포스트모더니즘은 사회현상이 객관적 실체로서 존재하며 누구에게나 일반적으로 적용될 수 있다는 실증주의적인 모더니즘의 한계를 극복하기 위해 출현했다. 포스트모더니즘은 모더니즘이 강조해 왔던 합리적 이성과 객관적

진리에 대한 확신보다는 개인이 겪은 개별적인 독특한 경험과 진리의 상대성을 받아들이고 이해하는 관점이다. 포스트모더니즘 이론을 사회복지실천에 적용한 것으로 가장 잘 알려진 것이 이야기치료(narrative therapy)이다.

(1) 포스트모더니즘의 의미와 주요 특성

포스트모더니즘은 사회현상의 많은 부분이 객관적 실체로 존재하는 것이 아니며 개인이 이러한 현상을 어떻게 인식하느냐에 따라 다르게 구성되는 개인적·주관적 요소를 내포한다고 보는 관점이다. 사회복지실천 현장의 노숙인, 비행청소년, 한부모 등의 정체성으로 구분되는 서비스 이용자도 이들 모두가 하나의 정체성을 가지고 객관적으로 존재하는 것이 아니라, 다양한 경험과 상황 속에 존재하며 자신의 상황을 어떻게 정의하고 수용하느냐에 따라 각기 다른 실체로 존재한다.

포스트모더니즘 관점의 주요한 특징은 다음과 같다(Healy, 2012: 430-432).

첫째, 포스트모더니즘은 모더니즘의 핵심적 개념인 '이성' 중심의 사고를 비판한다. 이성 중심의 사고는 사회복지실천 현장의 클라이언트를 이성과 합리성이 결여된 사람이라고 규정하게 되며, 그 결과 사회복지사는 클라이언트보다 우위에서 전문가로서 특권적 지위를 부여받게 되어 클라이언트를 억압하는 또 다른 도구가 될 수 있음을 비판한다.

둘째, 포스트모더니즘 관점은 다른 사람을 돕거나 재활시킨다거나 역량을 강화한다는 인본주의적 이상이 오히려 타인을 지배하려는 권력 의지를 반영한 것일 수 있음을 지적한다. 어떤 실천모델을 사용하는가에 관계없이 사회복지사들은 그들이 돕고자 하는 클라이언트를 오히려 통제하고 복종시키는 역할을 할 수 있음을 비판적으로 성찰할 필요가 있다는 것이다. 예를 들면, 노숙인의 자립을 돕는 방법으로 취업기술 훈련에 참여하거나 시설 입소를 조건으로 할 경우 노숙인 자신의 자립에 대한 인식이나 주도성은 무시하고, 도움을 주는 사회복지기관과 사회복지사가 클라이언트를 통제하고 복종시키는 지위에서 개입이 이루어질 수 있음을 성찰해야 한다.

셋째, 포스트모더니즘은 사회복지실천 현장에서 서비스 제공자들이 서비스 이용자들의 정체성을 고정시키는 역할을 할 수 있음을 비판한다. 예컨대, '빈곤 가정'이나 '여성' '노숙인' 등으로 그들의 특성을 공통적 정체성으로 고정시킴으로써 그것에 부여된 공통된 의미로 대상을 획일화하여 그들 내부에 존재하는 차이를 무시할 위험이 있다. 따라서 클라이언트에 대한 고정불변의 정체성에 기초한 사회복지실천에 반대하고 클라이언트의 다양한 상황과 경험에 기반한 개별적 실천을 강조한다.

(2) 포스트모더니즘의 사회복지실천 적용

사회복지실천 과정에서 사회복지사가 클라이언트 문제의 원인을 파악하고 개입계획을 통해 문제를 해결하고자 하는 일반적인 방식은 모더니즘적 방식이다. 포스트모더니즘 관점의 사회복지실천은 인간의 문제가 과거의 상처나 아픔으로 인한 결함에서 온다는 인과론적 해석이 아니라 개인이 자신의 문제를 어떻게 해석하고 의미를 부여하는가에서 출발한다. 따라서 치료적 개입보다는 다양성, 창조성, 유연성을 지향하는 새로운 치료적 접근을 시도한다. 예를 들면, 가정폭력 피해여성은 오랜 학대 경험으로 무능하고 무기력한 정체성 속에 자신을 가두게 되는데, 이야기치료를 통해 자신의 삶을 지배해 온 피해자로서의 부정적 이야기를 새롭게 재구성함으로써 대안적 삶으로 나아갈 수 있게 된다.

포스트모더니즘의 주요 핵심 개념인 '담론' '주체성' '권력' '해체'는 포스트모더니즘 관점이 사회복지실천에 어떻게 적용되는가에 대한 이해를 돕는다 (Healy, 2012: 437-451).

- **담론**: 담론은 '클라이언트의 욕구'나 '사회복지실천'과 같은 실체들에 대한 우리의 '이해'를 구성하는 언어적 실천이다. 포스트모더니즘 관점에

서 볼 때 담론은 사회복지사들이 실천현장에서 다루게 되는 '아동학대'
나 '노화' '가정폭력' '빈곤 가정' '정신질환자' 등과 같은 사회현상이 무엇
이며, 어떤 특성을 가지는지 그 의미를 생산하고 구성한다. 예컨대, 지금
까지 '정신질환자'는 정신병력을 가진 사람들은 어떠하다는 고정적 이미
지를 형성해 왔고 부정적인 담론이 우세했다. 그러나 담론의 변화를 통
해 정신질환을 가진 사람이 정신병동에 수용된 환자로서 부정적 담론에
서 벗어나 정신질환을 가지고 지역사회에서 함께 삶을 살아가는 존재로
새로운 담론을 형성한다면 정신질환에 대한 개입이나 접근방법이 달라
지게 된다.

• **주체성**: 포스트모더니즘 관점은 정체성 대신 주체성(subjectivity)이라는
용어를 사용한다. 정체성은 고정되고 통일된 것을 의미하는데, 실제로
사람들의 정체성은 매우 복합적이고 때로는 모순적이다. 예컨대, 경찰
에 신고된 '폭력행위자'가 가정에서 '아내학대자' '학대부모'일 수도 있지
만, 어린 시절 '아동학대 피해자'이거나 '부모의 생계를 책임지는 자식'
실직에서 벗어나기를 원하는 '실업자' '알코올중독 치료자' 등 매우 복합
적이고 상호 모순적인 정체성을 경험할 수 있다. 따라서 폭력행위자라
는 고정된 정체성이 아니라 복합적인 정체성의 차이를 인정하고 개별화
된 접근을 통해 주체성의 변화를 만들어 가도록 한다.

• **권력**: 권력은 사회적 관계에서 늘 존재하는 특성이 있어서, 상대적으로
권력을 소유할 수 없다고 생각하는 사람들도 권력을 행사할 수 있다고
본다. 예를 들면, 가정폭력 피해여성이 학대하는 남편과의 관계에서는
약자일 수 있지만 자녀와의 관계에서는 학대부모인 강자일 수 있다. 따
라서 상대적으로 권력을 갖지 못한 서비스 이용자들도 권력을 행사할
수 있음을 인정하여, 특정 상황에서 희생자일 수도 있고 동시에 가해자
일 수도 있는 권력구조에 대한 통찰이 필요하다. 이는 사회복지실천이
이루어지는 수많은 상황에서도 약자의 위치에 있는 서비스 이용자들의

능력을 지지하여 권력을 행사할 수 있도록 하는 역량강화적 실천과 연결될 수 있다.

• 해체(deconstruction): 정상/비정상, 사회복지사/클라이언트, 남성/여성, 전문가/비전문가, 장애인/비장애인, 중간계급/노동계급 등으로 고정화되어 있는 대립적 담론을 허물어뜨리는 과정을 가리키는 용어이다. 이러한 대립적 이분화는 두 의미 간에 위계를 창출하고 내부적으로 갖는 차이를 보지 못하게 하는 한계가 있다. 예컨대, 중간계급에 속하는 사람이라도 그가 한때는 노동계급에 속했을 수도 있고 또 중간계급이라 해도 그 내부에 상당한 다양성이 존재한다. 이와 같은 이원적 대립구조를 허물고 두 실체 내에 존재하는 다양성을 보는 데 해체의 목적이 있다. 사회복지실천 과정에서 만나는 클라이언트의 정체성은 대부분 주변 사람, 사회적 제도의 틀, 더 큰 정치, 문화 안에서 만들어지는 것이기 때문에 클라이언트 정체성에 부정적 영향을 미치므로 그 영향을 약화시키는 해체 작업이 선행되어야 한다. 이러한 해체 작업은 자신을 구속하고 억압하는 지배적 이야기에서 벗어나 새로운 자신의 이야기를 재구성하도록 돕는 것이다(이소희, 2017: 75).

포스트모더니즘 관점을 사회복지실천 현장에 적용한 이야기치료는 많은 클라이언트가 과거 자신을 사로잡고 있었던 부정적 이야기에서 벗어나 스스로에게 힘이 되는 새로운 이야기를 만들어 가도록 하는 과정이다. 따라서 사회복지사가 클라이언트를 분석하여 치료를 이끌어 가는 것이 아니라 클라이언트의 고유한 이야기의 실재를 질문과 대화과정을 통해 함께 탐색해 나가면서 클라이언트 스스로 대안적 의미를 찾아내고 새로운 정체성을 형성하도록 돕는 역할을 한다. 이야기치료의 주요 원칙은 다음과 같다.

• 서비스 이용자의 삶을 형성하는 데 영향을 미친 이야기에 주목하기

- 문제로부터 개인을 분리하여 외부화하기
- 자아에 관한 지배적인 이야기를 생존, 용기, 책임, 능동적 저항의 이야기로 재구성하기
- 평등한 관계 안에서 대화과정을 통해 개입방안 도출하기

다음 사례는 포스트모더니즘에 기반한 이야기치료의 예를 보여 준다.

사 례

　실화를 바탕으로 한 영화 〈킹스 스피치(The King's Speech)〉(2010)는 말을 더듬는 영국의 국왕 조지 6세와 치료사 라이오넬의 이야기치료 과정을 통해 클라이언트의 적응과정과 치료자의 역할을 보여 준다(이소희, 2017). 조지 6세는 왕실에서 자라면서 선왕들에 대한 이야기를 들으며 왕가의 위엄에 맞는 행동을 하도록 교육받아 왔다. 왼손잡이와 안짱다리를 고통스럽게 교정해야 했고, 왕실의 규칙을 지키지 않는 자유로운 형과는 다른 모습을 기대했던 아버지에게 순종하여 항상 왕의 아들로서 올바른 모습으로 살아왔다. 그러나 그는 어렸을 때부터 말을 더듬는 증상으로 사람들 앞에 서기를 두려워했고, 자신이 말더듬이며 결코 증상이 나아지지 않을 것이라 생각했다. 이렇게 본인이 겪었던 부정적인 경험들과 아버지나 대중이 자신을 바라보고 평가하는 이야기에 영향을 받아 조지 6세는 '나는 말더듬이다'라는 정체성을 형성하게 된다. 치료사인 라이오넬은 왕가의 틀 속에 갇혀 고통을 겪던 조지 6세가 자신만의 이야기를 말로 표현할 수 있도록 돕는다. 이러한 과정을 통해 과거 그를 사로잡고 있었던 부정적 이야기를 해체하여 그러한 영향력에서 벗어나도록 도움으로써 문제로 인한 두려움에서 벗어나 스스로에게 힘이 되는 새로운 이야기를 만들어 갈 수 있도록 하였다.

　포스트모더니즘 관점의 이야기치료는 문제에 사로잡혀 고통받는 클라이언트의 부정적 문제를 자신이 선호하는 이야기로 전환하도록 돕는 과정이다. 즉, 클라이언트가 가진 문제 중심의 이야기를 자신에게 힘이 되는 이야기

로 재구성할 수 있도록 도와 본인이 진정으로 원하고 힘이 되는 이야기를 발견하고 새로운 대안적 이야기를 완성할 수 있도록 했다. 영화에서 라이오넬은 왕의 말더듬 증상을 치료하는 것에 초점을 맞추기보다는 다양한 이야기치료적 기법들을 적용하여 그 증상 안에 숨겨져 있는 내면의 두려움과 압박감을 직접 말로 표현하도록 한다. 이러한 과정을 통해 왕은 말더듬 증상을 극복해 나가는 동시에 문제 중심의 고통스러운 이야기에서 벗어나 자신이 바라던 이야기를 다시 써 내려갈 수 있게 된다. 치료사인 라이오넬은 클라이언트와 평등하고 협력적인 관계를 맺을 수 있는 환경을 만들며, 클라이언트의 방식을 존중하는 동시에 클라이언트가 치료자를 신뢰하고 수용할 때까지 함께 견디고 기다리는 탈중심적 치료자의 모습을 보여 준다. 결국 조지 6세는 아버지가 그려져 있는 동전과 선왕들이 앉았던 의자에 대한 고통스러운 상징적인 의미를 무너뜨리고(해체) 자신이 원하는 정체성을 가지고 새로운 대안적 이야기를 그려 갈 수 있게 된다.

다음은 앞서 제시한 〈킹스 스피치〉와 관련된 영상들이다.

https://www.youtube.com/watch?v=DoOD20mNmvc
https://www.youtube.com/watch?v=HTDwu037xhw

(3) 사회복지실천에서 접근의 유용성과 한계

포스트모더니즘적 접근은 사회복지실천에 있어 다음과 같은 유용성을 제공한다(Healy, 2012: 460-465).

- 사회복지사가 클라이언트의 시각에서 문제를 다양한 관점으로 바라보게 한다. 예를 들면, 손주들을 양육하는 클라이언트 A 씨는 탈북여성이며, 심각한 질병을 앓고 있고, 어머니이기도 하고 할머니이기도 하며, 독실한 신앙인이라는 복합적이고 다양한 정체성을 형성하고 있다는 점에

초점을 둔다. 따라서 문제해결을 위한 개입에서 클라이언트가 겪고 있는 문제에 대해 사회복지사나 다른 사람이 어떻게 생각하는가보다는 자기 문제에 대한 클라이언트 자신의 관점이 중요하다.

- 클라이언트가 가진 주도적 행위자로서의 능력을 인정하고 지지함으로써 클라이언트가 스스로 선택한 문제해결의 방식을 인정하고 돕는다. 예를 들면, 앞서 A 씨 사례에서 클라이언트가 심각한 질병 상태에 있음에도 손주들을 돌보는 것을 포기하지 않겠다고 할 경우, 클라이언트의 의견을 존중하여 의료서비스와 손주 돌봄을 동시에 선택할 수 있는 방안을 검토하는 것이 우선이다. 따라서 서비스 이용자 개인이나 집단의 문제해결을 위한 바람직한 경로가 한 가지만 존재하는 것이 아니라 다양한 경로와 가능성이 존재한다는 사실을 인정한다. 그 결과로 포스트모더니즘 접근은 클라이언트의 욕구나 실천적 개입방법들을 다양화시켰다.
- 포스트모더니즘적 접근은 사회복지사가 클라이언트가 자신의 정체성과 지배적 이야기들을 어떻게 구성하는가에 대해 비판적 성찰을 도울 뿐만 아니라 사회복지사 자신도 그동안 실천과정에서 형성된 많은 담론을 당연시해 온 것이 아닌가를 성찰한다. 예컨대, 아동학대나 정신건강 문제를 다루어 왔던 방식들이 클라이언트나 실천과정에서 발견된 지식에 의한 것이 아니라 그동안 사람들이 관행적으로 옳다고 믿어 왔던 방식으로 실천과정을 구성한 것에 대한 비판적 성찰이 가능하다.

이러한 유용성에도 불구하고 포스트모더니즘적 접근은 사회복지실천에서 몇 가지 한계를 지닌다(Healy, 2012: 466-468).

- 포스트모더니즘은 담론을 변화시키는 언어적 실천에 초점을 두기 때문에 사회복지실천 현장의 많은 문제가 실제로 물질적 부족과 물리적 한

계, 문제의 사회구조(자본주의, 가부장제 등) 요인으로부터 유래한 것을 간과할 우려가 여전히 남아 있다. 예컨대, 빈곤가족의 문제는 빈곤가족을 지배해 온 부정적 이야기에서 기인한 것이 아니라 자본주의 내의 노동시장의 구조적인 문제와 관련될 가능성이 훨씬 크다.

- 포스트모더니즘적 관점의 적용이 사회복지실천을 위한 일관성 있는 이론적 틀을 제공하지 못한다는 회의적 시각이 있다. 포스트모더니즘적 관점은 본질적으로 사회문제나 억압의 문제를 다양성에 근거한 상대주의적 관점으로 보기 때문에, 사회정의와 같은 보편적인 가치에 근거한 사회복지실천의 정당성이 상실될 위험성이 있다. 예컨대, 한부모가족의 당면한 문제를 해결하기 위해서는 한부모가족이 가지는 공통적 어려움에 주목하여 정책과 서비스를 마련해야 하는데, 그들 내부에 존재하는 다양성에 집중하게 되면 오히려 그들의 권익을 반영할 수 있는 사회제도의 개선이나 한부모가족의 연대 형성을 어렵게 만든다.

- 포스트모더니즘 접근이 보수주의적인 정책이나 실천방법을 지지하는 데 오용될 수 있다. 포스트모더니즘적 관점이 사회문제나 억압의 복잡성과 불확실성을 인식하게 하는 데는 유용하지만, 전통적으로 사회복지사들이 관심을 가지고 개입해 온 사회적 차별과 불평등 등의 사회구조적 문제를 그대로 받아들이게 한다는 점도 한계이다. 포스트모더니즘적 관점이 사회복지사의 실천이나 클라이언트에 대한 왜곡된 담론에 대해 성찰적·비판적 실천이 이루어지도록 노력하지만, 불평등이나 억압을 영속시키는 거시적 사회구조 변화가 필요한 문제에 대해 사회복지사들이 관심을 갖지 않고 미시적인 접근에 치중하는 한계가 있다.

참고문헌

김동배, 이희연(2003). 사회복지실천의 생태체계 패러다임과 연구방법론에 대한 고찰
   (I). 연세사회복지연구, 9, 27-58.

김수환(2016). 실존주의 관점에서 구성한 사회복지실천의 준거틀. 경성대학교 사회과학
   연구, 32(4), 129-153.

엄명용, 김성천, 오혜경, 윤혜미(2016). 사회복지실천의 이해. 서울: 학지사.

우국희, 성정현, 좌현숙, 장연진, 최승희(2018). 사회복지실천론. 서울: 신정.

이소희(2017). 포스트모던 이야기 치료 과정과 치료자의 역할 고찰: 영화 킹스 스피치
   (The Kings Speech)를 중심으로. 연세상담코칭연구, 8, 71-92.

이원숙(2008). 사회복지실천론. 서울: 학지사.

조학래(2016). 사회복지실천론. 서울: 신정.

조영아(2014). 사회비판이론으로서의 하버마스의 비판이론(critical theory). 철학탐구,
   36, 147-175.

홍선미(2004). 사회복지실천의 지식기반과 학문적 특성에 관한 연구. 한국사회복지학,
   56(4), 195-214.

Bertalanffy, V. (1968). *General system theory*. New York: Braziller.

Bornfenbrenner, U. (1979). *The ecology of human development*. Cambridge,
   Massachusetts, and London, England. Harvard University.

Bucci, T. T. (2002). Paradigm parallel pedagogy: The significance of parallel
   paradigms. *Journal of Educational Thought, 36*(1), 69-85.

Compton, B. R., & Gallaway, B. (1999). *Social work practice* (6th ed.). Pacific
   Grove, CA: Brooks/Cole.

Fook, J. (1993). *Radical casework: A theory of practice*. St. Leonards, NSW, Allen &
   Unwin.

Healy, K. (2000). *Social work practice: Contemporary perspective on change*.
   London: Sage.

Healy, K. (2012). 사회복지사를 위한 실천이론 (*Social theories in context: Creating* frameworks for practice). (남찬섭 역). 서울: 나눔의 집. (원저는 2005년에 출판).

Hepworth, D. H., & Larsen, J. A. (1990). *Direct social work practice: Theory and skill.* Belmont, CA: Wadsworth Publishing Company.

McMahon, M. O. (2001). **사회복지실천론−통합적 관점−** (*General method of social work practice: A generalist perspective*, 3rd ed.). (오창순, 윤경아, 김근식 공역). 서울: 아시아미디어리서치. (원저는 1995년에 출판).

Payne, M. (2001). **현대사회복지실천이론** (*Modern Social Work theory*, 2nd ed.). (서칠환, 이선혜, 정수경 공역). 경기: 나남출판. (원저는 1997년에 출판).

Pincus, A., & Minahan, A. (1973). *Social work practice: Model and method.* Itaka, IL: Peacok.

Richmond, M. (1917). *Social diagnosis.* NY: Russel Sage Foundation.

Saleebey, D. (1996). The strengths perspective in social work practice: Extension & cautions. *Social Work, 41*(3), 296–305.

Sheafor, B. W., Horejsi, C. R., & Horejsi, G. A. (1997). *Techniques and guidelines for social work practice* (4rd ed.). Boston: Allyn & Boston.

Zastrow, C. (2010). *Introduction to social work and social welfare: Empowering people* (10th ed.). Belmont, CA: Brooks/Cole.

제**6**장

사회복지실천 모델

사회복지실천 모델은 사회복지실천의 지침으로서, 사회복지실천의 책임성과 과학성, 사회복지서비스의 질 개선을 위해 필요하다. 여기서는 사회복지실천의 대표적 관점과 이론들을 토대로 많은 실천현장에서 활용되는 심리사회모델, 인지행동모델, 문제해결모델, 임파워먼트모델, 반억압적 실천모델의 다섯 가지 모델을 살펴본다. 심리사회모델과 인지행동모델은 전통적인 모델로서, 사회복지실천 현장에서 광범위하게 활용된다. 문제해결모델과 임파워먼트모델, 반억압적 실천모델은 절충적 모델로서 강점 관점에 기반하며 사회복지사와 서비스 이용자의 협력적 관계를 중요시한다. 임파워먼트모델과 반억압적 실천모델은 개인의 문제를 사회적 억압과 관련시키고, 집단적 실천과 사회구조의 변화를 지향한다. 각각의 실천모델은 이론적 배경과 전제가 다양하고, 실천상의 장단점을 가지고 있으며, 실천의 맥락에 따라 그 의미와 효과가 달라질 수 있다. 따라서 다양한 사회복지실천 모델을 서비스 이용자의 특성과 사회적 상황에서 어떻게 적용할 것인지 고려하여야 한다.

 사회복지실천 모델과 사회복지실천

1) 사회복지실천 모델의 개념

사회복지실천 모델은 사회복지실천의 준거틀과 관점에 기반하여 개념과 원리, 개입 방법과 절차 등을 체계적으로 제시한 사회복지실천의 지침이다. 사회복지실천 모델은 인간의 행동과 사회문제에 대한 설명과 원인을 제시하는 이론에서 더 나아가 문제를 해결하고 현실을 변화시키기 위한 개입활동의 원리와 방법을 제시한다는 점에서 사회복지실천의 '로드맵'이라고 할 수 있다.

다양한 이론적 배경의 사회복지실천 모델들은 사회복지실천의 초점과 목적, 과정에 대해서 각기 다양한 접근방법을 제시한다. 또한 정신역동이론이나 자아심리학, 행동주의 이론 등 특정한 이론적 뿌리를 가진 모델도 있지만, 사회복지실천의 맥락에 따라 이론을 응용하거나 다양한 이론과 관점을 절충하여 구성한 모델도 있다(Sheafor & Horejsi, 2015). 예를 들어, 뒤에서 다루게 될 심리사회모델이나 인지행동모델, 반억압적 실천모델은 비교적 단일한 이론적 기반을 가지고 있다. 반면, 문제해결모델, 임파워먼트모델 등은 여러 이론의 효과적인 요소들을 모아 절충하거나 실천현장에서의 경험과 지식을 체계화한 것이다.

사회복지실천 모델이 사회복지실천에 유용하게 활용되기 위해서는 다음과 같은 기본적 특성을 갖추어야 한다(Sheafor & Horejsi, 2015). 오늘날 현장에서 자주 활용되는 주요 사회복지실천 모델들은 공통적으로 다음과 같은 특성을 가지고 있다.

- 사회복지전문직의 목적, 가치 및 윤리와 일치해야 한다.
- 개념, 원리, 가설 등이 명백히 기술되고 정의되어 전반적 내용이 쉽게 전달되어야 한다.
- 일반인들의 일상 경험 및 관심사와 사회복지실천 모델의 내용이 서로 관련되어야 한다.
- 사회복지사들이 실천과정에서 만나는 복잡하고 다양한 상황을 분석하고 이해하는 데 도움을 줄 수 있어야 한다.
- 사회복지실천 과정의 각 단계에서 사회복지사의 개입활동의 길잡이가 되어야 한다.
- 사실과 관찰 등 경험에 기초한 것이어야 한다.

2) 사회복지실천과 사회복지실천 모델

사회복지사의 실천이 효과적이고 전문적이기 위해서는 검증된 이론적 기반 위에서 이루어져야 한다. 사회복지실천이 사회복지실천 모델에 기반해야 하는 구체적인 이유는 다음과 같다(Healy, 2012).

첫째, 서비스 이용자와 기관 그리고 재정 지원에 대한 책임성 때문이다. 특히 최근 공공서비스에 대한 효과성과 효율성이 강조되면서, 정부와 납세자들에게 사회복지실천 활동의 성과를 증명하고 예산 투입의 필요성을 보여 주어야 한다. 사회복지실천 모델은 실천의 목적과 내용, 결과에 대해 명확한 근거를 제시하는 데 도움을 줄 수 있다.

둘째, 사회복지실천 모델을 적용하면 기존의 실천 방식들을 재검토하고 더 광범위한 실천대안을 탐색하도록 함으로써 서비스의 질 개선에 도움이 된다. 사회복지사들은 각 모델이 가진 장점과 기회를 활용하여 더 나은 실천전략을 개발할 수 있다. 특히 경험적 연구를 통해 발전된 이론적 지식은 지식과 경험이 부족한 초보 사회복지사에게 매우 중요하다.

셋째, 사회복지전문직은 실천활동을 할 때 전문적이고 공식적인 이론을 발전시킬 책임이 있다. 이론적 기반이 전문직 내에서 공유되고 전수되고 발전됨으로써 전문직도 발전할 수 있기 때문이다. 사회복지실천 모델의 활용은 교육과정뿐만 아니라 실천현장에서도 중요하며, 이를 통해 사회복지실천의 이론적 기반이 더욱 강화된다.

그러나 사회복지실천 모델이 사회복지실천 현장에서 제기되는 다양한 문제와 욕구에 항상 완벽한 답을 주는 것은 아니다. 학교에서 배운 이론을 현장에 그대로 적용하여 문제를 해결하는 경우는 매우 드물다. 이론이 줄 수 있는 지식과 통찰은 부분적이기 때문에 사회복지사들 자신이 이론과 모델을 실천 현장에서 어떻게 확장하고 발전시킬 것인가를 고민하며 적극적인 역할을 수행해야 한다. 예를 들어, 잘못된 사고방식을 교정하여 부정적 행동을 감소시키는 인지행동모델에 기반하여 개입을 시도할 경우, 입시제도의 스트레스 아래 있는 청소년과 가족관계의 스트레스를 가진 중년 부모에 대해 각기 다른 방식으로 적용할 필요가 있다.

또한 단일한 실천모델이라 하더라도 적용되는 실천의 맥락에 따라 그 의미와 효과가 달라질 수 있다. 각 실천모델의 이론적 기반과 배경을 고려해야 하며 이 모델이 '지금 여기' 상황과 서비스 이용자의 특성 속에서 어떤 응용 가능성을 갖는지 고려할 필요가 있다. 특히 대부분의 선진 서구사회에서 개발된 사회복지실천 모델들을 우리나라의 문화와 정서에 맞게 적용할 수 있도록 고민하여야 한다.

사회복지실천 모델

제1장에서 사회복지실천은 개인과 가족, 집단뿐만 아니라 지역사회와 전체 사회의 문제를 포괄적으로 아우른다는 점을 제시하였다. 이러한 사회복지실천의 특성상 사회복지실천 모델은 개별적·직접적 실천과 집합적·정책적 수준까지 포함하며 다양한 수준에서 적용될 수 있어야 한다. 개인의 문제와 사회의 문제는 맞닿아 있기 때문에 개인중심 실천만으로는 뿌리를 잃은 식물처럼 생명력을 지속하기 어렵고 재발 위험도 높아진다(김미옥, 최혜지, 정익중, 민소영, 2017). 따라서 여기서는 개인과 집단, 사회를 아우르는 통합적 사회복지실천을 지향하며 사회복지실천 모델을 살펴보고자 한다. 다양한 사회복지실천 모델 중 심리사회모델, 인지행동모델, 문제해결모델, 임파워먼트모델, 반억압적 실천모델의 다섯 가지를 선택한 기준은 그것이 사회복지실천의 대표적 관점과 이론들을 토대로 하며 많은 실천현장에서 활용되는가이다. 또한 사회복지실천의 핵심적 가치임에도 불구하고 개인 중심의 실천에 집중된 우리나라 현장에서 추구하기 어려웠던 사회정의나 사회운동과 관련된 모델도 포함하였다. 그리고 서비스 이용자와 사회복지사 간의 협력관계 그리고 이용자의 자기결정권을 강조하는 오늘날의 사회복지실천 현장의 변화를 반영하였다.

각 실천모델을 설명하기 위하여 이론적 배경, 기본 전제와 주요 실천 원리를 제시하고 쟁점을 정리하였다. 그리고 개별 모델의 특성을 드러내기 위하여 다음에 제시된 사례를 각각의 모델별 실천 원리에 따라 적용하여 실천적 관점에서 이해할 수 있도록 하였다. 사례를 먼저 읽고 어떻게 해결할 것인지 생각해 본 후, 각 모델이 제시하는 해결 방식을 검토하고 비교해 보자.

사 례

　　장민호(가명) 씨는 2016년에 대한민국에 입국한 29세의 남성 북한이탈주민으로 2010년 아버지가 탈북과정에서 사망하였고, 이후 온 가족이 감시를 받으며 북한에서 어렵게 생활하였다. 어머니가 자녀들을 남겨 두고 먼저 중국 연길로 탈북하였으며, 어머니의 도움으로 민호 씨도 누나와 함께 탈북을 감행하여 가족이 함께 살게 되었다. 중국에서 5년간 생활하면서 휴대폰 가게에서 판매일을 하여 중국어에 능통하게 되었으나, 신분에 대한 불안감 때문에 브로커의 도움을 받아 2016년에 혼자 한국에 입국하였다. 민호 씨는 현재 혼자 영구임대아파트에 거주하면서 기초생활수급자로 지정되어 생계비를 지원받고 있으며, 결핵이 있어 약을 복용하였으나 도중에 치료를 중단하여 건강 상태가 좋지 못하다. 남한에 혼자 입국한 것에 대해 큰 죄책감을 가지고 있으며 어머니와 누나를 빨리 데리고 오고 싶어 한다. 경제적 독립과 가족을 데리고 올 경비를 마련하기 위해 일자리를 구하려고 했지만 북한이탈주민이라는 이유로 취업이 되지 않아 몇 년째 실직 상태로 지내고 있다. 어린 시절 북한에서 겪은 아버지의 죽음과 비참한 생활, 목숨을 건 탈북과정에서의 극심한 고통에 이어, 남한생활에도 심각한 좌절감을 느끼고 미래에 대한 불안감으로 힘들어하고 있다. 북한이탈주민인 여자 친구와 교제 중이며 신변 보호와 안전문제 등을 위해 담당형사와 정기적으로 연락을 하고 있다. 다른 북한이탈주민 동료들과도 관계를 유지하면서 정보와 정서적 지지를 교환하고 있다. 그러나 절망적인 상태가 지속되면서 민호 씨는 남한 사회의 차별과 경쟁 위주의 사회에 대한 원망이 쌓이고 불신감이 커졌으며, 북한의 삶과 남한의 삶 모두를 포기하고 싶은 마음이 들어 무기력하고 침울하게 지내고 있다.

1) 심리사회모델

(1) 이론적 배경과 기본 전제

　　심리사회모델은 개인의 심리적 요소와 사회적 환경을 모두 고려하는 사회복지실천의 특성을 반영한 모델로서 사회복지의 역사에서 차지하는 비중이

크다. 심리사회모델은 사회복지실천의 개입 대상이 되는 문제를 인간(생물학
적·심리적 문제), 사회환경(사회적 문제) 그리고 개인과 사회 간의 상호작용의
문제(적응문제)라는 세 가지 차원에서 접근하며, 서비스 이용자에 대한 이해
를 바탕으로 지지와 수용을 통해 문제를 해결하도록 원조한다. 이러한 특성
때문에 심리사회모델은 사회복지실천 현장에서 광범위하게 활용되며 개인,
가족, 집단에 대한 다양한 형태로 실천되고 있다.

심리사회모델은 미국의 자선조직협회 활동에 기반을 둔 케이스워크의 이
론과 실천을 발전시킨 리치몬드(M. Richmond)의 업적, 정신의학과 심리학,
사회과학에서 유래한 개념들과 사회복지실천에서 축적된 경험적 지식이 미
국의 사회복지이론가인 홀리스(F. Hollis)에 의해 집대성되어 실천모델로 확
립되었다. 초기의 심리사회모델은 정신분석이론의 영향을 받아 개인의 생물
학적·심리적 정신과정을 중요시하였으며, 이후 인류학 및 가족학, 체계이론
등 다양한 사회과학적 영향을 수용하면서 물리적 여건이나 사회환경의 영향
을 고려하는 쪽으로 변화하였다(Woods & Robinson, 1996). 인간의 문제를 심
리적·사회적인 문제로 이해하고 '상황 속의 인간(person-in-situation)'을 강
조하지만, 개입의 초점은 주로 개인에 있다(Woods & Hollis, 1990). 심리사회
모델은 현재의 문제를 해결함에 있어 과거의 영향을 중요시하여 세밀한 개인
력 조사와 부모-자녀 관계를 비롯한 가족 경험에 대한 사정을 강조한다. 심
리사회모델의 기본 전제는 다음과 같다(엄명용, 김성천, 오혜경, 윤혜미, 2011).

- 모든 개인은 본래부터 가치와 존엄성을 갖고 있으며, 사회복지사는 이
  러한 존엄성을 존중하기 위해 서비스 이용자의 현재 상황과 인식을 있
  는 그대로 수용하고 경청해야 한다.
- 모든 인간은 성장능력, 적응력을 가지고 있으며 변화할 수 있는 긍정적
  존재로 인식된다.
- 개인의 현재를 이해하기 위해서는 과거를 파악해야 한다.

- 인간의 행동과 기능을 이해하는 데 프로이트 심리학의 가정(성격, 방어기제 등)이 적용된다. 그러나 무의식은 인간의 행동에 영향을 미치지만 행동을 결정짓는 요인은 아니다.
- 심리체계는 생물학적 체계, 사회적 체계와 상호작용하므로 문제해결을 위해 생물학적 · 심리적 · 사회적(bio-psycho-social) 차원에 개입한다.
- 문제해결에 있어 인간의 개별성과 특수성을 강조한다.

(2) 실천 원리

심리사회모델에 기반한 사회복지실천은 개인의 성장, 학습, 적응능력을 전제로 긍정적 공감과 이해를 통해 개인의 기능 개발과 대인관계 향상에 초점을 둔다. 실천과정에서 적절한 기회와 자원을 부여하여 문제를 해결하고 스스로 성장하도록 원조한다. 심리사회모델의 주요 실천 원리는 다음과 같다(김기태, 김수환, 김영호, 박지영, 2007).

① 사회복지사와 서비스 이용자의 관계

서비스 이용자를 있는 그대로 수용하고 존중하기 위해서는 사회복지사와 서비스 이용자의 긍정적 관계가 중요하다. 심리사회모델에서는 실천과정에서 사회복지사와 서비스 이용자 간의 신뢰에 기반한 관계를 강조한다. 사회복지사는 경험과 훈련을 통해 이용자의 욕구와 과거의 부정적 경험으로 갖게 된 정서에 반응하고, 긍정적 관계를 형성하여 성장의 기회를 제공한다.

② 심리사회적 사정

개인의 생애 발달 및 가족 생활주기에 대한 검토를 통해 발달과정상의 위기나 문제를 탐색하고 현재 문제와의 관련성을 분석한다. 서비스 이용자는 자신의 문제가 발달과정상의 문제와 어떤 관련이 있는지를 인식하고 이해함으로써 문제를 재규정하고 해결책을 찾는 계기가 된다. 사회복지사는 개인과 환경에 대한 이중적 초점을 가지고 개인과 환경의 상호작용 속에서 문제를 이해함으로써 개입의 지점을 확인하고 변화를 위한 방법을 결정한다. 심리사회적 사정에서 다루어져야 할 내용은 신상 정보와 제시된 문제, 문제의 역사, 개인력과 가족 배경, 신체적·정신적 건강 및 기능 상태, 문화와 종교 등이며, 이를 기반으로 개입의 목표와 방법을 설정한다.

③ 의사소통과 직접적 개입

심리사회모델에서의 개입은 개별 면담을 중심으로 개인, 가족, 환경에 대한 다양한 수준에 개입하며 개인과 가족에 대한 개입이 병행되기도 한다. 개입의 초점은 자신의 문제에 대한 서비스 이용자의 성찰과 이해능력을 향상시키는 데 있다. 이를 위하여 다음과 같은 의사소통 형태를 활용한다(Woods & Robinson, 1996).

- **지지**(sustainment): 서비스 이용자에 대해 관심과 수용, 감정이입적 이해 등을 나타냄으로써 불안감을 감소시키고 관심사를 공유하도록 격려하는 언어적·비언어적 의사소통이다.
- **직접적 영향**(direct influence): 제안이나 충고를 통해 서비스 이용자가 특정한 행동을 하도록 돕는 것이다.
- **탐색**(exploration)-**묘사**(description)-**환기**(ventilation): 서비스 이용자가 자신의 상황, 자신과 환경의 상호작용을 있는 그대로 말하도록 함으로써 자신의 감정을 표현하도록 한다.
- **개인-환경에 대한 성찰**(person-situation reflection): 사회복지사가 서비스 이용자의 묘사에 대해 질문과 의견 제시, 설명 등을 통해 이용자 자신의 성찰적 사고를 증진시킴으로써 상황과 상황 안에서의 자신의 경험을 더 잘 이해하도록 돕는 것이다.
- **유형-역동의 성찰**(pattern-dynamic reflection): 특정한 행동이나 사고 유형

으로 이끄는 행동 유형이나 사고방식을 찾아내도록 확인하는 것이다.
- **발달 성찰**(developmental reflection): 현재의 성격이나 기능에 영향을 미치
  는 원가족과의 경험이나 초기 유아기의 경험을 생각해 보도록 돕는다.

④ 환경적 개입

환경 변화를 통해 자아나 심리적 변화가 일어날 수 있다. 따라서 문제해결
을 위해 서비스 이용자의 문제에 영향을 미치는 환경을 변화시키는 개입이
이루어진다. 사회복지사는 환경 개입의 가장 효과적인 지점을 파악하고 적
절한 자원을 연결하여 효과적으로 지원해야 한다. 이를 위해 사회복지사는
관련 정책이나, 기관, 자원 등을 명확히 이해하고 다른 기관의 담당자나 다른
전문직과 긴밀한 협력관계를 유지해야 한다. 이 과정에서 사회복지사는 서
비스 이용자 스스로 자신의 환경을 변화시키기 위해 노력하도록 도움을 제공
하는 역할을 한다.

사례에 대한 심리사회모델 실천 원리의 적용

① 사회복지사와 서비스 이용자의 관계

사회복지사는 민호 씨의 현재 상황을 경청하고 잘 이해함으로써 민호 씨와 긍정
적 신뢰관계를 형성한다. 이러한 신뢰관계는 남한 사회에서 지지해 줄 사람이 많
지 않은 민호 씨에게 힘을 주는 중요한 관계로 자리 잡게 되어 민호 씨의 적응과
성장의 기회를 제공하는 바탕이 된다.

② 심리사회적 사정

사회복지사는 민호 씨의 북한에서의 성장과정과 아버지의 죽음, 탈북과정에서의
경험 등을 자세히 탐색하여 현재 민호 씨의 문제와의 관련성을 분석한다. 특히 아
버지의 죽음이 준 충격과 탈북과정에서의 불안, 가족에 대한 죄책감 등의 감정을
스스로 이해하도록 돕는다. 또한 과거의 정서적 경험과 불안이 현재의 우울과 절
망에 미치는 영향을 인식하게 하여 이를 극복하도록 돕는다. 더불어 가족의 역사

와 개인의 발달, 현재의 신체적 기능(결핵 등)과 정신적 기능(우울과 체념 상태), 북한이탈주민으로서의 문화적 특성 등을 고려하여 문제해결의 목표와 방법을 설정한다.

③ 의사소통과 직접적 개입

사회복지사는 민호 씨와의 개별 면담을 진행하면서 민호 씨에 대한 관심과 수용, 공감을 통해 불안감을 감소시키고 민호 씨가 현재 상황과 환경에 대한 감정을 충분히 표현하도록 도우며, 자신이 처한 상황과 자기 자신을 잘 이해하도록 돕는다. 특히 가족이 현재의 절망적 정서 상태에 미치는 영향을 생각해 보고, 가족에 대한 죄책감과 과거의 충격 때문에 자포자기하지 않도록 격려한다.

④ 환경적 개입

민호 씨에게 영향을 미치는 여자 친구를 비롯한 지인, 담당형사, 행정복지센터 등의 주변인들과 민호 씨의 문제를 해결하기 위하여 협력한다. 특히 민호 씨가 심리적 절망감과 체념을 극복한 후 취업 준비와 건강 회복을 할 수 있도록 북한이탈주민의 취업과 관련된 서비스, 건강 관련 서비스 등을 연계한다. 이를 통해 민호 씨가 현재 상황을 스스로 변화시키고자 하는 노력을 시작할 수 있으며, 가족과 함께 남한에서 생활하는 희망을 유지하며 살아갈 수 있다.

(3) 쟁점

심리사회모델은 서비스 이용자의 자아와 발달적 경험, 가족과의 경험을 중요시하며, 인간-환경의 상호작용에 초점을 두고 문제를 해결하고자 한다. 심리사회모델의 특성은 심리학과 사회과학의 원리를 절충적으로 결합한 데 있으며, 광범위한 현장에서 활용된다는 장점을 가지고 있다.

그러나 본질적으로 프로이트와 자아심리학에 뿌리를 두고 있기 때문에 개입의 초점은 개인에 있으며, 면담을 통한 개인 개입이 중심이 된다. 따라서 차별이나 빈곤 등 사회구조적 환경의 영향을 간과하고, 환경적 개입의 전략과 기술이 미흡하다는 평가를 받는다. 또한 초기 정신의학의 영향에 의해 서

비스 이용자의 문제에 초점을 둔 사정과 진단을 강조함으로써 이용자의 잠재
력이나 강점을 간과한다는 비판을 받기도 한다.

심리사회모델의 효과성은 경험적 사례연구(case study)를 통해 이루어졌으
나, 개입 결과를 과학적으로 측정하기 어렵고 다분히 주관적이어서 실증적으
로 효과성을 증명하기 어렵다(엄명용 외, 2011).

2) 인지행동모델

(1) 이론적 배경과 기본 전제

인지행동모델은 인지이론과 행동주의 이론을 통합하여 구성된 것이다. 인
지이론에서는 사람의 정서와 행동을 결정짓는 주요 요소가 인간의 사고, 즉
생각이라고 본다. 사람들의 행동적·사회적 문제가 자기 자신과 타인 그리
고 상황에 대해 가지고 있는 잘못된 생각(인지체계)에서 비롯된다는 것이다
(Reid, 1977: 엄명용 외, 2011: 427에서 재인용). 따라서 문제를 해결하기 위해 잘
못된 행동이나 정서를 초래하는 사고방식을 변화시키는 데 초점을 둔다. 한
편, 행동주의 이론에서는 인간의 행동이 모방과 관찰을 통해 학습된 것이므
로 체계적 훈련을 통해 행동을 변화시킬 수 있다고 본다.

인지행동모델은 인간의 인지, 정서, 행동이 서로 연결된다고 보고, 인지치
료를 통해 잘못된 인식과 정서를 변화시키는 한편, 과제 내주기, 강화와 보
상, 반복, 행동기술 훈련 등 다양한 방식으로 행동 변화를 유도하여 새로운
행동기술을 습득하고 적용할 수 있도록 한다(엄명용 외, 2011).

인지행동모델은 엘리스(A. Ellis)의 합리정서치료, 벡(A. Beck)의 인지치료
이론에 인간의 행동이 학습된 반응의 결과이며 학습 원리를 체계적으로 적용
함으로써 수정할 수 있다는 스키너(B. F. Skinner)의 조작적 조건형성이론이
결합되었다. 또한 행동에 있어 모방과 관찰을 통한 학습 등 인지적 요소의 중
요성을 고려하는 사회학습이론도 영향을 미쳤다(김기태 외, 2007). 인지행동

모델의 이론적 배경을 종합하여 기본 전제를 제시하면 다음과 같다.

• 인간의 행동과 정서는 인간의 인지의 직접적 결과이다.

〈엘리스의 ABC 이론〉

A(Activiating event)는 어떤 사건을 의미한다. B(Belief)는 개인의 믿음, 인식 등이다. C는 이로 인해 초래된 감정적 결과(Consequences)이다. 즉, 어떤 자극과 그 자극에 대한 반응 사이에는 인지과정이 개입하여 특정한 결과를 가져온다는 것이다. 인지가 합리적이면 순기 능적 감정과 반응을 보이게 되고, 인지가 비합리적이면 부정적 정서와 잘못된 행동을 보이게 된다.

• 잘못된 생각과 비합리적 사고는 스스로 의식하지 못한 채 자동적으로 일어난다.
• 인간은 자신의 의식 영역 내에서 왜곡된 인지를 이해하고 해결할 수 있다.
• 인간의 행동은 학습된 것이며 행동수정을 통해 변화할 수 있다.

(2) 실천 원리

인지행동모델에 입각한 사회복지실천의 핵심은 서비스 이용자의 부정적인 감정과 잘못된 행동을 초래하는 혼란스럽거나 왜곡된 인지체계, 믿음, 스스로에 대한 말 등을 변화시킬 수 있도록 도움을 제공하는 것이다. 사회복지사는 서비스 이용자가 비논리적 사고와 자기파괴적인 자세를 변화시켜 자신이 처한 상황에 대한 현실적인 견해를 갖도록 의식적이고 목표 지향적인 활동을 한다. 실천에는 ① 외부 세계에 대해 갖고 있는 잘못된 개념, 비현실적 기대와 잘못된 생각을 변화시킴, ② 자기 자신에 대한 비합리적 서술을 수정함, ③ 문제해결 능력 및 의사결정 능력을 기름, ④ 자기통제 및 자기관리 능력을 키움 등이 포함된다(Fisher, 1981, 엄명용 외, 2011: 429에서 재인용).

① 사회복지사와 서비스 이용자 간의 치료적 관계

인지행동모델에서 사회복지사는 서비스 이용자가 이전과 다른 방식으로 세상을 바라보는 기회를 제공한다는 점에서 치료적 관계가 실천과정의 일부이다. 치료적 관계는 두 가지 방식으로 사용될 수 있다. 첫째는 관계에서 지지적 요인을 활용하는 것으로, 이용자의 성장 가능성과 능력 등에 대해 지지하고 격려하는 것이다. 둘째는 인지적 왜곡에 초점을 맞추어 검토하는 것으로, 잘못된 신념체계에 대해 질문하고 토의하면서 도전하는 것이다. 이 두 가지 방식을 통해 사회복지사는 이용자의 역기능적 사고와 잘못된 신념을 확인하고 효과적으로 극복할 수 있도록 돕는다.

② 부정적 인지체계의 탐색-인지적 오류와 비합리적 신념의 인식

서비스 이용자가 어떤 상황 속에서 자신에게 하는 말, 그에 대한 감정, 행동, 행동에 대한 타인의 반응 등을 스스로 인식하고, 자신과 타인에게 하는 말 속에 감추어진 잘못된 생각과 비합리적 신념을 깨닫게 돕는다. 잘못된 생각을 깨닫게 되면 그것을 다시 생각해 보면서 인지의 변화가 가능해진다. 비합리적인 인지체계를 고집하더라도 인내를 가지고 도전해야 하며 새로운 신념에 대한 불안과 두려움을 감소시키도록 한다. 일상생활 속에서 갖게 되는 부정적 생각이나 믿음을 스스로 관찰할 수 있도록 행동기록장을 작성할 수 있다.

③ 설명

서비스 이용자에게 엘리스의 ABC 모델을 이해하도록 교육한다. 인지, 정서, 행동의 사이클을 이해함으로써 서비스 이용자는 문제의 발생 경위를 더 잘 이해할 수 있고, 부정적 정서와 행동의 파급효과를 인식할 수 있다. 또한 문제해결과정과 개입전략의 기본 원리와 치료기법의 사용 이유에 대해서도 상세하게 설명한다.

④ 인지의 재구조화 – 순기능적 인지체계로의 전환

부정적인 인지체계를 긍정적인 인지체계로 바꾸도록 돕는다. 이 과정에서 긍정적인 자기언어로의 변화를 연습하고 대안적 사고나 행동을 따라 하며 반복적으로 시행한다. 변화를 위한 노력의 과정에서 발생한 성공에 대해 칭찬과 보상을 제공함으로써 긍정적 강화를 제공한다.

⑤ 과제 할당

인지행동치료 과정에서의 변화가 일상생활에서도 유지될 수 있도록 과제를 수행하도록 한다. 과제를 통해 서비스 이용자의 문제 인식능력을 향상시키고 새로운 행동을 연습할 기회를 제공한다. 사회복지사는 서비스 이용자의 과제수행을 점검하여 변화를 위한 노력에 대해 지속적인 관심과 지지를 제공한다.

사례에 대한 인지행동모델 실천 원리의 적용

① 사회복지사와 서비스 이용자 간의 치료적 관계
사회복지사는 민호 씨에게 지지자로서 신뢰관계를 수립하는 동시에 민호 씨의 인지적 왜곡이나 잘못된 신념체계를 극복하도록 돕는 치료자로서 관계를 수립한다.

② 부정적 인지체계의 탐색 – 인지적 오류와 비합리적 신념의 인식
민호 씨가 가진 자신에 대한 믿음과 감정, 현재 상황에 대한 생각을 스스로 인식하도록 돕는다. 이를 위해 본인이 현재 가진 부정적 생각과 믿음에 대한 행동기록장을 작성해 본다. 특히 민호 씨의 자기 자신에 대한 부정적인 신념, 미래에 대한 비관적 생각, 남한 사회에 대한 불신과 절망 때문에 현실에 대한 두려움이 더욱 커진다는 점을 깨닫도록 한다. 이러한 생각이 지금까지의 예외적이고 제한된 경험 속에서 나온 생각임을 깨닫고 다른 방향으로 생각해 보도록 한다.

③ 설명
민호 씨에게 ABC 모델을 교육하여 남한 사회와 현재 상황에 대한 부정적 생각 →

체념 → 현실 부적응이라는 사이클을 설명함으로써 현재 문제를 이해할 수 있도록
한다.

④ 인지의 재구조화-순기능적 인지체계로의 전환
민호 씨가 가진 자기 자신과 현재 상황, 남한 사회에 대한 부정적인 인지체계를
긍정적인 인지체계로 바꾸도록 돕는다. 이 과정에서 긍정적인 자기언어로의 변화
를 연습하고 지금까지의 체념적이거나 부정적인 행동 대신 긍정적이고 희망적인
사고와 행동을 반복적으로 연습하도록 한다. 또한 남한에 잘 적응하여 생활하고
있는 동료를 선정하여, 그의 사고나 행동을 따라 하며 배우도록 한다. 일상생활과
구직과정에서 긍정적 행동을 지속적으로 시도하는 과정에서 사회복지사는 격려
와 지지를 제공한다.

⑤ 과제 할당
사회복지사는 상담치료과정에서의 변화가 일상생활에서도 유지될 수 있도록 과
제를 수행하도록 한다. 예를 들면, 자기 자신에 관한 부정적 생각을 긍정적 생각
으로 5개 이상씩 바꾸어 보기, 가족과 함께 사는 삶에 대해 상상하며 준비하기, 취
업 준비 과업 리스트 작성하기 등의 과제를 수행한다.

(3) 쟁점
인지행동모델은 이론적 배경이 풍부하고 접근방법이 구체적이며 개입방
법이 분명하여 사회복지실천 현장에서 활용도가 높다. 또한 치료방법을 뒷
받침하는 원리들이 쉽게 정의되어 있어 서비스 이용자와 전문가 사이의 의사
소통이 용이하다. 비교적 단기간의 치료를 통해서도 개입의 효과성이 높게
나타난다는 장점이 있다. 특히 인간관계에 대한 왜곡된 인식, 비현실적 기대,
비합리적 불안과 공포, 분노, 우울, 충동 조절의 어려움, 부적응 등의 원조에
효과적이며(Werner, 1986, 엄명용 외, 2011: 444에서 재인용), 공격적 행동이나
중독과 같은 역기능적 행동에 대한 개입과 관련된 실천현장에서 지배적으로
활용된다.

그러나 인지행동모델의 실천에서 전문가의 역할이 적극적이고 지시적이기 때문에 전문가의 권위를 강조할 경우 서비스 이용자가 수동적이 될 위험이 있다. 따라서 실천과정에서 특정한 사고방식과 행동을 강요하여 자기결정의 권리를 침해하지 않도록 주의하여야 한다. 인지행동모델은 스스로 사고와 표현이 가능한 정도의 지적 능력과 의사소통 능력을 가진 이용자에게 적용하는 것이 좋다.

문화적 다양성에 대한 고려도 중요하다. 특정 문화권에서는 정상적인 사고나 행동이 다른 문화권에서는 비정상적이거나 교정을 필요로 하는 문제로 인식될 위험이 있다(Payne, 2001). 예를 들어, 결혼이주여성에게 자국 문화의 사고방식을 부정하고 한국식 사고체계로 전환하도록 하는 것은 문화적 다양성을 침해할 우려가 있다. 따라서 인지행동모델을 적용할 때 문화적 맥락을 고려하여 특정한 문화를 비하하거나 우월화하지 않도록 주의해야 한다.

3) 문제해결모델

(1) 이론적 배경과 기본 전제

문제해결모델은 지나치게 길고 불분명한 전통적 사회복지실천의 개입 방식에서 벗어나 단기간의 체계적이고 구조화된 개입을 통해 구체적인 문제를 효과적으로 해결하고자 한다. 문제해결모델에서 '문제'는 대인관계의 갈등, 사회관계의 문제와 사회적 고립, 조직 관계에서 발생하는 문제, 역할수행의 어려움, 사회적 전환(시설 입소나 퇴소 등)으로 인한 적응문제, 정서적 고통(트라우마, 불안 등), 자원 부족 등이다(Payne, 2001).

문제해결모델은 특정한 이론이나 개입방법에 구애받지 않고 여러 이론의 기본 원칙을 통합하여 절충적 방식으로 서비스 이용자의 문제를 해결하기 위한 과제나 활동을 제안하고 수행하며, 시간제한을 두고 체계적으로 진행한다. 시간제한이 있을 때 서비스 이용자가 문제를 해결하려는 동기가 향상된다는 점과, 구체적이고 초점이 분명한 문제에 집중할 때 효과성이 크다는 점을 강조한다. 또한 사회복지사가 전문가로서 서비스 이용자의 문제에 대한 해결책을 제시하기보다, 이용자가 인정한 문제에 대해 함께 해결하는 방식으로 개입한다. 서비스 이용자의 자기결정권을 중요시하여 본인이 실현할 수 있는 목표를 수립하고 해결방법을 선택하여 문제를 해결하도록 원조한다. 문제해결모델의 기본 전제는 다음과 같다(Healy, 2012).

- 서비스 이용자와 함께 개입의 초점과 과정을 명확하게 결정한다.
- 큰 변화보다는 작지만 의미 있는 변화를 통한 성취가 중요하다.
- 개입의 표적이 되는 소수의 문제(표적문제)에 집중한다.
- 문제해결을 위해 서비스 이용자의 능력(문제해결 기술과 자원 동원)을 향상시킨다.
- 최장 3개월에 걸쳐 15회기를 넘지 않는 단기 개입과정으로 이루어진다.
- 개입과정은 과학적으로 검증된 표준화된 계획에 따라 단계적으로 진행한다.
- 실천의 결과를 과학적 조사방법을 통해 체계적으로 평가한다.

(2) 실천 원리

문제해결모델은 5단계로 구성되며 개입의 효과성을 위해 순서대로 진행해야 한다. 과정은 표적문제의 구체화와 문제해결을 위한 실행계획의 수립, 문제해결을 위한 다양한 과제수행으로 이루어진다. 사회복지사는 서비스 이용자가 문제를 구체화하고 과업을 선택하도록 도우며, 실행동기를 부여하고 과업수행을 촉진하는 역할을 한다(Epstein & Brown, 2002).

① 개입의 맥락 이해하기

서비스 이용자의 기본 정보를 바탕으로 이용자의 방문 및 의뢰 이유를 이해하고, 제공 가능한 서비스 내용의 범위와 한계를 확인한다.

② 문제 확인과 표적문제 설정

사회복지사와 서비스 이용자가 문제에 대한 공통의 이해를 도출하고 개입의 초점이 무엇인지를 구체화한다. 이는 문제 탐색과 문제의 우선순위 설정이라는 두 단계로 이루어진다. 표적문제의 설정 기준은 서비스 이용자가 인정하는 문제, 자신의 노력으로 해결 가능한 문제, 구체적인 문제 등이다. 개입의 우선순위는 2~3개월 안에 다룰 수 있는 세 가지 이내의 문제를 변화 가능성이 높은 순서대로 서비스 이용자와 함께 결정한다.

③ 계약

표적문제와 해결방법에 대해 사회복지사와 서비스 이용자가 명시적 합의를 이루고 이를 계약으로 표현한다. 계약을 통해 개입의 내용과 결과를 명시하고 서비스 이용자와 사회복지사의 책임을 명확히 한다. 계약서에는 개입의 목적, 개입계획, 문제해결을 위한 과제가 명시되어야 한다. 과제는 문제해결(상황의 변화)을 위해 수행해야 할 구체적 활동으로서, 표적문제에 직접적으로 개입하는 동시에 서비스 이용자의 문제해결 기술을 향상시키는 활동이다.

④ 문제해결의 실행

사회복지사는 앞에서 규정한 문제와 과제를 정교화하고 서비스 이용자가 설정한 과제를 잘 수행하도록 지지한다. 과제 성취에 대해서는 보상을 제공하고, 수행하지 못한 과제를 점검하여 수행의 장애물을 제거하거나 과제를 재조정한다.

⑤ 종결

문제해결모델의 개입은 기한이 명확하기 때문에 전체 흐름에서 종결을 염두에 두고 진행한다. 개입과정에서 성취한 것을 점검하고, 앞으로 성취를 어떻게 유지할 것인지를 제시한다. 성취의 결과는 체계적인 평가 원칙에 따라 제시되어야 한다.

사례에 대한 문제해결모델 실천 원리의 적용

① 개입의 맥락 이해하기
사회복지사는 북한이탈주민인 민호 씨의 기본 정보를 바탕으로 현재의 주요 문제와 제공 가능한 서비스 내용의 범위와 한계를 확인한다.

② 문제 확인과 표적문제 설정
사회복지사와 민호 씨는 문제의 목록을 작성하여 가장 중요한 문제 세 가지를 정하고 우선 해결할 표적문제를 설정한다. 안정적인 일자리에 취업하는 것을 표적문제로 설정하고, 가족을 데려오기 위한 목돈을 마련하는 것과 결핵 완치 등 변화 가능하고 달성 가능성이 높은 문제를 민호 씨와 함께 결정한다.

③ 계약
앞에서 설정한 표적문제와 문제해결 방법, 사회복지사와 민호 씨의 역할과 책임에 대해 합의한 후 계약서를 작성한다. 계약서에는 개입의 목적, 개입계획, 문제해결을 위한 과제를 명시한다. 취업을 위한 직업훈련 참여, 이력서 작성과 면접 연습, 적금 들기, 규칙적인 통원치료 등 구체적인 과제를 통해 문제를 해결하고, 민호 씨의 문제해결 능력을 향상하도록 돕는다.

④ 문제해결의 실행
사회복지사는 민호 씨가 목표를 달성할 수 있도록 과제를 세분화하여 부여하고, 설정한 과제를 잘 수행하도록 점검하고 지지한다. 과제 성취에 대해서는 보상을 제공하고, 수행하지 못한 과제를 점검하여 보완적인 지원이나 서비스를 제공함으로써 과제 수행을 돕는다. 예를 들어, 직업훈련과 목돈 마련을 위한 저소득층 지

원 프로그램에 신청하도록 도울 수 있다.

⑤ 종결
민호 씨의 취업, 적금, 결핵 치료 등에 대한 성취 결과를 점검하고, 이를 바탕으로
앞으로 취업 상태를 유지하면서 가족과의 재회를 준비할 수 있게 돕는다.

(3) 쟁점

문제해결모델은 시간제한적이고 표준화된 방식으로 진행되기 때문에 전
문가와 서비스 이용자 모두에게 사고와 행동의 명확성을 제공한다. 서비스
를 제공하는 기관의 입장에서도 단기 위주의 구조화된 서비스가 관리와 운
영이 쉽다는 장점이 있다. 개입의 효과성과 지속적인 평가를 중요시하기 때
문에 사회복지실천의 책임성을 높이는 데 기여한다. 개입과정에서 서비스
이용자의 참여와 자기결정을 중요시하며 서비스 이용자의 대처능력을 인
정하고 지지한다는 점에서 사회복지의 핵심 가치인 인간 존중과 일치한다.
따라서 다양한 사회복지실천 현장에서 실제적으로 적용할 수 있다(Healy,
2012).

그럼에도 불구하고 문제해결모델은 상대적으로 단순하고 해결하기 쉬운
문제에만 적용할 수 있으며, 자신의 문제를 인정하고 해결할 의지가 있는 서
비스 이용자에게 효과적이라는 점에서 제한점을 가지고 있다. 복잡한 정서
적인 문제를 가지고 있거나 비자발적인 서비스 이용자에게는 적합하지 않
다. 또한 서비스 이용자들의 빈곤이나 차별 등과 같은 사회적·구조적 맥락
을 고려하기 어렵다. 결과적으로 단기적이고 현실적인 대응책은 제공하지만
보다 장기적인 대응은 회피하는 결과를 가져올 수 있다(Payne, 2001). 어떤 실
천 영역(예: 사별문제)에서는 목적 달성보다 서비스 이용자와 신뢰관계를 맺
고 함께하는 것 자체가 더 중요할 수 있는데, 문제해결 위주의 시간제한적인
개입 방식에서는 관계 형성이나 이야기의 공유를 소홀히 할 위험이 있다.

4) 임파워먼트모델

(1) 이론적 배경과 기본 전제

임파워먼트모델은 서비스 이용자가 자기 삶에 대한 결정과 행위에 있어 권한(power)을 행사하도록 돕는 실천이며, 실천을 통해 서비스 이용자가 잠재성을 발휘하는 데 방해가 되는 사회적·개인적 장애를 제거하고 권한을 행사하기 위한 능력과 자신감을 증가시킨다. 여기서 권한은 역량, 능력 등으로도 번역되며, 자신이 필요로 하는 것을 획득할 수 있는 능력과 다른 사람에게 영향을 미칠 수 있는 능력, 사회적 자원 배분에 영향을 미칠 수 있는 능력 등의 다차원적 개념이다. 임파워먼트(empowerment)는 역량강화, 권한부여, 능력고취 등의 용어로 번역되며, 그 의미는 사회적으로 불리한 위치에서 어려움을 겪고 있는 사람이 개인적 수준, 대인관계 및 제도적 차원에서 권한을 행사하도록 돕는 일련의 과정이다(Gutierrez, Parsons, & Cox, 2006).

임파워먼트모델은 무능력하고 수동적인 상태에서 벗어나 강점과 자원을 강조하고 과거보다 현재와 미래에 초점을 두며, 변화과정에서 서비스 이용자의 능동적 역할과 전문가와의 협력관계를 중요시한다. 이러한 점에서 강점 관점과 많은 부분을 공유하며, 강점 관점을 기반으로 실천을 수행한다.

임파워먼트모델은 사회복지 역사 초기에 사회개혁을 추구했던 인보관운동과 1960년대에 서구 사회에서 일어났던 흑인운동과 여성해방운동, 빈민운동 등 다양한 인권운동의 영향을 받아 발전했다. 따라서 개인의 문제와 사회적 억압이 분리될 수 없다는 전제 아래 이용자의 개인적 성장과 역량강화를 기반으로 피억압 집단으로서의 비판의식과 집단의식을 발전시키고 더 나아가 사회적 변화를 추구한다. 임파워먼트모델의 기본 전제를 제시하면 다음과 같다(Payne, 2001).

- 인간은 누구나 기술, 이해력, 능력을 가지고 있으며, 이것들은 인정받고 개발되어야 한다.
- 인간에게는 존중받고 스스로의 삶을 주관하고 선택하며 행동할 권리가 있다.
- 인간의 문제는 개인의 부적절함뿐만 아니라 억압, 정치, 경제, 권력의 문제를 포함한다.
- 인간의 집단적 행동은 강한 힘을 발휘하므로 실천은 집단적 행동에 기초하여야 한다.
- 사회복지사는 변화를 이끄는 주체가 아닌 촉진자, 협력자 역할을 해야 한다.

(2) 실천 원리

임파워먼트모델은 개인과 집단, 지역사회와 사회문제에 이르기까지 다양한 차원을 포함한다. 개인적 차원은 자기효능감 및 자존감 등과 관련되고, 집단 차원은 상호협력, 집단정체성, 사회행동의 발전과, 지역사회 차원은 사회정책 및 제도의 변화와 관련된다. 세 가지 차원을 통합적으로 포함하는 임파워먼트의 실천 원리는 다음과 같다(Gutierrez et al., 2006).

① 자기효능감

임파워먼트 과정에서 자기효능감을 획득하는 것은 중요하다. 자기효능감은 자기 삶을 통제할 수 있는 자기 능력에 대한 믿음으로, 자아기능의 강화, 주도성 회복, 활동능력 강화 등을 의미한다. 자기효능감은 개인적 차원의 임파워먼트의 기본 요소로 임파워먼트 과정에서 점차 증가한다.

② 집합적 경험과 정당성의 인정

집합적 경험을 통해 개인들은 서로 경험을 공유하고('나만 그런 것이 아니다.') 집단의식을 갖게 된다. 문제를 개인의 실패가 아닌 사회나 제도의 문제로 인식하면서 스스로를 부족하거나 결함이 있다고 보는 시각에서 벗어나 변화에 대해 보다 적극적으로 임할 수 있게 된다. 자신에 대한 비난을 감소시킴으로써('내 잘못이 아니다.') 자신의 목소리를 내는 것이 정당하다는 것을 깨닫고, 자기 내부가 아닌 사회적 원인을 변화시키는 데 에너지를 집중할 수 있게 된다.

　③ 비판적 사고와 행동을 위한 지식과 기술

　자신과 자신이 처한 상황에 대한 구조적 분석을 하게 되면 문제의 내부와 외부 양상에 대해 비판적으로 사고할 수 있는 능력을 갖게 된다. 서비스 이용자 자신과 상황에 대한 분석은 문제 상황과 사회구조적의 연결성에 대한 이해를 기반으로 하여, 상황 속에 감추어진 자신의 능력, 과거의 경험과 사회적 지원망 등 잠재력의 근원을 파악하는 것이다. 이를 통해 서비스 이용자는 행동을 위한 지식과 기술을 파악하고 배울 수 있다.

　④ 행동

　실천적 행동을 통해 개인은 행동전략을 개발하고 문제해결에 필요한 자원과 지식, 기술을 획득하는 경험을 쌓아 나간다. 심리적으로는 자신의 행동에 대해 책임지는 것을 배우고, 행동적으로는 공통의 목적과 사회 변화를 위해 다른 사람들과 함께 행동할 수 있게 된다. 다른 사람과 함께 협력하고 연대함으로써 상호 지지와 자원을 획득한다. 실천적 행동을 통해 많은 것을 배우고 다시 행동하고 더 나아가는 과정을 스스로 터득하게 된다.

사례에 대한 임파워먼트모델 실천 원리의 적용

① 자기효능감

민호 씨가 자기효능감을 획득할 수 있도록 지금까지 탈북과정과 정착과정에서의 생존과 성공 경험, 중국에서 얻은 중국어 능력과 판매직 경력, 가족에 대한 책임감 등 본인의 능력을 확인하고 앞으로 자신의 능력을 주도적으로 활용하도록 돕는다.

② 집합적 경험과 정당성의 인정

탈북과 남한 사회로의 이주라는 공동의 경험을 가진 북한이탈주민 동료들과 함께 서로의 경험을 공유하도록 한다. 현재의 민호 씨가 처한 상황이 지금까지 최선을 다해 살아온 본인의 잘못이 아니라는 점을 알고, 자기비난과 죄책감을 감소시킬 수 있도록 돕는다. 북한이탈주민도 대한민국 국민으로서의 권리가 있으며 이를 주장하는 것이 정당하다는 점을 인식한다.

③ 비판적 사고와 행동을 위한 지식과 기술

북한이탈주민으로서의 자신이 처한 상황에서 제도적 지원 부족과 차별이 작용하고 있음을 비판적으로 인식한다. 이와 동시에 본인에게 이러한 상황을 극복할 능력과 과거의 경험, 자신을 도울 수 있는 여자 친구와 동료, 담당형사와 사회복지사 등 사회적 지원망과 잠재력이 있다는 것을 인식할 수 있게 돕는다. 자신의 능력과 사회적 자원을 활용하여 문제를 어떻게 해결할 것인지 계획한다. 과거의 어려움을 극복했던 경험, 판매직으로 일했던 경력, 중국어 능력, 의지와 책임감 등을 활용하여 현재 상황을 극복할 수 있는 방법을 찾는다.

④ 행동

같은 처지의 동료들과 전문가와 함께 실천적 행동을 통해 문제를 해결하고 권리를 실현하는 경험을 쌓아 나간다. 예를 들면, 사회복지사는 민호 씨가 취업을 원하는 동료들과 자활공동체를 구성하여 취업이나 창업을 추진하고, 이를 위해 정부의 자활 프로그램 지원을 신청하도록 도울 수 있다. 집단 취업 프로그램이나 창업공동체 운영을 통해 다른 북한이탈주민과 협력하고 연대함으로써 서로 지지하고 돕는 관계를 지속적으로 유지한다. 취업과 공동체적 유대를 통해 좌절을 극복하고 가족과 함께하는 삶을 목표로 앞으로의 희망을 실현해 갈 수 있다.

(3) 쟁점

임파워먼트모델은 개인, 집단, 사회적 차원 모두에 개입하는 통합적 실천방식으로 다양한 장에서 활용 가능하며, 정신장애인, 노숙인, 결혼이주여성 등 사회적 차별과 낙인을 받는 대상에 대한 개입에서 효과성이 증명되어 짧은 기간에 실천의 장이 크게 확대되었다. 특히 인권과 사회정의에 대한 관심이 커지고 있는 사회복지실천 현장에서 임파워먼트는 필수적인 개념으로 인식되고 있다(우국희, 성정현, 좌현숙, 장연진, 최승희, 2018).

그러나 임파워먼트모델은 사회복지실천의 윤리와 가치에 부합하고 이상적이지만, 실천현장에서 적용할 수 있는 구체적 실천방안이 충분히 개발되지 않았으며 효과성을 증명할 수 있는 평가방법이 부족하다는 비판을 받는다(양옥경, 최명민, 2006; 최명민, 김기덕, 2013). 따라서 앞으로 실천현장의 경험이 축적되고 구체적 실천방안이 개발되어야 하며, 사회복지사 교육과정에서 임파워먼트모델에 대한 교육이 체계화되어야 한다.

한편, 무력하거나 자신의 삶을 주관할 수 있는 능력을 갖지 못한 사람들의 경우 임파워먼트모델의 적용이 쉽지 않다. 인지적·기능적 손상을 가진 서비스 이용자의 경우 치료적 개입 없이 자기통제와 권한부여만을 강조해서는 문제가 해결되기 어렵다. 임파워먼트는 지원과 서비스를 제공하지 않음을 의미하는 것이 아니다. 필요한 서비스를 제공하지 않고 서비스 이용자의 강점과 책임만을 강조한다면, 사회문제의 해결을 사회적 약자의 책임으로 전가하게 될 것이다(Payne, 2001).

5) 반억압적 실천모델

(1) 이론적 배경과 기본 전제

반억압적 실천모델은 문제의 원인을 사회구조적 측면에서 찾고, 사회의 모든 수준에서 권력관계를 분석하고 이를 변화시키기 위한 비판사회복지의 전통 속에서 발전하였다. 비판사회복지는 마르크스주의, 페미니즘, 반인종주의, 급진사회복지 등을 포함하는 광범위한 실천적 접근을 포함하며, 이들 접근은 모두 비판적 사회과학의 패러다임에 기반하고 있다. 반억압적 실천모델은 비판사회복지의 전통을 확장하고 구체화한 것이다(Healy, 2012).

비판사회복지의 전통은 인보관운동에서 시작되었으며, 1960년대와 1970년대에 페미니즘과 반전운동, 흑인민권운동을 거치면서 급진사회복지실천으로 발전하였다. 급진사회복지실천은 비판사회학의 영향을 받아 빈곤문제와 불평등 등 사회적 맥락을 주요 의제로 삼아 이러한 문제가 개인의 삶에 미치는 영향에 관심을 두고 강력한 사회개혁을 추구하였다.

1990년대 이후 신자유주의 확대로 불평등이 심화되고 사회적 억압의 양상이 복잡·다양해짐에 따라 급진사회복지는 반억압적 실천으로 발전하였다. 반억압적 실천은 계급주의와 인종차별과 성차별, 연령차별, 장애인과 성소수자에 대한 억압 등 다양한 억압의 구조적 원인과 개인의 문제를 통합적으로 분석하고, 사회복지실천과 사회정책 영역을 동시에 포괄하고자 한다. 반억압적 실천모델의 기본 전제는 다음과 같다(Dominelli, 2002; Fook, 2002; Tompson, 2001).

- 서비스 이용자들이 당하는 억압의 원인은 개인의 문제가 아닌 사회구조의 문제이다.
- 사회는 권력이나 자원을 가진 자와 못 가진 자로 분리되어 있고, 이 두 집단의 이해관계는 상반되며 서로 갈등관계에 있다. 이러한 갈등은 권력과 자원의 평등한 분배를 통해 해결할 수 있다.
- 다양한 억압은 서로 연결되어 있으며 개인적·문화적·사회구조적 차원에서 상호작용하면서 분리와 배제가 이루어진다.
- 사회복지사들은 문제의 원인이 서비스 이용자 자신이 아닌 부당한 사회구조에 있다는 사실을 깨닫도록 도와야 한다.

• 사회 변화는 억압받는 사람들의 집합적 행동을 통해 가능하다.

(2) 실천 원리

반억압적 실천모델은 전통적 사회복지실천과 단절된 별개의 실천과정이라기보다는 사정에서 환경적 요소에 더 초점을 두고 비판적으로 접근하며, 최대한 비통제적이며 비간섭적인 개입을 지향한다. 반억압적 실천모델의 주요 원리는 다음과 같다(Healy, 2012).

① 사회복지사 자신의 실천에 대한 개방적이고 비판적인 자세

사회복지사들은 본인의 삶이나 경험이 실천에 미치는 영향을 반성적·비판적으로 사고해야 하며, 서비스 이용자의 삶과의 유사점을 발견하여 유대감을 형성해야 한다. 이를 통해 서비스 이용자의 경험을 진실로 이해하고 공감하며, 전문가와 이용자 간의 불평등한 권력관계를 해소하여 평등한 관계를 이룰 수 있다.

② 서비스 이용자의 억압 경험에 대한 비판적 사정

서비스 이용자가 직면한 문제에 영향을 미친 개인적·문화적·구조적 요인이 무엇이며 그것이 어떻게 영향을 미쳤는지 사정한다. 특히 인종, 계급, 성, 연령 등 사회적 범주뿐 아니라 거주 지역, 정신적 문제, 고용상의 지위 등 불평등과 차별이 개인에게 주는 고통과 억압을 고려한다. 정책과 서비스 등 자원 할당에 영향을 미치는 잘못된 신념이나 고정관념, 편견 등에 대해 비판적으로 분석한다.

③ 서비스 이용자의 역량강화

서비스 이용자가 겪고 있는 개인적 문제나 결핍을 문화적·제도적·구조적 문제의 해결을 통해 극복하고자 한다. 이 과정에서 서비스 이용자들의 집단적 의식화와 직접 행동, 자기결정 기회를 통해 역량을 강화한다. 제도적 수준에서는 서비스 전달 방식이나 구조에서 서비스 이용자의 권한을 증진시키는 방향으로 변화시키며, 궁극적으로 대안적 서비스와 대안적 조직을 발전시킴으로써 자원과 권력 배분에서의 평등성과 정의를 달성하는 정치적 구조의 개혁을 달성하고자 한다.

④ 함께 일하기

서비스 이용자는 자신의 삶에 영향을 미치는 의사결정과정에 시민으로서 충분히 참여한다. 이것은 단순히 전문가와 서비스 이용자의 대인관계 수준에서의 동반자 관계를 넘어서, 제도적 수준에서도 이용자가 의사결정과정에 동등한 자격으로 참여하도록 보장하는 것이다.

⑤ 개입의 최소화

반억압적 실천모델에서는 사회복지실천을 사회적 돌봄과 사회적 통제의 성격이 혼합된 것으로 본다. 따라서 사회복지 개입이 가질 수 있는 억압과 통제의 요소를 감소시키기 위하여 최대한 간섭적이지 않고 비억압적인 방식으로 개입한다. 예방적 조기 개입, 교육과 홍보의 강화를 통한 서비스 이용 지식과 기회의 증진, 서비스들 간의 연계 강화 등을 통해 개입의 최소화를 지향한다.

사례에 대한 반억압적 실천모델 실천 원리의 적용

① 사회복지사 자신의 실천에 대한 개방적이고 비판적인 자세

사회복지사는 북한이탈주민에 대한 본인의 인식이나 편견에 대해 반성적·비판적으로 살펴보아야 한다. 사회복지사는 북한과 중국이라는 사회주의 국가에서 성장하고 생활했던 민호 씨의 가치관과 생활 방식을 있는 그대로 이해하고자 노력한다. 북한이탈주민에 대한 지식이나 실천 경험이 없는 경우 관련 자료와 기록 등을 통해 북한이탈주민의 현실에 대해 이해하고 공감하는 기회를 가진다.

② 서비스 이용자의 억압 경험에 대한 비판적 사정

현재 민호 씨가 당면한 상황에 영향을 미치는 민호 씨 개인의 상황과 북한이탈주민으로서의 문화적 요인, 제도적 차별 등에 대해 살펴본다. 북한이탈주민으로서의 사회적 정체성뿐 아니라 기초생활수급자이자 임대아파트 거주자로서의 우울과 절망감, 지속적인 취업 실패와 좌절 속에서 불평등과 차별이 민호 씨에게 미치는 고통과 억압을 고려한다. 민호 씨의 남한생활 경험과 북한이탈주민에 대한 고정관념, 편견의 관계에 대해 비판적으로 분석한다.

③ 서비스 이용자의 역량강화

민호 씨가 겪고 있는 실업이나 건강 악화, 우울 등의 문제를 문화적 · 제도적 · 구조적 문제의 해결을 통해 극복하기 위하여 다른 북한이탈주민 동료들과의 집단적 의식화와 직접 행동 기회를 강화하며, 원하는 삶과 서비스에 대해 스스로 결정하는 기회를 가질 수 있도록 한다. 직접서비스를 신청하고 활용하는 기회를 통해 정보와 적응력, 문제해결 능력을 키울 수 있다. 서비스 이용과정에서 북한이탈주민의 권한을 증진하고 취업과 서비스 지원에서 차별을 받지 않는 방향으로 지원제도를 요구하며, 궁극적으로 북한이탈주민을 비롯한 이주자들의 권리와 평등한 삶을 위한 제도와 정책을 수립하도록 직접 행동한다.

④ 함께 일하기

사회복지사와 민호 씨 그리고 민호 씨의 북한이탈주민 동료들은 동반자 관계로서 지지하고 지원할 뿐 아니라 각종 실천의 전 과정에서 동등한 자격으로 서로를 존중한다.

⑤ 개입의 최소화

사회복지사는 민호 씨의 개인 삶에 대한 간섭을 최소화하면서, 북한이탈주민 관련 서비스와 지원에 대한 정보를 제공하고 이를 활용할 수 있는 기회를 증진하며, 지역사회 서비스 기관들 간의 협조를 통해 지금까지 미흡했던 이주민 취업 지원과 건강 지원 서비스 등을 강화하도록 노력한다. 또한 지역사회에서 북한이탈주민과의 공존을 위한 시민 교육 프로그램이나 캠페인 등을 진행하여 사회적 편견과 차별을 감소하도록 노력한다.

(3) 쟁점

반억압적 실천의 가장 중요한 장점은 사회정의와 평등을 지향하는 사회복지의 가치 및 실천 목표와 잘 부합한다는 점이다. 또한 서비스 이용자들의 문제를 그들 자신의 문제로만 보는 것이 아니라 억압의 개인적·문화적·구조적 차원을 인식한다는 점이다. 또한 편견과 낙인, 고정관점, 관행 등이 서비스 전달체계와 과정에 중요한 영향을 미친다는 점을 인식하고, 전통적으로 간과되어 왔던 사회구조에 대한 개입이 사회복지실천의 정당한 영역임을 강조한다.

반억압적 실천모델은 임파워먼트모델과 많은 공통점을 가지고 있다. 개인의 문제를 사회적 억압과 관련시키고, 강점 관점을 기반으로 서비스 이용자의 역량을 강조하며 집단적 실천과 사회구조의 변화를 지향한다는 점이 공통적이다. 그러나 반억압적 실천모델은 사회구조적 문제에 더 초점을 두며 개인에 대한 개입을 최소화하고자 한다는 점에서 임파워먼트모델과 차이를 가지고 있다. 즉, 임파워먼트모델은 개인의 역량강화를 기반으로 사회구조적 변화를 지향하는 반면, 반억압적 실천모델은 사회구조적 변화를 통해 개인의 문제를 해결하고자 한다(Healy, 2012).

실제로 장애인복지와 여성복지 영역의 민간 운동단체들을 중심으로 반억압적 실천이 실행되고 있으며, 민간운동의 성과들이 공식적 사회복지실천 영역에 통합되고 있다. 빈부 격차 확대, 실업과 고용 불안정으로 인한 저소득층 증가, 사회적 소수자와 이주민 관련 실천 등 앞으로 사회복지실천 현장에서 반억압적 실천의 중요성은 더 커질 것으로 기대된다.

그러나 반억압적 실천모델은 긴급한 위기, 폭력이나 학대 등 심각한 위험 상황에서 적용하기 어렵고, 취약한 서비스 이용자의 자기결정권과 권한 증대가 어느 정도까지 가능한지에 대해서도 의문이 많다. 또한 반억압적 실천모델은 사회복지개입 자체를 통제의 차원에서 바라보고 최소한의 개입을 주장하지만, 개입이나 보호가 필수적인 경우도 많기 때문에 무엇을 우선순위로 할지 판단하기 어렵다. 서비스 이용자에 대한 의식화과정에서 사회복지사가 제시하는 비판적 시각을 강요할 위험도 있다. 서비스 이용자들은 복합적인 정체성을 가지고 있으며 다양한 방식으로 문제를 경험하기에, 피억압자로서의 단일한 정체성에 기반한 실천이 효과성을 갖기 어렵다는 비판도 존재한다 (Healy, 2012).

특히 사회복지사나 슈퍼바이저들이 사회적 억압에 대한 비판적 인식이 부족하고 사회운동 참여 경험이 별로 없는 우리나라의 사회복지실천 풍토에서 반억압적 실천모델을 활용하는 것은 부담이 될 수 있다. 우리나라에서 반억압적 실천모델의 적용이 활성화되기 위해서는 사회복지사의 교육과 훈련에서 사회정의와 사회운동, 옹호와 같은 개입방법이 더 비중 있게 다루어져야 할 것이다(엄명용 외, 2011).

참고문헌

김기태 , 김수환, 김영호, 박지영(2007). 사회복지실천론. 경기: 공동체.

김미옥, 최혜지, 정익중, 민소영(2017). 사회복지실천의 미래−사람과 사람−. 한국사회복지학, 69(4), 41-65.

양옥경, 김정진, 서미경, 김미옥, 김소희(2010). 사회복지실천론(제4판). 경기: 나남출판.

양옥경, 최명민(2006). 한국사회복지에서 임파워먼트 접근의 현황 및 과제. 한국사회복지교육, 2(2), 39-84.

엄명용, 김성천, 오혜경, 윤혜미(2011). 사회복지실천의 이해(제3판). 서울: 학지사.

엄명용, 김성천, 오혜경, 윤혜미(2015). 사회복지실천의 이해(제4판). 서울: 학지사.

우국희, 성정현, 좌현숙, 장연진, 최승희(2018). 사회복지실천론(제2판). 서울: 신정.

최명민, 김기덕(2013). 기든스(Giddens)의 성찰성 이론을 통한 임파워먼트의 재해석−통합적 사회복지실천 패러다임에 대한 탐색−. 한국사회복지학, 65(2), 103-130.

최혜지, 김경미, 정순둘, 박선영, 장수미, 박형원, 배진형, 박화옥, 안준희(2013). 사회복지실천론. 서울: 학지사.

Dominelli, L. (2002). *Anti-oppressive social work theory and practice.* London: Palgrave Macmillan.

Epstein, L., & Brown, L. (2002). *Brief treatment and a new look at the task-centered approach* (4th ed.). Boston, MA: Allyn and Bacon.

Fook, J. (2002). *Social work: critical theory and practice.* London: Sage Publications.

Gutierrez, L. M., Parsons, R. J., & Cox, E. O. (2006). 사회복지실천과 역량강화. (*Empowerment in social work practice*). (김혜란, 좌현숙, 차유림, 문영주, 김보미 공역). 서울: 나눔의 집. (원저는 1998년에 출판).

Healy, K. (2012). 사회복지사를 위한 실천이론 (*Social theories in context: Creating frameworks for practice*). (남찬섭 역). 서울: 나눔의 집. (원저는 2005년에 출판).

McMahon, M. O. (2001). 사회복지실천론—통합적 관점— (*General method of social work practice: A generalist perspective*, 3rd ed.). (오창순, 윤경아, 김근식 공역). 서울: 아시아미디어리서치. (원저는 1995년에 출판).

Payne, M. S. (2001). 현대사회복지실천 이론 (*Modern social work theory*, 2nd ed.). (서진환, 이선혜, 정수경 공역). 경기: 나남출판. (원저는 1997년에 출판).

Reid, W. J. (1977). *The task-centered practice.* New York: Columbia University Press.

Reid, W. J., & Epstein, L. (1972). *Task-centered casework.* New York: Columbia University Press.

Sheafor, B. W., & Horejsi, C. R. (2015). *Techniques and guidelines for social work practice* (10th ed.). New York: Pearson Education.

Tompson, N. (2001). *Anti-discriminatory practice.* London: Palgrave Macmillan.

Woods, M. E., & Hollis, F. (1990). *Casework: A psychosocial therapy* (4th ed.). New York: McGraw-Hill.

Woods, M. E., & Robinson, H. (1996). Psychosocial theory and social work treatment. In F. Turner (Ed.), *Social work treatment* (pp. 555-580). New York: Free Press.

제7장

사회복지실천의 관계

　　사회복지실천의 관계는 가족, 집단, 조직 그리고 다양한 상황이나 환경과의 관계를 포함할 수 있지만, 이 장에서는 사회복지사와 클라이언트 간의 상호 친밀감과 결속력의 상태 및 그 과정이라는 차원에서 살펴볼 것이다. 우선 이를 위해 사회복지실천에서 관계의 정의와 특성을 파악할 것이다. 사회복지실천의 관계는 다른 사적인 인간관계와 다르게 전문적인 관계로서의 특성들이 포함되어 있다. 다음으로는 전통적으로 사회복지실천의 관계에서 중요하게 생각하는 비에스텍(Biestek)의 관계의 일곱 가지 원칙을 비교적 상세하게 다룬다. 마지막으로 사회복지사와 클라이언트 간의 관계 형성의 장애로 작용하는 몇 가지 요인도 포함한다.

 1 사회복지실천 관계의 정의 및 특성

1) 사회복지실천 관계의 정의

(1) 관계의 개념

사회복지사는 다양한 실천현장에서 클라이언트와 함께 그들의 문제와 욕구를 찾고 해결해 나간다. 클라이언트는 사회복지사와의 첫 만남부터 종결 때까지 믿을 만한 사람인지, 나를 존중하는지, 문제해결에 도움을 줄 수 있는지 등의 의심을 할 수 있다. 사회복지실천이 클라이언트와 사회복지사의 상호 신뢰 속에서 진행되지 않는다면 애초의 목표들을 제대로 달성할 수 없거나 심지어 모든 과정이 중단될 수도 있다. 그렇게 된다면 클라이언트는 또 다른 상실이나 절망의 반복을 경험하고, 사회복지사는 전문가로서의 책무를 다하지 못하게 된다. 이를 통해 사회복지사와 클라이언트 관계(relationship)의 중요성을 확인할 수 있다.

사회복지사와 클라이언트의 관계는 원조관계(helping relationship), 실천관계(working relationship), 작업동맹(working alliance), 치료동맹(therapeutic alliance) 등으로 다양하게 표현되고 있으나 명칭에 관계없이 사회복지실천의 초기단계뿐만 아니라 전 과정에서 중요한 핵심 요인이자 도구라고 할 수 있다. 따라서 사회복지사는 사회복지실천의 전 과정에서 클라이언트와 좋은 관계를 형성하는 전문적 역량을 발휘할 수 있어야 한다.

사회복지실천에서 관계란 다음과 같은 의미를 포함하고 있다(Biestek,

1957; Meyers, 1976; Perlman, 1978; Siporin, 1975). 첫째, 사회복지사와 클라이언트 간의 상호작용의 산물이다. 둘째, 사회복지사와 클라이언트 간의 감정과 태도 그리고 정서적 유대이다. 셋째, 클라이언트가 자신의 문제해결과 적응을 위해 동기를 유발하고 활력을 불어넣는 촉매제이다. 넷째, 클라이언트와 사회복지사 간의 연결 통로로서 사회복지사에 의해 활용되는 도구이다. 다섯째, 궁극적으로 클라이언트와 그 주변 환경 사이에서 보다 나은 적응을 돕는다.

이를 바탕으로 사회복지실천의 관계를 다음과 같이 정리할 수 있다. 사회복지실천의 관계란 '사회복지사와 클라이언트 간의 신뢰를 바탕으로 긍정적인 정서적 유대를 형성하는 역동적 상호작용이며, 궁극적으로는 사회복지실천의 목적을 달성하기 위함이고 클라이언트의 욕구 충족을 위한 촉매 혹은 도구로 반드시 필요한 사회복지실천의 전문 기술 혹은 방법'이라고 할 수 있다.

(2) 관계 형성을 위한 기본 믿음

사회복지실천에서 관계 형성은 사회복지사와 클라이언트 각자의 상호 믿음에서 출발하며, 사회복지사와 클라이언트의 다음과 같은 세 가지 기본적 믿음을 바탕으로 한다(Bisman, 1994; 김기태, 김수환, 김영호, 박지영, 2007에서 재인용).

① 사회복지사의 업무능력에 대해 클라이언트와 사회복지사 모두 믿는다

사회복지사는 자신의 경험과 가치를 중심으로 사회복지실천을 수행할 수 있다는 확신을 가져야 한다. 이것이 클라이언트의 모든 질문에 해답을 가지거나 해결할 수 있어야 함을 의미하지는 않는다. 사회복지사가 자신의 능력을 충분하고 적절하게 밝히며 클라이언트는 사회복지사의 지식과 전문성을 존중하고 신뢰하는 것이다.

② 클라이언트의 변화능력에 대해 사회복지사와 클라이언트 모두 믿는다

심각한 질병이나 경제적 파산 등과 같은 어려움에 처한 클라이언트가 상황의 본질을 명확히 파악하고 긍정적 변화를 위한 자신의 능력을 믿는 것은 쉽지 않다. 이러한 상황에서도 클라이언트의 개인적 행동이나 인식의 변화를 통해 문제해결의 실마리를 찾을 수 있다는 믿음을 가져야 하며, 이것 또한 사회복지사의 과제라고 생각해야 한다.

③ 인간 존엄성에 대해 사회복지사와 클라이언트 모두 확신하는 믿음을 갖는다

사회복지사는 한 명의 인간으로서 클라이언트가 중요한 사람이며 그를 존중한다는 메시지를 전달해야 한다. 클라이언트도 사회복지사와의 관계를 통해 자신이 도움을 받을 가치가 있는 한 사람임을 깨닫고 자존감을 회복할 필요가 있다. 이를 위해서 사회복지사와 클라이언트는 관계 안에서 상호 존중하는 의사소통을 해야 한다.

2) 전문적 관계의 특성

사회복지사와 클라이언트의 관계는 일반적인 원조관계가 아니라 전문적 관계라는 특성을 가진다. 모든 원조관계가 전문적 관계라고 할 수는 없다. 개인들은 친구, 친지, 이웃, 동료 등으로부터 도움을 받는 관계를 맺을 수 있다. 이들 간의 관계도 수용, 감정이입, 진실성을 동반한 특성을 나타낼 수 있다. 그러나 이러한 원조관계는 전문가가 개입하지 않기 때문에 전문적 관계라고 하지는 않는다. 전문적 관계는 다음과 같은 기본 요건을 중심으로 성립된다(Pippin, 1980: 35-46).

① 전문적 관계는 분명한 목적을 가진다

사적 관계는 뚜렷한 목적이 없이도 진행될 수 있다. 그러나 사회복지사와

클라이언트의 관계는 반드시 만남의 목적을 가지고 그러한 목적을 달성하기 위해 상호 노력하는 과정 속에서 지속된다. 목적 달성을 위한 목표는 사회복지사와 클라이언트가 함께 합의하고 동의하여 설정한다.

② 전문적 관계는 시간제한적이다

사회복지사와 클라이언트의 관계는 사적 관계와 달리 시작부터 종결까지 시간제한적 특성을 지닌다. 사회복지사와 클라이언트는 함께 설정한 목표를 제한된 시간 이내에 달성하기 위해 노력하며, 목표가 달성된 이후에 관계는 종결된다.

③ 전문적 관계는 일방적인 관계이다

사회복지사와 클라이언트의 전문적 관계는 사회복지사를 위한 것이 아니라 클라이언트를 위한 것이다. 이는 클라이언트의 이익을 위한 최선의 관계가 지속되어야 함을 의미한다.

 2 사회복지실천 관계의 원칙

사회복지사와 클라이언트의 관계는 첫 만남부터 시작된다. 사회복지사는 클라이언트의 기본적 정서와 태도에 근거해서 욕구를 확인하는 것이 중요하다. 사회복지사는 이러한 욕구를 클라이언트가 충족할 수 있도록 대응하고 관계를 수립해 나가야 한다. 비에스텍(Biestek)은 클라이언트의 기본적 욕구를 일곱 가지로 분류하고 여기에 대응하는 일곱 가지 관계의 원칙을 제시하였다(Biestek, 1957: 23-134).

표 7-1	클라이언트 욕구에 따른 관계의 7가지 원칙		
클라이언트 욕구		➡	관계의 원칙
자신이 가지고 있는 문제를 어떤 사례나 유형 또는 하나의 범주로 취급하기보다는 자신만의 독특한 특성으로 간주되기를 바라는 욕구		➡	개별화
자신의 긍정적이고 부정적인 모든 감정을 표현하고자 하는 욕구		➡	의도적 감정표현
자신이 표현한 감정에 대하여 사회복지사로부터 공감적인 이해와 반응을 얻으려는 욕구		➡	통제된 정서적 관여
자신의 의존적인 상태, 약점, 실패에도 불구하고 가치 있는 사람으로 존중받고 싶은 욕구		➡	수용
자신이 처한 어려움이나 문제적 상황에 대하여 심판이나 비난을 받고 싶지 않은 욕구		➡	비심판적 태도
자신의 삶과 생활에 관한 선택과 결정을 스스로 하고 싶어 하는 욕구		➡	클라이언트의 자기결정
자신에 관한 비밀스러운 내용이나 정보가 다른 사람에게 알려지지 않기를 바라는 욕구		➡	비밀보장

　이러한 일곱 가지 관계의 원칙은 사회복지사가 실천현장에서 만나는 어떠한 사람에게도 기본 원리로 적용되어야 한다. 이를 통해 사회복지사는 실천의 과정 동안에 클라이언트의 입장에서 문제 해결의 실마리를 찾아서 함께 설정한 목표들을 달성할 수 있다.

1) 개별화

　개별화(individualization)란 클라이언트가 가지고 있는 문제를 어떤 유형 또는 하나의 범주로 취급하기보다는 자신만의 독특한 특성으로 간주되기를 바라는 욕구 혹은 권리에 기반하는 원칙이다. 개별화의 원칙은 인간 누구나 가지고 있는 개별적인 특징과 자질을 인정하고 이해하는 것이며, 개별 클라이언트의 원조 내용과 방법도 개별적으로 이루어져야 한다는 것이다. 여기서 다양한 특성과 자질을 인정하고 이해한다는 것의 의미는 클라이언트가 가지고 있는 문제, 질병 그리고 장애 등에만 초점을 두어 그 사람 전체를 규정하지 않아야 함을 말한다. 이러한 특성들은 그 클라이언트가 가지고 있는 수많은 독특성 중의 하나라고 보아야 한다는 것이다.

또한 클라이언트를 개별화한다는 것은 병리적 현상을 중심으로 클라이언트를 유형화하거나 분류하지 않아야 함을 의미한다. 개인의 삶에 큰 영향을 미치는 문제라고 할지라도 그것을 그들이 가진 어떤 특성 중에 크게 두드러져 보이거나 더 많은 영향을 미치는 요인으로 보아야 한다. 클라이언트 개별화를 위한 사회복지사의 능력과 역할은 다음과 같다. 이는 사회복지실천에서 클라이언트와의 관계 형성을 위한 기본 과제라고도 할 수 있다.

(1) 편견과 선입관으로부터 자유로울 수 있는 능력

사회복지사는 편견과 선입관을 바탕으로 어떤 문제를 가진 클라이언트를 고정관념을 가지고 대할 수 있다. 편견과 선입관은 자신의 개인적 가치로부터 파생될 가능성이 높기 때문에 평상시에 자기인식을 위한 성찰이 필요하다. 간혹 편견과 선입관은 무지에 의해 발생하는 경우도 많기 때문에 어떤 상황이나 사회적 낙인에 대해 다양한 의견과 지식에 근거하여 판단하려는 노력이 동반되어야 한다.

(2) 인간 행동과 관련된 지식을 근거로 클라이언트를 대하는 능력

예를 들면, 알코올중독자가 가지는 부정(denial)이라는 방어기제를 이해하지 못한다면 대부분의 알코올중독자를 거짓말쟁이라거나 자기 문제를 인정하지 않는 비윤리적 사람으로 볼 것이다. 그렇게 된다면 알코올중독자와 사회복지사는 진정한 관계를 형성하기가 어려울 것이다. 인간 행동에 관한 지식은 심리학, 사회학, 경제학, 정신의학, 인류학 등으로부터 학습할 수 있다.

(3) 경청하는 능력

클라이언트는 각기 다른 생활 경험, 능력, 환경, 생각, 감정, 동기를 가진 존재이기 때문에 이러한 독특한 차이를 이해하기 위해서는 경청하고 관찰하는 능력을 갖추어야 한다. 즉, 경청은 클라이언트의 독특한 차이를 받아들이고 이해하기 위한 기본 조건이라고 할 수 있다.

(4) 클라이언트와 보조를 맞출 수 있는 능력

클라이언트는 각자의 능력과 동기 그리고 해결 자원들이 다르기 때문에 그가 처한 상황과 수준의 범위에서 관계를 시작해야 한다.

(5) 클라이언트의 미묘한 감정을 헤아릴 수 있는 능력

사회복지사는 개인마다 생각이 다른 것과 마찬가지로 클라이언트의 감정표현이나 느낌이 다를 수 있음을 이해하고 이에 대해 적절한 대처를 해야 한다.

2) 의도적 감정표현

의도적 감정표현(purposeful expression feelings)이란 클라이언트가 자신의 감정, 특히 부정적인 감정을 자유롭게 표현하고자 하는 욕구에 대한 관계의 원칙이다. 여기서 '의도적'이란 전문가로서 사회복지사가 제한된 시간 이내에 클라이언트가 가진 감정을 표현하도록 하여 어떤 목적을 달성한다는 의미이다. 의도적 감정표현의 목적은 다음과 같다(최혜지 외, 2013: 268-269).

첫째, 클라이언트 내면의 압력이나 긴장을 완화시켜 주는 것이다. 그렇게 된다면 클라이언트는 자신의 문제를 객관화할 수 있는 능력이 생기고 해결해야 할 구체적 과업에 집중할 수 있다.

둘째, 클라이언트 감정표현의 내용을 통해서 클라이언트의 문제와 욕구, 클라이언트의 강점과 약점 등을 확인하도록 한다. 이는 보다 정확한 사정과 개입을 할 수 있는 원천으로 작용할 수 있다.

셋째, 클라이언트의 감정표현은 심리적 안정감을 가져오는 치유적 효과도 달성할 수 있다. 클라이언트가 사회복지사와 함께 자신의 분노, 불안, 외로움 등을 공유하고 지지를 받게 됨으로써 부정적 정서의 감소와 정서적 안정도 경험하게 된다.

넷째, 클라이언트 내면의 부정적 감정을 해결하는 것이다. 클라이언트가 부정적 감정표현을 통해 그들이 지닌 분노나 억눌린 감정을 밖으로 드러내게 하여 공격적이거나 파괴적인 행동으로 이어지지 않도록 만든다.

다음으로, 클라이언트가 자신의 감정을 자유롭게 표현할 수 있도록 돕는 사회복지사의 역할은 다음과 같다.

첫째, 사회복지사는 자신의 긴장을 풀어서 클라이언트가 편안해하도록 해야 한다. 사회복지사가 편안해야 클라이언트도 긴장을 풀고 자신의 이야기를 시작할 수 있다. 일대일 관계에 충분한 훈련이 되어 있지 않은 사회복지사는 클라이언트와의 만남에 긴장할 수 있다. 이는 자신이 잘 할 수 있을까, 클라이언트가 자신을 유능한 사람으로 보지 않으면 어떻게 할까, 자신이 해결할 수 없는 문제를 제시하면 어떻게 할까, 내가 불안하거나 긴장하는 것을 들키면 어떻게 할까 등이다. 경험이 많지 않은 사회복지사라고 하더라도 자신을 잘 점검하여 자신이 할 수 있는 부분에 초점을 맞추고 겸손하게 준비한다면 그런 긴장을 어느 정도 해결할 수 있다.

둘째, 사회복지사는 시간적·정신적 여유를 가지고 클라이언트와 만나야 한다. 사회복지사는 자신의 기관에서 여러 가지 다양한 업무를 하기 때문에 클라이언트와의 면담에만 초점을 둘 수가 없다. 하지만 정해진 면담시간이나 공간을 확보하고 그 시간 동안에 클라이언트와 충분히 집중해야 한다. 그래야 클라이언트도 여유를 가지고 자신의 감정을 풀어낼 수 있다.

셋째, 사회복지사는 허용적 태도로 정서적 지지를 해야 한다. 사회복지실천의 초기단계에서 클라이언트가 느끼는 두려움은 자신의 사생활의 침해, 자신의 무능력이 드러날 수 있는 가능성, 자기존중의 상실, 다른 구성원에 대한 비난, 자신의 독특한 개성을 상실하는 것에 대한 두려움, 다른 사람에 의한 거부 등이 있다(엄명용, 김성천, 오혜경, 윤혜미, 2016: 296). 이러한 클라이언트의 두려움이나 저항을 이해하여 격려하고 용기를 줄 때 클라이언트가 자신의 감정을 발산하고 표현하려고 할 것이다.

넷째, 사회복지사는 클라이언트의 대화 속도에 민감하게 반응해야 한다. 사회복지사는 클라이언트의 감정에 대해 너무 앞서거나 지연시키지 않도록 대화에 집중해야 한다. 준비되지 않은 클라이언트의 감정을 앞서 제시하거나 이전의 감정표현을 다시 언급하는 것 등에 대해 조심해야 한다.

다섯째, 사회복지사는 이른 해석이나 비현실적인 재보증을 하지 않아야 한다. 너무 빠르거나 많은 해석은 클라이언트와의 관계를 악화시키는 요인이다. 마찬가지로 클라이언트의 입장에서는 한계 상황에 있는데 다 잘된다고 걱정하지 말라고 하는 것도 클라이언트의 감정표현을 방해하는 요인 중의 하나이다.

3) 통제된 정서적 관여

통제된 정서적 관여(controlled emotional involvement)란 클라이언트가 자신이 표현한 감정에 대해 사회복지사의 민감한 이해와 공감을 얻고 싶은 욕구에 기인한 원칙이다. 여기서 통제란 사회복지사가 클라이언트와의 만남의 목적을 바탕으로 전문가로서 적절한 방법을 적용한다는 의미이다. 즉, 무제한적이 아니라 조절의 방식으로 정서적 관여를 하는 것이다. 따라서 통제된 정서적 관여란 클라이언트의 감정에 대해 사회복지사가 민감성을 가지고 적절한 반응을 하는 것을 말한다. 사회복지사의 통제된 정서적 관여의 구성요소로는 민감성, 감정이입적 이해, 반응의 세 가지가 있다(김기태 외, 2007: 125).

첫째, 민감성(sensitivity)이란 클라이언트의 말이나 행동, 감정에 사회복지사가 예민하게 대처해 나가는 것을 말한다. 민감성은 클라이언트와 관계를 발전시키는 중요한 요인이지만 단지 학습을 통해서보다는 반복된 경험으로 체득할 수 있다. 사회복지사의 민감성은 경청의 과정에서 언어적 내용뿐만 아니라 억양, 표정, 자세, 복장 등의 비언어적인 표현을 통해 클라이언트의 상황이나 감정을 빠르고 정확하게 알아차리는 것을 말한다.

둘째, 감정이입적 이해(empathetic understanding)란 클라이언트가 겉으로 내보이는 말뿐만 아니라 내면의 잠재된 감정의 의미를 클라이언트 입장에서 이해하는 것을 말한다. 다르게 말하면, 클라이언트 감정의 본질을 이해하는 것인데, 이는 사회복지사와 클라이언트가 상호 신뢰관계를 형성하도록 만드는 중요한 요인이고 어떤 경우에는 감정적 부분이 클라이언트 문제의 핵심일 수도 있기 때문에 중요하다.

셋째, 반응(response)은 클라이언트의 감정적 표현에 대해 사회복지사가 적절하게 자신을 드러내 보이는 것을 말한다. 이때의 반응은 반드시 언어적일 필요는 없으며, 경우에 따라 침묵, 미소, 신체적 표현 등으로 나타낼 수 있다. 반응은 사회복지사의 지식과 경험 그리고 개별 클라이언트의 개입 목적에 따라 다르게 나타난다.

4) 수용

수용은 클라이언트와의 관계에서 중요하지만 매우 어려운 과업이다. 수용(acceptance)이란 사회복지사가 클라이언트의 장점과 단점, 긍정적 혹은 부정적 감정, 사회적 혹은 반사회적 생활양식 등을 모두 포함하여 있는 그대로를 지각하고 받아들이는 관계의 원칙이다.

클라이언트를 있는 그대로 받아들인다는 것은 쉽지 않다. 특히 비윤리적이고 반사회적인 행동을 반복하는 클라이언트나 참여 의지가 없는 비자발적 클라이언트와의 관계에서 더욱 그러하다. 예를 들면, 부모를 학대한 자녀를 자주 만나는 노인보호전문기관 직원의 경우에 그러한 학대행위가 있더라도 한 사람의 인간으로서 그 자녀를 대하기에는 어려움이 클 수밖에 없다. 하지만 사회복지사는 인간 존엄성을 바탕으로 모든 클라이언트를 수용해야 한다.

클라이언트 수용을 위한 사회복지사의 과업과 역할은 다음과 같다.

첫째, 사회복지사는 클라이언트를 존재하는 그대로 모든 것을 이해하고자 하는 태도를 가져야 한다. 사회복지사는 클라이언트의 병리적이고 부적응적인 측면뿐만 아니라 긍정적이고 잠재적인 능력까지 포함하여 전인적으로 보아야 한다. 인간의 행동에 대한 지식을 충분히 습득하지 않으면 클라이언트를 완전하게 이해하는 데 어려움을 겪을 수 있다. 예를 들면, 사회복지사가 청소년기의 심리사회적 특성을 제대로 학습하지 않았다면 모든 행동이 일탈적으로 보여 수용이 어렵게 될 수 있다.

둘째, 사회복지사는 클라이언트와의 가치관 차이를 인식하고 극복하기 위해 노력해야 한다. 사회복지사의 가치가 클라이언트의 가치와 다를 경우 클라이언트 수용에 어려움이 있을 수 있다. 예를 들면, 같은 문제 상황에 대해 사회복지사와 전혀 다른 방법으로 대처를 하는 클라이언트를 만나는 경우이다.

셋째, 사회복지사가 자신의 감정을 클라이언트에게 전가하는 것은 아닌지를 숙고해야 한다. 예를 들면, 사회복지사가 클라이언트를 미워하는데 정반대로 클라이언트가 자신을 먼저 싫어하기 때문에 하는 자연스러운 반응이라고 생각하는 경우이다.

넷째, 수용(acceptance)과 동의(agreement)의 차이를 인식해야 한다. 수용은 클라이언트의 반사회적이고 비윤리적인 행동에 대해 동의하라는 의미가 아니다. 예를 들면, 수용은 범죄를 저지른 사람에 대해 인간 존엄성을 바탕으로 존중하며 조건 없이 따뜻하게 대하는 것이다. 여기서 동의란 범죄행위 자체를 옳다고 보는 것이기 때문에 수용과 동의는 다른 의미이다. 사회복지사는 모든 클라이언트를 수용하지만 모든 클라이언트의 행동이나 대처를 동의

해야 하는 것은 아니다.

다섯째, 사회복지사는 인간 존엄성의 가치를 기본으로 클라이언트를 대해야 한다. 사회복지사가 현실적으로 분노를 일으킬 만한 행동을 한 클라이언트를 만나게 되면 인간 존엄성이라는 기본 가치를 잊을 가능성이 있다. 하지만 이는 사회복지사의 끊임없는 자기성찰과 슈퍼비전 등을 통해 극복해 나가야 한다.

5) 비심판적 태도

비심판적 태도(non-judgemental attitude)란 클라이언트가 가진 문제나 욕구의 발생 원인에 대해 클라이언트의 책임 정도를 확인하거나 비난하지 않는 관계의 원칙이다. 클라이언트의 문제는 인간과 환경, 환경과 환경 간의 상호 복잡한 작용에 의해 발생한 것이기 때문에 한 개인의 잘잘못을 따지는 것은 바람직하지 않다. 또한 사회복지사가 클라이언트를 심판하려는 자세를 보인다면 더 이상의 관계 형성은 어렵게 될 것이며, 이는 사회복지실천의 과정이 순조롭게 진행되지 않는 결과를 만들 것이다.

사회복지사가 비심판적 태도를 가진다고 하여 클라이언트의 태도, 기준, 행동 등에 대한 평가, 즉 사정(assessment)도 하지 않아야 한다는 것은 아니다. 비심판적 태도는 사회복지사의 인간에 대한 신뢰와 믿음 그리고 존중이 겉으로 드러나는 것이다.

사회복지사의 비심판적 태도와 관련된 과업이나 역할은 다음과 같다.

첫째, 사회복지사는 자신의 비심판적 태도가 클라이언트에게 전달될 수 있도록 해야 한다. 사회복지사가 클라이언트의 잘못이나 부적응을 심판하거나 비난하지 않는다는 확신을 가지도록 관계를 형성할 필요가 있다. 특히 사회복지실천의 초기단계에서 비심판적 태도는 이전에 관계하였던 사람들과 사회복지사가 다르다는 인식을 클라이언트에게 심어 주어 신뢰관계를 형성하는 데 많은 도움이 된다.

둘째, 사회복지사는 예기치 않게 심판적 태도를 취하는 경우가 있을 수 있다. 사회복지사가 편견을 가지고 성급하게 클라이언트 문제의 결론을 도출하거나, 클라이언트의 문제나 장애를 유형화하고 범주화하거나, 클라이언트가 사회복지사에 대해 적대적이거나 부정적인 감정을 표출하는 경우 등이 그 예라고 할 수 있다. 이때 사회복지사는 비심판적 태도라는 관계의 원칙에서 벗어나서 심판하거나 비난하는 태도를 보일 수 있다. 이를 인식할 수 있도록 스스로 점검하고 동료 검토 및 슈퍼비전을 받을 수 있는 체계를 마련할 필요가 있다.

6) 클라이언트의 자기결정

클라이언트의 자기결정(self-determination)은 사회복지실천 과정에서 클라이언트의 선택과 결정을 우선적으로 따르는 관계의 원칙이다. 자기결정은 자유의 가치를 존중하는 사회복지실천의 실제적 적용 원칙이다. 어떤 사람이라도 자유로운 생각과 활동에 제한을 받게 된다면 그것은 곧 자존심의 손상을 의미하며, 인간 존엄성에 대한 중대한 도전으로 생각될 것이다(박지영 외, 2014).

자기결정은 인간의 기본권이며, 사회복지실천에서도 최종적으로 사회복지서비스를 클라이언트가 스스로 결정할 수 있도록 보장한다는 의미이다. 예를 들면, 고령의 클라이언트가 혼자서 살면서 일상생활이나 자기돌봄에 어려움이 있다고 하더라도 사회복지사가 결정하여 더 쾌적하고 안전하다고 생각하는 사회복지시설에 입소하도록 해서는 안 된다는 것이다. 이때 사회복지사는 클라이언트의 결정에 도움이 될 수 있는 다양한 자원에 대한 정보를 제공하여 클라이언트가 최선의 자기결정을 내릴 수 있도록 해야 한다.

그러나 자기결정은 사회복지실천에서 복잡한 딜레마에 처하도록 하는 경우도 자주 만들어 낸다. 만약 클라이언트 자신이나 주변 사람들에게 심각한 해를 끼치거나 생명과 관련되는 자기결정은 그대로 존중할 수는 없다. 또한 자기결정이 어려운 영유아 혹은 지적장애의 정도가 심한 경우에도 자기결정의 원칙만을 고수할 수는 없다. 하지만 사회복지사는 자기결정이라는 기본 원칙을 언제나 존중해야 한다는 사실을 명심해야 한다.

클라이언트의 자기결정을 돕는 사회복지사의 과업과 역할은 다음과 같다 (김기태 외, 2007: 126).

첫째, 클라이언트가 자신의 현재 혹은 미래에 대한 전반적 맥락에서 문제나 욕구를 이해할 수 있도록 도와야 한다.

둘째, 클라이언트가 자신과 관련 있는 지역사회 자원 및 자신의 잠재적 자원들을 충분히 확인할 수 있도록 해야 한다.

셋째, 클라이언트가 자기 스스로 성장하고 욕구를 충족할 수 있도록 관계의 분위기를 형성해야 한다.

다음으로, 클라이언트의 자기결정에 도움이 되지 않는 사회복지사의 행동은 다음과 같다.

첫째, 사회복지사가 문제해결이나 욕구 충족의 주된 역할을 하고 클라이언트에게는 단지 종속적인 역할만 부여하는 경우이다.

둘째, 사회복지사가 바람직하다고 생각하는 서비스를 계획하고 실천하는 경우이다. 특히 클라이언트가 자기결정을 할 수 있는 능력이 없다고 판단하거나 또는 사회적으로 바람직하지 않은 행동을 한다고 여겨질 때 나타나는 현상이다.

셋째, 사회복지사가 목표를 설정하고 클라이언트를 조종하거나 유도하는 경우이다. 예를 들면, 사회복지사가 자신이 제시하는 방법 이외에는 모든 선택이 매우 위험한 결과를 초래한다고 강조하는 경우이다.

넷째, 사회복지사가 통제하는 방식으로 클라이언트를 설득하는 경우이다.

7) 비밀보장

비밀보장(confidentiality)은 클라이언트의 기본적 권리로 사회복지사가 직업적 관계에서 얻은 클라이언트의 비밀을 엄격히 지켜야 한다는 관계의 원칙이다. 비밀보장은 사회복지사의 윤리적 의무이며 효과적인 사회복지실천 서비스를 위한 기본 원칙이다. 그러나 비밀보장의 원칙도 자기결정의 원칙과 마찬가지로 절대적으로 지켜져야 하는 것은 아니다. 예를 들면, 구체적으로 클라이언트가 다른 사람을 살해할 것이라는 이야기를 들었을 경우에 어떠한 조처를 취하지도 않고 비밀보장의 원칙만 적용할 수는 없기 때문이다.

클라이언트는 사회복지사에 의해 자신의 부정적 생각이나 감정, 비윤리적이거나 일탈적인 행동 그리고 사생활에 관한 사소한 것이라도 타인이나 외부로 알려진다고 생각한다면 진실된 관계를 형성하지 않을 것이다. 따라서 비밀보장은 클라이언트와 사회복지사의 신뢰관계 형성에 매우 중요한 원칙이다.

또한 비밀보장은 클라이언트가 관련된 기관의 모든 직원이 지켜야 하는 집단비밀의 원칙을 포함한다(최혜지 외, 2013: 276-277). 집단비밀이란 클라이언트와 직접 실천을 하는 사회복지사뿐만 아니라 그 과정에서 클라이언트를 돕기 위해 참여한 여러 사람에게 클라이언트의 정보가 알려지게 될 경우에 그 집단 밖으로 정보가 노출되어서는 안 되는 것을 말한다. 집단비밀이 필요한 이유는 사회복지사와 공유된 정보는 소속된 기관과도 공유된 것이며, 정보를 공개하지 않고는 다양한 효과적 서비스를 제공할 수 없기 때문이다.

비밀보장의 원칙을 지키기 위해 사회복지사는 다음과 같은 과업과 역할을 수행해야 한다.

첫째, 사회복지사는 클라이언트에게 비밀보장의 한계를 초기단계에서 충분히 고지해야 한다. 예를 들면, 법적인 명령이나 타인이나 자신의 생명에 위협이 되는 경우 등에는 비밀보장의 원칙에 예외 적용을 받는다는 것이다.

둘째, 사회복지사는 클라이언트 정보의 수집 방법과 목적에 대해 사전에 설명해야 한다. 마찬가지로 사회복지사는 클라이언트에게 공식적 기록의 이유를 충분히 이해시킬 필요가 있다. 또한 자주 클라이언트의 정보는 서비스의 필요성에 따라 기관 전체 혹은 외부 전문가 등에게 공개되기도 하는데, 이 경우에도 집단비밀이 유지된다는 사실을 알려야 한다.

 관계의 장애요인

클라이언트와의 긍정적 관계는 사회복지실천의 중요한 요인이지만 관계 형성에 실패하거나 좋은 관계를 유지해 나가지 못하는 경우도 자주 발생한다. 사회복지사와 클라이언트의 관계 형성에 방해가 될 수 있는 요인들은 민감하지 않은 반응, 지나치거나 부족한 관여, 사회복지사의 부적절한 태도, 인종적 · 문화적 차이의 인식 부재, 전이 혹은 역전이 반응, 클라이언트에 대한 이성적 이끌림 등이다(Hepworth & Larsen, 1993; Sheafor & Horejsi, 2008). 여기서는 민감하지 않은 전형적 반응, 사회적 · 문화적 차이, 전이 반응, 역전이 반응으로 구분하여 살펴볼 것이다.

1) 전형적인 관계 장애 반응

사회복지사는 클라이언트와의 관계에서 정서적 불화를 일으키는 행동들을 할 수 있으며, 이에 대한 적절하고 민감한 대처를 하지 못하게 되면 관계의 장애를 경험한다. 그러한 사회복지사의 전형적인 행동들은 다음과 같다(김기태 외, 2007: 130-131).

• 클라이언트의 중요한 정서를 알아차리지 못하는 경우

- 클라이언트를 비난하거나 무시하는 것으로 보일 수 있는 언어적 · 비언 어적 반응을 보인 경우
- 클라이언트에게 무관심한 반응을 보인 경우
- 클라이언트가 성취한 높은 성장에 적절한 반응을 보이지 않는 경우
- 내용적으로나 시기적으로 부적절한 직면을 사용한 경우
- 약속시간에 늦거나 자주 취소하는 경우
- 과도한 충고나 조바심을 보이는 경우
- 클라이언트의 계획을 인정하지 않는 경우
- 클라이언트와 대립되는 쪽의 편을 지속적으로 드는 경우
- 클라이언트의 말을 자주 중단하고 사회복지사가 의도하는 대화를 하도 록 요구하는 경우
- 클라이언트가 할 수 없는 과제나 충고를 반복하는 경우

이와 같은 경우는 사회복지사의 실수로 인한 것도 있으며, 클라이언트의 오해로 인한 것일 수도 있다. 하지만 사회복지사는 긍정적 관계를 중심으로 사회복지실천을 수행해야 하는 일차적 책임이 있기 때문에 클라이언트의 반 응을 민감하게 살펴야 한다. 사회복지사는 클라이언트의 언어뿐만 아니라 비언어적 표현들에 민감해야 하며, 클라이언트의 생각이나 감정들이 비현실 적이라고 하더라도 관심을 기울이며 수용하는 자세가 필요하다. 사회복지사 의 민감하지 않은 행동으로 인하여 관계 형성에 어려움을 겪고 있다면 솔직 하게 인정하고 관계의 회복을 위해 노력해야 한다.

2) 사회 · 문화적 차이에 따른 관계 장애

사회복지사와 클라이언트는 연령, 성별, 교육의 차이뿐만 아니라 인종적 또는 민족적 배경이 달라서 나타나는 거리감이나 갈등이 발생할 수 있다. 젊

은 사회복지사와 나이 든 클라이언트, 기혼의 사회복지사와 비혼의 클라이언트, 여성 사회복지사와 남성 클라이언트, 교육 수준이 높은 사회복지사와 낮은 클라이언트 등의 경우는 서로의 차이를 인정하지 못한다면 친밀한 관계를 형성하는 데 장애가 생길 수 있다. 마찬가지로 사회복지사가 인종적으로 혹은 문화적으로 다른 클라이언트와 관계를 할 때에도 상호 간에 충분한 이해가 부족하다면 원조관계에 부정적 영향을 미치게 될 것이다.

3) 전이 반응에 따른 관계 장애

전이 반응(transference reactions)은 클라이언트가 어렸을 때 다른 사람(보통 부모나 형제자매)과 경험하면서 느꼈던 소망, 두려움 등의 감정들이 미해결된 채 남아 있다가 현재 만나고 있는 사회복지사에게로 향해지며 나타나는 반응이다. 정신분석과 같은 장기 개입에서는 전이 형성의 과정을 통해 클라이언트의 문제를 해결해 나간다. 이러한 전이 반응은 사회복지사와 클라이언트를 위한 성장의 기회이다. 하지만 관계 형성을 악화하는 전이 반응도 있는데, 클라이언트가 이전 경험을 토대로 현재 경험을 과도하게 일반화하여 왜곡된 인식을 가지고 반응하는 경우이다. 관계 형성에 부정적 영향을 미치는 클라이언트의 전이 반응은 다음과 같다.

- 사회복지사에게 사적 질문이나 취미 등을 자주 묻는 경우
- 과도한 칭찬이나 호감의 표현으로 선물을 주는 경우
- 식사 등에 초대하여 사교상 관계를 맺으려는 경우
- 사회복지사에 대해 환상을 갖는 경우
- 특별한 관심을 끌려고 행동하거나 도발적으로 행동하는 경우
- 지나치게 방어적으로 대하거나 비현실적인 비난이나 처벌을 예상하는 경우

전이 반응은 클라이언트와 단기간 접촉하기보다는 장기간 관계하는 실천에서 나타날 수 있다. 클라이언트의 모든 부정적 반응이 전이 반응이 아니라는 사실을 알아야 한다. 반대로 사회복지사의 클라이언트에 대한 무관심이나 부정적 자극 등으로 인해 나타나는 도발적 행동을 전이 반응으로 보아서도 안 된다.

전이 반응을 확인하는 것은 쉽지 않지만 엄격하고 강압적인 아버지에게 양육을 받은 클라이언트는 자신의 아버지와 비슷한 외모 및 연령대의 남성에게 위축되거나 파괴적인 행동으로 대응하는 경우 등에서 발견할 수 있다. 사회복지사가 클라이언트의 전이 반응을 이해하게 된다면 클라이언트를 한층 심층적으로 이해할 수 있게 되며, 이는 클라이언트와의 불필요한 갈등을 해소시키는 효과를 가져온다.

4) 역전이 반응에 따른 관계 장애

역전이 반응(countertransference reactions)이란 전이 반응의 반대로 사회복지사가 과거 어린 시절에 경험했던 관계에서 파생한 감정이나 소망 등을 클라이언트에게 내보이는 것이다. 이러한 역전이 반응은 클라이언트와의 원활한 상호작용을 방해하도록 만든다. 사회복지사는 클라이언트의 반응에 대한 자신의 비현실적 감정이 인식된다면 즉시 적절한 교정적 행동을 해야 한다. 관계 형성에 부정적 영향을 미치는 사회복지사의 역전이 반응이라고 할 수 있는 것들은 다음과 같다.

- 클라이언트에게 지나치게 많은 관심을 가지는 경우
- 클라이언트와의 면담이 지나치게 즐겁거나 두려운 경우
- 클라이언트와의 특정한 이야기가 불편하거나 그것을 지나치게 방어하는 경우

- 클라이언트를 특별히 비난하거나 공격하는 경우
- 정해진 면담시간을 자주 초과하는 경우
- 클라이언트를 감동시키기 위해 노력하거나 비난에 대해 심하게 상처받는 경우
- 클라이언트와 반복적으로 성적인 환상을 가지는 경우

　사회복지사가 역전이의 문제를 해결하기 위해서는 기본적으로 자기인식을 통한 성찰이 필요하다. 자기성찰은 사회복지사가 클라이언트와의 관계에서 현실적 인식을 하도록 해 준다. 자기성찰로 해결할 수 없는 역전이에 대해서는 동료 혹은 다른 전문가의 도움을 받아야 한다.

참고문헌

김기태, 김수환, 김영호, 박지영(2007). 사회복지실천론. 경기: 공동체.

박지영, 배화숙, 엄태완, 이인숙, 최희경(2014). 사회복지의 이해. 서울: 학지사.

엄명용, 김성천, 오혜경, 윤혜미(2016). 사회복지실천의 이해. 서울: 학지사.

최혜지, 김경미, 정순둘, 박선영, 장수미, 박형원, 배진형, 박화옥, 안준희(2013). 사회복지실천론. 서울: 학지사.

Bisman, C. (1994). *Social work practice: Cases and principles*. Pacific Grove, California: Brooks/Cole Publishing Company.

Biestek, F. P. (1957). *The casework relationship*. Chicago: Loyola University Press.

Hepworth, D. H., & Larsen, J. A. (1993). *Direct social work practice: Theory and skills* (4th ed.). Pacific Grove, CA: Brookes/Cole Publishing Company.

Meyers, C. (1976). *Social work practice: A response to the urban crisis*. New York: Free Press.

Perlman, H. H. (1978). *Relationship: The heart of helping people*. Chicago: University of Chicago Press.

Pippin, J. A. (1980). *Developing casework skills*. Beverly Hills, CA: Sage Publications.

Sheafor, B., & Horejsi, C. R. (2008). *Technique and guidelines for social work practice* (8th ed.). Boston: Allyn and Bacon.

Siporin, M. (1975). *Introduction to social* work practice. New York: Macmillan Publishing Co., Inc.

제**8**장

사회복지실천의 의사소통과 기록

사회복지실천의 가장 기초적인 의사소통은 면담을 통해 이루어진다. 면담은 서로 대면하여 이루어지는 상호작용과정을 의미하며, 실천의 기본 도구로 개인이나 집단의 문제해결을 위한 정보 수집이나 사정, 치료적 성격을 가진 면담이 널리 활용되고 있다. 이 장에서는 면담의 전반적인 상황을 이해하기 위한 면담의 목적과 구조, 유형 그리고 기초적인 몇 가지 면담기술을 살펴보고자 한다.

면담을 통한 의사소통의 결과물은 기록으로 남게 된다. 사회복지사는 기본적으로 사회복지실천의 전 과정을 기록할 의무가 있어, 클라이언트와 공식적 첫 접촉부터 종결할 때까지 각 과정이나 접근방법의 특성에 따라 적절한 기록을 해야 한다. 이 장에서는 기록의 목적과 내용 그리고 기록의 대표적 유형인 문제중심기록, 과정기록, 요약기록을 살펴볼 것이다.

 사회복지실천의 의사소통

1) 의사소통으로서의 면담

사회복지사는 클라이언트와의 원활한 의사소통을 통해 기본적인 신뢰관계를 형성할 뿐만 아니라 사회복지실천 과정에서 클라이언트의 상황을 이해하고 욕구를 파악하여 클라이언트의 문제해결을 위한 전문적 원조를 제공한다. 사회복지실천에서 주요한 의사소통은 면담을 통해 이루어지므로 원활한 의사소통을 위해 클라이언트의 개별적 속도와 수준, 상황에 맞추어 융통성 있게 면담이 진행되어야 한다.

(1) 면담의 목적과 특성

사회복지실천에서 면담은 목표 지향적 특성을 지니고 있으며 목적을 수행하기 위한 시간제한적 대화이다(Hepworth & Larsen, 1990: 조학래, 2016: 192에서 재인용). 면담은 시작에서 종료까지 사회복지사와 클라이언트와의 대면적 접촉으로 이루어지므로 클라이언트의 문제해결을 위한 면담기술의 적용과 훈련은 매우 중요하다. 또 사회복지실천에서 면담은 클라이언트의 문제해결을 위해 필요한 전략이나 행동을 모색하기 위해 사회복지사와 클라이언트 사이에 정보를 주고받기 위한 것이다. 따라서 면담의 목적은 자료수집, 치료관계의 확립과 유지, 클라이언트에게 정보를 제공하는 것, 원조과정에서 장애를 파악하고 제거하는 것, 목표 달성을 향한 활동을 파악하고 이행하는 것 그리고 원조과정을 촉진하기 위한 것이다(Brown, 1992: 102).

사회복지실천에서의 면담은 다른 전문직의 상담이나 면담과 공통되는 전문적 지식과 기술을 필요로 하는 한편, 면담 대상과 내용 등에서 다른 전문직의 상담이나 면담과 구별되는 몇 가지 특성을 갖고 있다(Comption & Galaway, 1994: 조학래, 2016: 192-193에서 재인용).

첫째, 사회복지실천에서 면담은 특정 맥락(context)이나 장(setting)이 있는 상태에서 이루어진다. 즉, 클라이언트의 문제해결을 위해 특정한 기관의 맥락이나 장에 기반하여 규정된 서비스나 개입이 이루어지고, 면담의 내용과 범위도 이에 한정된다.

둘째, 사회복지실천에서 면담은 목적 지향적인 활동이다. 즉, 면담이 목적이나 방향 없이 우연히 이루지는 비공식적 대화가 아니라 사회복지사와 클라이언트 간 대면적 관계에서 언어적·비언어적 의사소통을 통해 문제해결 및 욕구 충족에 이르는 목적 지향적인 대화인 것이다.

셋째, 사회복지실천에서 면담은 한정적이며 계약에 의해 이루어진다. 즉, 사회복지사와 클라이언트 간에 합의한 목적을 달성하기 위해 시간제한을 두고 전반적인 과정을 합의한 상태에서 진행되는 것이다.

넷째, 사회복지실천에서 면담은 사회복지사와 클라이언트 사이의 특정한 역할관계에 기반하여 상호작용한다. 면담자로서 사회복지사의 역할과 피면담자로서 클라이언트의 역할이 있고, 면담에서 많은 부분이 미리 결정될 수는 없이 그 상황에 반응하여 진행된다.

(2) 면담의 유형

① 정보 수집을 위한 면담

정보 수집을 위한 면담은 클라이언트 개인이나 클라이언트를 둘러싼 환경 등에 관한 전반적인 배경을 파악하는 것인데, 이는 사회복지실천 과정에서 클라이언트에게 제공할 서비스의 종류를 결정하는 데도 필요하다. 따라서 면담을 통해 클라이언트 개인에 대한 정보와 함께 가족사, 생애사, 문제와 관련된 배경 정보 등에 대한 객관적이고 사실적이고 구체적인 정보를 수집해야 한다. 또한 객관적 사실과 함께 클라이언트가 자신의 문제를 어떻게 인식하고 있는지에 대한 주관적인 감정과 태도 등도 포함된다. 정보 수집을 위한 면담에서 파악되어야 할 내용은 다음과 같다(Zastrow, 1999; 우국희, 성정현, 좌현숙, 장연진, 최승희, 2018: 235).

- **클라이언트와 관련된 일반적인 사항**: 성별, 연령, 학력, 결혼 상태, 소득 등 인구사회학적 정보 등
- **현재 당면한 문제**: 현재의 문제 상황, 문제와 관련된 과거력, 이와 관련된 경험 등
- **개인력**: 클라이언트 개인의 성장과정, 발달단계상의 문제, 대인관계, 학교생활, 결혼생활 등
- **가족력**: 클라이언트의 원가족과의 관계, 현재 가족과의 관계, 부모 · 부부 · 자녀와의 관계 등
- **사회적 · 직업적 기능**: 클라이언트의 직업 경력이나 사회활동 경력 등

② 사정을 위한 면담

사정을 위한 면담은 클라이언트의 문제해결을 위해 어떠한 서비스가 필요한지를 결정하는 서비스의 적격성을 평가하고 결정하는 것이다. 따라서 앞서 살펴본 정보 수집을 위한 면담보다는 더 목적 지향적인 면담이다. 사회복지실천에서 사정을 위한 면담은 클라이언트의 문제해결을 위해 무엇이 문제의 원인이며, 무엇이 필요한지 그리고 구체적인 개입계획을 위해 꼭 필요한 과정이다.

예를 들면, 사회복지기관에서 빈곤과 가족관계에 어려움이 있는 클라이언

트와 가족에 대한 사정을 위한 면담에서는 문제해결을 위해 목표와 개입계획을 세우고 개입방법을 사용할지를 결정하게 된다. 즉, 빈곤의 원인이 되는 구직문제에 어떤 개입방법을 활용할지, 가족관계의 어려움을 해결할 수 있도록 어떠한 서비스를 제공할지를 구체화하는 과정이다.

③ 치료를 위한 면담

사회복지실천에서 치료를 위한 면담은 클라이언트의 문제해결을 위해 효과적인 치료적 변화를 가져오기 위한 것으로, 클라이언트가 보다 나은 사회적 기능을 수행할 수 있도록 하기 위한 면담이다. 클라이언트의 변화를 이끄는 치료적 면담은 클라이언트의 내면적 변화와 사회환경의 변화를 모두 활용한다.

먼저, 클라이언트의 내면적 변화에 초점을 두는 면담은 클라이언트의 정서, 감정, 사고, 행동 등의 변화를 가져오기 위한 것이다. 치료적 면담을 통해 클라이언트 자신의 내면적 통찰이 이루어지도록 돕고 이를 통해 클라이언트의 자존감 향상, 효능감 증진, 문제해결 능력의 향상을 돕는 심리적 지지를 제공하게 된다. 클라이언트의 사회적 기능 향상은 클라이언트의 내면적 변화뿐만 아니라 사회환경의 변화도 병행되어야 한다. 따라서 클라이언트에게 미치는 사회환경의 부정적 영향을 개선하거나 감소시키기 위해 치료적 면담에서는 클라이언트가 속한 가족, 조직, 지역사회나 그 밖의 다른 사회체계와의 상호작용에서의 변화에도 초점을 둔다. 이러한 과정을 통해 클라이언트의 개인적·사회환경적 역기능을 변화시키고 제거함으로써 치료적 효과를 거두도록 하는 것이다.

(3) 면담의 환경과 구조

① 면담의 환경

• 면담 장소

면담 장소로는 사회복지기관의 면담실이나 상담실이 가장 적합하다. 쾌적한 면담 공간 확보를 위해 면담과정을 방해받지 않도록 통제할 수 있는 물리적 공간을 확보해야 한다. 사회복지사와 클라이언트 사이에 물리적 장애물이 없도록 하면서 평등성이 강조되는 면담실 배치가 필요하고, 면담의 집중도를 높일 수 있도록 면담실의 적절한 넓이와 조명 등이 고려되어야 한다. 또한 사회복지사와 클라이언트의 대화가 사람들에게 들리지 않도록 비밀보장이 되는 안전한 독립 공간으로 구성하여 외부의 출입으로 방해받지 않도록 공간을 조성할 필요가 있다.

때로 클라이언트의 특성이나 사정에 따라 혹은 클라이언트의 생활환경을 파악하기 위해 가정 방문을 통해 면담이 이루어지기도 한다. 이런 면담은 클라이언트 가정의 물리적·정서적 환경을 파악하거나 이해할 수 있고 가족구성원 간에 어떠한 상호작용이 이루어지는지 직접 관찰할 수 있다는 장점이 있다. 가정 방문을 통해 면담을 할 경우 클라이언트 입장에서 불편함이 있을 수 있으므로 시간 약속을 설정할 때 클라이언트 가정의 일상적인 일들을 고려할 필요가 있다. 그러나 가정에서의 면담은 집 안의 여러 상황상 면담의 관심과 집중도를 낮출 수 있으며, 무엇보다 사회복지사가 상황을 통제하거나 주도할 수 없는 상황에서 전문적 관계가 아닌 사교적 수준의 상호작용이 될 위험이 있다. 특히 어린 자녀가 있거나 타인의 방문이 개방된 거주환경의 경우 면담의 집중도가 떨어져 심층적인 면담이 이루어지기 어려운 한계가 있다.

• 면담 시간

면담 일정과 시간은 사회복지사와 클라이언트가 함께 정하는 것이 일반적이다. 이는 클라이언트에 대한 존중과 협력적 관계 속에 면담이 이루어짐을 의미하며 클라이언트의 자발적 참여와 책임을 이끌어 내기 위해서도 필요한 과정이다. 면담 시간은 당일 면담의 목적과 내용에 따라서 다양하게 구성될 수 있으며, 클라이언트의 연령, 집중도 등에 따라서도 달라질 수 있다. 일반 성인을 기준으로는 주 1~2회, 1시간 정도의 면담이 적절하며, 아동은 발달 단계를 고려하여 30~40분 정도가 적당하다. 긴급 상황이나 위기 개입의 경우는 매일 또는 격일로 면담할 수 있고, 면담 시간도 2~3시간 집중적으로 갖는 것이 좋다.

② 면담의 구조

일반적으로 사회복지실천의 전체 과정은 시작, 중간 및 종결 단계로 구성되는데, 이는 개입의 전체 과정뿐만 아니라 개별 면담에서도 적용된다. 즉, 한 번의 면담과정에서도 클라이언트와 면담을 시작하기 위한 준비과정이 있고, 중간단계는 면담의 목적을 성취할 수 있도록 하는 적극적 문제해결과정이고, 마지막 단계는 면담과정을 잘 정리하는 것이다.

면담의 시작단계에서 사회복지사는 당일 면담의 목적과 해야 할 일들 그리고 지난 면담시간에 다루었던 내용을 상기시킬 필요가 있다. 우선, 시작단계에서 클라이언트의 근황을 묻는 것에서 시작하여 클라이언트가 익숙한 내용이나 쉽게 반응할 수 있는 쉬운 내용으로 시작하며, 당일 면담에서 무엇을 다룰지에 대해 명확히 해야 한다.

면담의 중간단계에서는 당일 면담의 주요 목표가 되는 내용을 중심으로 사회복지사와 클라이언트가 적극적으로 문제해결과정에 참여한다. 중간단계에서 이들은 클라이언트의 상황에 관심과 에너지를 집중시켜 사회복지사와 클라이언트가 해야 할 역할을 고려하여 면담의 목표를 성취할 수 있도록 해야 한다.

면담의 마지막 단계는 종결이다. 면담의 시작단계에서 이미 종결에 대한 시점이 계획되어야 하고, 이를 클라이언트에게 고지하여야 한다. 종결은 당일 면담의 목표가 성취되었을 때 이루어지며, 정서적으로도 종결에 대한 준비가 있어야 한다. 종결단계에서 사회복지사는 당일 면담에서 다루었던 주요한 내용을 요약하거나 결정한 것을 확인하고, 차후 면담 일정과 앞으로 해야 할 일 등을 언급함으로써 다음 면담을 자연스럽게 이해하도록 한다.

(4) 면담의 기술

사회복지실천의 주요한 도구인 면담에는 사회복지실천의 다양한 면담 기술이 활용된다. 클라이언트와 면담을 할 때 클라이언트의 사고와 감정을 표현하도록 하고 이를 이해하는 데 유용한 몇 가지 주요한 기술을 살펴보고자 한다.

① 관찰하기

면담의 과정은 의사소통의 과정이다. 따라서 직접 말하고 행동하는 것뿐만 아니라 비언어적인 소통에도 주의를 기울여야 한다. 사회복지사는 면담에서 매우 중요한 기술인 관찰을 통해 클라이언트가 하는 말이나 몸짓, 표정, 자세 등 비언어적인 메시지를 면밀히 파악해야 한다. 특히 클라이언트가 하는 말과 행동 사이의 차이를 구분하고, 클라이언트의 의복이 계절에 적절한지, 청결한지, 사회복지사와의 눈 맞춤은 잘 되는지 등을 관찰한다. 클라이언트의 언어적·비언어적 표현에는 많은 숨은 의미가 있을 수 있으므로 클라이언트의 말실수, 말과 태도의 불일치, 침묵 등의 의미가 무엇인지를 파악하여 클라이언트의 상황과 욕구를 민감하게 파악해야 한다.

② 경청하기

경청은 클라이언트가 전달하려는 메시지를 사회복지사가 이해하고 파악하면서 듣는 능력을 말한다. 클라이언트와 면담하는 과정에서 클라이언트가 하는 말을 진지하게 들어주고, 이때 언어적 메시지만 듣는 것이 아니라 표정이나 몸짓 등으로 표현되는 비언어적 메시지도 함께 관찰하여 클라이언트가 하고자 하는 말의 의미가 무엇인지를 깊이 있게 듣는 것이다. 이처럼 경청이란 단순히 듣는 것이 아니라 제3의 귀를 통해 클라이언트의 생각과 감정을 이해하려는 적극적 활동인 것이다. 사회복지사의 적극적 경청은 클라이언트에게 존중받는 느낌을 줄 수 있을 뿐만 아니라 신뢰관계 형성에도 매우 중요하다. 면담과정에서 적극적 경청을 표현하는 것도 중요한데, 즉 클라이언트의 말을 잘 듣고 있다는 표시로 "네, 그렇군요." 등의 언어적 반응을 하거나 또는 고개를 끄덕이는 등의 몸짓을 통한 비언어적 행동을 통해 경청하고 있음을 보여 주는 것도 중요하다.

③ 질문하기

사회복지사는 면담과정에서 클라이언트에 대한 주요한 정보를 얻고, 클라이언트의 생각과 감정을 표현하도록 하기 위해 다양한 질문을 사용한다. 적절한 질문은 클라이언트의 문제에 대해 세밀한 부분까지 접근할 수 있으며, 질문을 통해 문제해결에 필요한 중요 영역으로 관심을 이끌 수 있어 클라이언트의 속도에 맞추어 적절한 질문이 이루어져야 한다.

질문 유형에는 폐쇄형 질문과 개방형 질문이 있다. 폐쇄형 질문은 정확하고 구체적인 정보를 질문할 때 사용하거나 사실을 확인하기 위해 주로 활용된다. 클라이언트에게 폐쇄형 질문을 너무 많이 사용하게 되면 경직되거나 조사받는 느낌이 들 수 있어 사회복지사와 클라이언트의 관계가 저해될 수 있다. 개방형 질문은 응답의 범위를 광범위하게 열어 놓는 질문으로 클라이언트가 원하는 대답을 할 수 있는 여지를 충분히 제공하는 방식이다. 그래서 개방형 질문은 클라이언트의 경험을 구체적으로 응답할 수 있도록 질문하며, 문제나 상황에 대한 주관적 인식을 탐색할 수 있는 질문이다.

한편, 피해야 하는 질문 유형은 바로 '왜'로 시작하는 질문이다. '왜'라는 질문은 클라이언트의 잘못이나 책임을 추궁하거나 비난하는 느낌을 줄 수 있고 답변을 강요하는 인상을 줄 수 있다. 그래서 '왜'라는 질문보다는 '무엇, 어떻게'에 초점을 두는 질문이 더 효과적이다. 그 밖에 유도형 질문은 응답을 일정한 방향으로 유도하기 때문에 클라이언트가 가졌던 감정이나 생각을 솔직히 드러내기 어렵게 만들어 솔직하지 않은 답을 하거나 압박감을 느끼게 할 수 있기 때문에 피해야 한다.

④ 일반화하기

사회복지실천에서는 주로 대면적 관계에서 심층면담이 이루어짐에 따라 클라이언트가 자기노출을 꺼리는 경우가 있다. 이는 클라이언트가 솔직한 자기노출을 하게 되면 비난받거나 거절당할 수 있다는 불안에서 비롯된다. 사회복지사의 비심판적 태도에도 불구하고 클라이언트 입장에서 자신의 치부를 드러내는 것에 대한 두려움과 죄의식 등이 작용할 수 있는데, 이때 활용되는 방법이 '일반화'이다. 즉, 사회복지사는 클라이언트가 당면한 유사한 상황에서는 누구라도 그렇게 할 수밖에 없다거나 그러한 감정이 들 수밖에 없음을 공감하며 일반화하는 것이다. 예를 들면, 가정폭력 피해여성과의 면담에서 "대부분의 가정폭력 피해자들이 자신만 이런 일을 당하는 것으로 부끄럽게 생각해서 다른 사람에게 말하지 못하는데, 당신은 어떠신가요?"라고 일반화하게 되면, 클라이언트 입장에서 솔직하게 자신을 드러내는 데 도움이 된다.

⑤ 요약과 해석

요약은 클라이언트가 말한 핵심적인 내용을 짧게 집약하여 정리하여 재진술하는 것이다. 요약을 하면 클라이언트가 핵심 내용에 대한 초점을 유지하여 면담의 올바른 방향성을 유지하거나, 새로운 주제로 전환할 때도 유용하다. 또한 면담과정을 마무리할 때 면담에서 성취한 내용을 요약하거나, 다음 면담에 올 때 지난 면담의 내용과 결과를 요약하여 새로운 면담과 연결할 때도 유용하다.

해석은 클라이언트가 말한 내용의 요약을 넘어서 클라이언트가 문제나 상황을 새롭게 인식할 수 있도록 사회복지사가 클라이언트의 진술과 감정 이면의 의미를 해석해 주는 것이다. 해석은 외관상으로는 분리되어 있는 사건이나 진술, 클라이언트의 사고나 행동, 감정, 방어기제 등의 연결성을 찾아 중심적 주제나 패턴을 분석하여 클라이언트의 행동이나 사고, 감정, 문제 등을 이해하기 위한 새로운 구조를 제공하는 것이다. 이는 궁극적으로 클라이언트의 통찰력을 촉진시켜 클라이언트 자신이 인식하지 못했던 숨어 있는 요인들을 찾아 자신의 내면을 깊이 들여다볼 수 있는 기회를 제공한다(이원숙, 2008: 220).

 ## 2 사회복지실천의 기록

사회복지사가 실천의 과정을 기록하고 이를 보관하는 것은 직접실천에 유익할 뿐만 아니라 평가와 책무성을 위한 자료로도 의미가 있다. 기록을 통해 클라이언트와의 이전 면담을 확인하여 연속성을 확보하거나 서비스의 목표를 점검할 수도 있으며, 기록을 슈퍼비전을 위한 자료로 활용할 수도 있다. 여기서는 사회복지실천 기록의 목적, 내용 및 유형에 대해 살펴보기로 한다(김기태, 김수환, 김영호, 박지영, 2007; 김혜란, 공계순, 박현선, 2013; 최혜지 외, 2013).

1) 기록의 목적

(1) 사회복지실천의 근거 제공

기록은 사회복지실천 활동을 전반적이고 체계적으로 보여 주는 자료이다. 사회복지사는 기록물을 통해 클라이언트의 정보, 서비스 요청 동기, 이용 가능한 자원을 확인하며 계획과 목표, 개입의 여러 가지 방법 그리고 평가 등을 알 수 있다. 또한 사회복지기관은 기록물을 통해 제공하는 서비스의 종류나 내용 등의 근거를 제시할 수 있다.

(2) 사회복지서비스의 연속성 제공

사회복지사는 많은 클라이언트에게 다양한 서비스를 제공한다. 따라서 사회복지실천의 기록물이 없다면 이전 활동에 대한 내용을 정확하게 기억할 수 없어 매번 정보를 반복적으로 확인해야 할 수도 있다. 그렇게 된다면 클라이언트는 사회복지사를 신뢰할 수 없고 자신이 중요하지 않는 사람으로 간주된다고 생각하여 욕구 충족을 위한 동기부여가 제대로 되지 않을 수 있다. 또 다른 차원에서 본다면 기록은 클라이언트가 그 기관의 다른 전문가에게 서비스를 받게 되었을 때 시간을 절약하고 개입의 중복을 막으면서 효과적으로 서비스를 받을 수 있게 한다.

(3) 사회복지사의 전문성 강화

사회복지사가 기록을 하지 않고 서비스를 제공한다면 즉흥적이거나 단편적인 상황에 치중하여 통합적으로 접근할 기회를 놓칠 수 있다. 기록을 함으로써 관찰한 모든 내용과 정보를 체계적으로 구조화하여 전인적 관점에서 욕구를 확인하여 사정하고 개입할 수 있다. 사회복지사가 기록을 불성실하게 하거나 제대로 정리하지 않는다면 사정이나 개입방법을 충실하게 수행할 수 없다. 이는 클라이언트의 욕구 충족에 미흡함을 가져오는 것이면서 결국 사회복지사의 전문성을 약화시키는 것이 된다.

(4) 슈퍼비전의 제공

사회복지사는 슈퍼비전을 제공하거나 받기도 한다. 이때 기록은 중요한 슈퍼비전의 근거 자료가 된다. 물론 기록으로만 사회복지실천 전체를 판단하기는 어렵지만 이를 토대로 사회복지실천의 전반적 과정을 확인하고 슈퍼비전을 제공할 수 있다. 슈퍼비전은 사회복지사뿐만 아니라 실습생에게도 반드시 필요하다. 실습생이 실습과정에서 기록한 초기면접 기록, 사례 기록, 실습일지 등을 기반으로 하여 슈퍼바이저로부터 슈퍼비전을 받는다.

(5) 전문가 간 의사소통의 도구

기록은 기관 내·외부 전문가 간 의사소통의 도구로서의 역할을 한다. 예를 들면, 정신건강복지센터에서 정신건강사회복지사의 기록은 정신과 의사나 간호사, 임상심리사 등과 정보를 공유하여 클라이언트의 문제를 전인적이고 통합적으로 볼 수 있도록 한다. 어떤 경우에 기록은 기관 외부의 전문가와 의사소통에도 활용되기도 한다. 그러나 전문가 간 의사소통의 도구로서 기록은 반드시 비밀보장의 원칙에 위배됨이 없는지를 살펴야 한다.

(6) 연구 및 평가의 자료

기록은 사회복지실천의 자료를 수집하고 분석하고자 하는 연구자에게 유용한 자료가 될 수 있다. 체계적으로 정리된 기록을 통해 사회복지서비스의 질적 수준을 향상하기 위한 연구 결과들이 도출될 수 있다. 또한 기록은 기관의 서비스 평가에 다양하게 활용된다. 특히 기록을 통한 수량적 평가는 감사나 외부 평가 그리고 프로그램의 사업비를 받기 위한 중요한 근거가 되기도 한다. 하지만 사회복지사가 수량적 평가를 위한 기록에 치중한다면 서비스의 질적 향상을 위한 기회를 놓치거나 소진의 원인을 제공하는 것이 될 수 있다.

2) 기록의 내용

(1) 초기단계의 기록 내용

사회복지실천의 초기단계는 클라이언트 접수, 사정, 계약을 중심으로 하는 과정이다. 접수과정의 기록은 기관의 사정에 따라 다양한 양식이 있을 수 있다. 하지만 대부분의 내용은 클라이언트 또는 클라이언트 가족의 인구사회학적 정보, 사회복지서비스 요청 동기에 대한 정보 등을 간략히 확인하고 서비스 대상 유무를 판단하도록 되어 있다.

사회복지실천에서 사정이란 클라이언트의 문제나 욕구와 관련된 많은 정보를 수집하여 분석하고 종합하는 것을 말한다. 따라서 사정단계에서 기록은 여러 가지 표준화된 측정 도구를 사용하기도 하며, 클라이언트에 대한 내용뿐만 아니라 상호작용하고 있는 모든 개인, 가족, 집단, 조직 그리고 외부 환경을 통합적 맥락에서 바라보고 기록하는 것이다.

계약과정에서 기록은 구두나 묵시적으로 이루어져서 생략되는 경우도 있지만 원칙적으로는 계약 내용을 기록하여 보관하는 것이 바람직하다. 계약에 포함되어야 할 내용으로는 관찰 가능하고 측정 가능한 목표, 사회복지사와 클라이언트의 권리와 의무, 목표 달성의 방법, 면담을 위한 시간과 장소와 같은 행정적 절차 등이다(Compton & Galaway, 1994). 최근에는 개입방법에 따른 계약서 양식을 갖추고 있는 기관들이 점차 늘어나고 있다.

(2) 개입단계의 기록 내용

개입단계의 기록은 개입의 방법이 무엇이냐에 따라 다르다. 만약 클라이언트와의 면담을 위주로 하는 개입이라면 주로 면담의 내용을 중심으로 이루어질 것이며, 다른 외부 자원을 연결하는 방법을 주로 활용한다면 외부 자원의 역할이나 클라이언트의 기대와 상호작용 등을 중심으로 기록할 수 있을 것이다. 따라서 개입단계에서는 개입방법에 따라 다양한 형태의 기록을 해야 하지만 다음의 네 가지 내용이 기록에 포함되어야 한다(Kagle & Kopels, 2010).

첫째, 클라이언트와 관련된 활동 내용들을 기록해야 한다. 클라이언트뿐만 아니라 가족, 서비스 제공자, 사회관계망 속의 성원들과의 활동 내용, 즉 날짜, 장소, 참석자를 포함한 내용을 기록한다.

둘째, 클라이언트의 문제나 욕구와 관련된 새로운 정보를 기록한다. 개입 단계에서는 초기 사정단계에서 발견하지 못하였거나 변화된 욕구를 확인할 수 있는데, 이를 기록하여 개입 목표를 수정하거나 계획을 변경시키는 자료로 활용하도록 해야 한다.

셋째, 특별히 중요한 사건들은 즉시 기록해야 하며, 슈퍼바이저나 기관의 다른 책임자에게 보고해야 한다. 예를 들면, 클라이언트와 관련된 학대, 성폭력 등의 문제가 새롭게 발견된 경우, 클라이언트가 자살의 징후를 보이는 경우 등을 말한다. 이러한 경우 날짜와 시간을 포함한 자세한 내용을 기록하고 보고해야 한다.

넷째, 개입활동의 평가도 기록한다. 평가에서는 표준화된 측정 도구를 사용하기도 하지만 사회복지사의 질적 평가도 중요하다.

(3) 종결단계의 기록 내용

종결단계에서는 초기부터 종결까지의 모든 과정을 요약·정리할 필요가 있다. 이 단계의 기록은 종결이 계획된 것인지, 아니면 다른 원인에 따른 것인지를 포함해야 한다. 그리고 전반적인 개입 효과를 기록하고 클라이언트의 변화 내용과 향후 서비스나 추후관리의 내용들을 기록한다.

3) 기록의 유형

사회복지실천의 기록에는 단계별로 그리고 목적에 따라 여러 가지 유형이 있다. 또한 사회복지서비스 기관에 따라 특성과 서비스 전달 방식이 다르기 때문에 기록의 유형도 다양하다. 많은 사회복지서비스 기관에서는 접수를 위한 독특한 양식의 기록지를 갖추고 있으며 클라이언트의 신원이나 핵심 요청사항을 기록한다. 또한 사정과정의 기록 양식도 기관이나 전문가 집단이

체계적인 형태로 제시하고 있기도 하다. 예를 들면, 정신건강사회복지사 수련생들을 위한 사정 기록 양식을 별도로 마련하고 있다. 접수나 사정 단계의 기록은 제9장에서 다룰 것이므로 여기서는 개입단계의 대표적 기록 유형인 문제중심기록, 과정기록, 요약기록을 간략하게 살펴보기로 한다.

(1) 문제중심기록

문제중심기록은 문제의 규정과 사정 그리고 문제해결을 위한 계획으로 구성된다. 문제중심기록은 SOAP 유형과 이를 보완한 SOAIGP 유형이 있다. SOAP 유형의 경우, S(Subjective data)는 문제에 대한 클라이언트 또는 주요 타자의 진술과 같은 주관적인 자료, O(Objective data)는 사회복지사의 관찰과 같은 사실적이고 객관적인 자료, A(Assessment)는 클라이언트에 대한 사정, P(Plan)는 개입계획을 의미한다. SOAP의 네 가지 요소를 매번 다 기록할 필요는 없으며 추가되거나 수정될 내용이 있는 요소들만 기록하면 된다.

SOAIGP 유형의 경우에는 SOAP 유형에서 활동(A)과 목표(G)가 추가되었으며, SOAP의 S는 문제 중심의 정보이지만 SOAIGP에서 S(Supplemental)는 문제를 해결하거나 목표를 달성해 나가는 과정에 대한 정보를 포함한다. SOAIGP의 간략한 설명은 다음과 같다(엄명용, 김성천, 오혜경, 윤혜미, 2016).

- S(Supplemental): 클라이언트나 가족으로부터 수집된 새로운 혹은 수정된 정보
- O(Observations): 클라이언트나 클라이언트 상황에 대한 사회복지사나 다른 직원의 관찰
- A(Activities): 클라이언트가 수행한 과제, 사회복지사의 과제 그리고 회기 내의 과제
- I(Impressions): 목표 달성 정도에 대한 사회복지사의 평가, 인상, 가설
- G(Goals): 개입의 목표나 수정된 목표

• P(Plans): 사회복지사의 접근방법 변화나 사회복지사와 클라이언트의 추가적인 활동

표 8-1   SOAP 양식 기록의 예시

S: 김○○ 씨는 구직활동을 하는 중에 취업이 잘 되지 않아 지난 1년간 52kg이었던 몸무게가 68kg으로 증가하여 외모에 자신이 없고, 남자친구도 점차 자기에게 관심이 멀어지는 것 같다고 느끼고 있으며, 혹시 헤어지자고 할까 봐 전전긍긍하며 죽고 싶을 정도로 우울하다고 하였다. 최근에는 길거리에서 마주친 사람들이 자신을 무시하듯 쳐다보고 가는 것 같아 밖에 나가기가 두렵다고 한다. 더욱 힘든 것은 이런 상황에서 음식을 절제하지 못하고 폭식하여 자신이 너무 한심하고 혐오스럽다고 느끼면서 자신이 다시는 전처럼 날씬해질 것 같지 않다고 한다. 최근에는 살찌는 것이 두려워 음식을 먹은 후 손가락을 넣어 음식을 토해 내는 방법을 사용한다.

O: 김○○ 씨는 키가 큰 편이라 아주 뚱뚱해 보이지는 않지만 옛날 사진에 비해서는 살이 많이 찐 편이었다. 전반적으로 심한 무력감과 우울감을 호소하고 있었으며 자신감이 없어 보였다.

A: 취업이 1년 이상 되지 않자 스트레스를 보상하는 방법으로 폭식하였고, 그 결과 몸무게가 많이 증가되었다. 남자친구마저 자신을 떠날까 봐 불안해하고, 따라서 날씬해져야 한다는 중압감 때문에 먹고 토해 내는 방법을 사용하고 있다. 하지만 이러한 사실을 남자친구가 알까 봐 이런저런 핑계로 만나기를 꺼리고 있고, 그러면서도 만나지 않는 동안 남자친구가 멀어지는 것에 대한 두려움 때문에 우울해지는 것이다. 김○○ 씨는 이런 두려움을 가족이나 친구에게 말할 자신이 없고 그 모든 것이 자신의 외모 때문이라면서 통제하지 못하는 자신에 대해 무력감을 느끼고 있다.

P: 1. 체중 감량을 위한 상담을 영양사에게 의뢰
   2. 지지적 면담: 자신감을 회복하고 두려움과 상실감을 표현
   3. 남자친구와 의사소통하는 방법 훈련
   4. 왜곡된 신체 이미지에 대한 인지치료
   5. 김○○ 씨와 의논하여 체중감량 집단에 의뢰

문제중심기록은 원래 의료 및 정신보건 세팅에서 개발된 기록방법이다. 문제중심기록은 문제 영역을 명확화하여 각 문제에 대해 어떻게 개입할 것인지에 대한 계획을 세우는 것이다. 예를 들면, 당뇨병 환자를 치료하는 의사, 영양사, 사회복지사는 당뇨병이라는 공통의 문제에 대해 약물치료, 식이요법, 정서적 스트레스를 관리하기 위해 다른 방법으로 접근한다. 이때 문제중심기록으로 치료자들 간의 의사소통을 원활히 하고 공동의 목적, 즉 당뇨병 치료라는 목적을 일관성 있게 추진할 수 있다.

(2) 과정기록

과정기록은 사회복지사와 클라이언트의 상호작용을 있는 그대로 기록하는 매우 구체적이고 자세한 형태이다. 과정기록에서 사회복지사는 주로 클라이언트와의 면담과정에 있었던 내용을 주로 대화체로 옮겨 적을 뿐만 아니라 비언어적 활동까지 상세하게 기록한다. 과정기록은 작성하는 데 시간과 노력이 많이 들어 사회복지실천 현장에서 많이 활용되지는 않는다. 하지만 사회복지실습생들은 과정기록으로 슈퍼비전을 받는 등, 그것이 전문가로서 성장과정의 하나로 활용되고 있다.

과정기록은 실천현장의 사회복지사에게 실제로 적용하기는 어렵지만 면담능력을 향상시키고 자기인식과 성찰을 위한 좋은 도구이기도 하다. 클라이언트 상담 위주의 기관이나 일대일 면담이 중요한 실천방법인 사회복지사는 과정기록을 통해 자신을 성장시키고 클라이언트와의 관계와 의사소통의 향상을 위해 노력해야 한다.

| 표 8-2 | **과정기록 예시** | | |

면담 내용	사회복지사의 느낌	슈퍼비전
가정폭력 사례로 가해자 수강명령을 받은 42세 남성과의 면담 C: (화난 얼굴로) 내가 왜 이런 곳에 와서 시간을 낭비해야 하는지 이해가 안 가네요. 제대로 알아보지도 않고 조금 밀친 것뿐인데, 제가 무슨 큰 잘못을 했다고요. W: (당황하여) 조금 밀친 건 아닌 것 같은데요. 아내분이 많이 다치셔서 치료를 받고 있는 것을 보니까요. C: (당당하게) 일부러 꾀병을 부리는 거예요. 별것도 아닌데…… 그리고 맨날 잔소리를 해대고 제 성질을 긁어요. 선생님은 도대체 결혼하셨나요? 부부싸움도 안 해 보셨어요? W: (당황하여) 아직 결혼은 안 했습니다만……. C: (무시하는 표정으로) 그러면 그렇죠. 아직 결혼도 안 해 본 사람이, 부부싸움이 뭔지 모르는 사람이 저를 이해할 수 있겠어요?	가정폭력 가해자 수강명령을 이행하기 위해 온 클라이언트가 자신이 잘못한 것에 대한 인식은 전혀 없이, 오히려 결혼을 하지 않아 아무것도 이해하지 못하는 것이라고 나를 무시하는 듯하여 당황하였다.	• 클라이언트가 자신의 문제를 부정하거나 회피하는 것에 대해 섣부르게 직면기술을 활용함으로써 논쟁의 분위기가 되었음 • 클라이언트의 갑작스러운 질문에 당황한 모습을 보임으로써 면담의 기선을 클라이언트가 가졌다고 생각하게 하였음. 따라서 부부관계에 대한 이해와 공감을 먼저 표현하고, 결혼 여부와 관계 없이 부부관계에 대한 전문적 이해와 경험을 보여 줄 필요가 있었음

(3) 요약기록

요약기록은 과정기록과 다르게 정보 수집을 통해 얻어진 자료를 선택하여 핵심 내용을 중심으로 기록하는 것이다. 요약기록은 주로 초기면접이나 타 기관으로의 의뢰, 사례 종결에 사용되지만 정기적으로 중요한 정보를 요약하기 위해 주 또는 월 단위로 이루어지기도 한다(최혜지 외, 2013). 요약기록의 내용은 개입의 단계나 서비스 방법에 따라 다양할 수 있지만 객관적 근거를 바탕으로 포함되어야 할 내용들을 구조적이고 체계적으로 제시해야 한다.

표 8-3 요약기록의 예시

클라이언트 기본 정보					
클라이언트명	김○민	성별	남	나이	13세
가구유형	일반	장애 유형	–		
보장구분	■ 수급권자 □ 조건부수급권자 □ 차상위 □ 저소득 □ 일반 □ 기타( )				
주거유형	■ 월세(보증금: 500만 원/월세: 10만 원) □ 전세(보증금:) □ 자가 □ 영구임대 □ 무상임대 □ 기타( )				
사례요약	○ 개인력 • 언어 발달이 늦고 학업이 부진함, 또래관계 좋음 • 지역아동센터, 태권도, 방과후교실 이용 중 ○ 가족력 • 모 　－고졸, 남편을 공장에서 만나 결혼함. 20○○년부터 자활 근로를 시작하였음 　－허리 통증으로 오래 앉아 있기 힘들어함. 지지체계 없음 • 부 　－현재 건강상의 이유로 근로활동을 하지 못함. 자녀에게 거의 관심이 없음 　－대인관계 어려움 있음(잦은 다툼, 분노 조절 어려움) • 누나 　－현재 중학교 2학년으로 학업에 관심 없음(성적 하) 　－20○○, 또래관계가 좋지 않고, 왕따 당한 경험으로 자해 경험 있음 ○ 문제사항 • 클라이언트는 중학교 진학을 앞두고 언어 발달이 늦고, 학업부진을 해결하고 싶어함 • 지역아동센터에서는 일대일 수업 형태가 아니어서 자발적인 학습이 어렵다고 함 • 천장에서 물이 새고 집 안 곳곳에 곰팡이가 있어 수리 요청을 하였으나 거주자가 짐을 다 빼야 해서 포기함. 이사 가고 싶어 함 • 클라이언트의 모가 가정 경제와 자녀 양육 모두를 챙기고 있으며 힘든 상황임. 클라이언트의 누나가 작년 자해를 하고 부와 갈등이 많았음. 이 문제로 클라이언트의 부모는 이혼을 고려하기도 함. 현재는 많이 안정된 상황이나 클라이언트의 부는 가정 내에서 역할을 거의 하지 못하고 있음				

참고문헌

김기태, 김수환, 김영호, 박지영(2007). **사회복지실천론**. 경기: 공동체.

김혜란, 공계순, 박현선(2013). **사회복지실천론**. 경기: 나남출판.

엄명용, 김성천, 오혜경, 윤혜미(2016). **사회복지실천의 이해**. 서울: 학지사.

우국희, 성정현, 좌현숙, 장연진, 최승희(2018). **사회복지실천론**. 서울: 신정.

이원숙(2008). **사회복지실천론**. 서울: 학지사.

조학래(2016). **사회복지실천론**. 서울: 신정.

최혜지, 김경미, 정순둘, 박선영, 장수미, 박형원, 배진형, 박화옥, 안준희(2013). **사회복지실천론**. 서울: 학지사.

Brown, J. A. (1992). *Handbook of social work practice*. Springfield, Ill: Charles. C. Thomas Publisher.

Comption, B. R., & B. Galaway. B. (1994). *Social work practice* (5th ed.). Pacific Grove, CA: Brooks/Cole.

Hepworth, D. H., & Larsen, J. A. (1990). *Direct social work practice: Theory and skill*. Belmont, CA: Wadsworth Publishing Company.

Kagle, J. D., & Kopels, S. (2010). **사회사업기록** (*social work records,* 3rd ed.). (홍순혜, 한인영 공역). 서울: 시그마프레스. (원저는 2008년에 출판).

Zastrow, C. (1999). *The practice of social work* (6th ed.). Pacific Grove, CA: Brooks/Cole.

제9장

사회복지실천의 초기단계

클라이언트의 문제해결을 돕기 위한 사회복지실천의 과정은 일정한 단계를 거치며, 각 과정에 따라 사회복지사가 수행해야 할 과업의 초점은 달라진다. 대체로 원조과정은 도움을 필요로 하는 사람과 처음 접촉하는 것을 시작으로 문제를 파악하고, 필요로 하는 서비스를 확인해서 제공한 후 마무리하는 순으로 이루어진다. 학자에 따라 3단계 혹은 4~6단계 등으로 세분화하기도 하지만 단계별 내용은 유사하다. 클라이언트 유형과 실천현장의 다양성에도 불구하고 사회복지실천의 원조과정은 필수 내용을 공통으로 담고 있다. 이 점은 사회복지실천의 수행과정이 일정 수준으로 구조화되어 있으며 단계별로 고유한 업무가 규정되어 있음을 의미한다. 이 책에서는 원조과정을 초기, 개입, 평가 및 종결의 세 단계로 나누어 단계별 기본 과업을 중심으로 살펴보고자 하며, 이 장에서는 이 중 초기단계를 접수, 자료수집 및 사정, 목표설정, 실행계획 등으로 세분화해서 다룰 것이다. 초기단계는 전체 원조과정의 원활한 이행을 위한 기초로서 이 단계에서 클라이언트가 갖는 첫인상은 이후의 과정 및 성과에 영향을 미치는 주요 요인이 되므로 사회복지사의 세심함이 요구된다.

① 접수단계

문제해결을 위해 도움을 필요로 하는 클라이언트와 사회복지사가 최초로 접촉하는 단계로서, 서비스 기관에 대한 클라이언트의 첫인상이 결정되는 중요한 단계이다. 이때 사회복지사는 도움을 필요로 하는 사람의 문제와 욕구를 신속하고 간략하게 파악해서 기관의 서비스 범위 안에서 그것을 다룰 수 있는지 여부를 정확히 판단해야 한다. 그러기 위해서는 풍부한 실천 경험과 지식을 갖춘 경력자가 접수를 담당하는 것이 바람직하다.

1) 접수 경로

클라이언트가 사회복지사와 접촉해서 접수에 이르는 경로는 다양하며, 경로별로 문제해결에 임하는 클라이언트의 태도, 동기, 참여 의지 등이 다를 수 있다. 접촉 유형에는 방문을 통한 대면 접촉뿐만 아니라 전화나 공문서(의뢰서) 등을 통한 접촉도 포함된다.

(1) 적극적 자기의뢰

클라이언트 스스로가 도움이 필요하다고 판단해서 직접 서비스를 신청하는 형태이다. 대부분 클라이언트가 사회복지기관이나 사회복지사를 직접 방문하여 서비스나 지원을 신청하는 경우가 많다.

(2) 비공식체계에 의한 의뢰

가족구성원, 친구, 이웃, 교사, 목사 등 클라이언트를 잘 아는 주변 지인이 클라이언트의 문제해결을 위해 도움을 요청해서 접촉이 이루어지는 형태이다. 이때 클라이언트 자신은 문제의 인식 수준이나 도움을 요청하려는 의지가 낮을 수도 있으며, 아예 서비스 자체를 거절하는 경우도 있다. 문제가 클라이언트의 기본적 욕구(의식주) 충족을 위협할 정도로 심각하거나 위험도가 높은 사안일 경우에는 클라이언트의 비자발성에도 불구하고 원조과정을 이어 나갈 필요가 있다.

(3) 공식체계에 의한 자발적 의뢰

클라이언트가 자기의뢰를 통해 정부기관이나 공공기관 또는 사회복지기관 등에 도움을 요청했더라도 그 클라이언트가 해당 기관의 서비스를 이용할 자격 요건을 갖추지 못했거나 혹은 그 기관이 해당 클라이언트의 욕구를 충족시킬 서비스를 갖추지 못했을 경우가 있다. 이럴 때 해당 기관이 다른 적절한 기관으로 클라이언트의 공식적 의뢰를 추진해서 접촉이 이루어지는 경우이다.

(4) 공식체계에 의한 비자발적 의뢰

클라이언트는 원하지 않지만 그의 문제해결을 위해 공식체계(주로 정부 또는 공공기관)가 사회복지기관이나 사회복지사에게 서비스를 신청하는 경우이다. 예를 들어, 법무부 산하 보호관찰소가 범법행위를 저지른 청소년을 사회복지기관에 의뢰해 사회봉사명령을 이수하도록 조치하는 경우이다. 이때 해당 사회복지기관은 청소년의 사회봉사명령 이수와 관련한 과정과 결과를 보호관찰소 측에 보고할 책임이 있으며, 비자발적 클라이언트가 원조과정에 참여하도록 동기를 강화하는 개입전략이 필요하다.

(5) 아웃리치를 통한 발굴

클라이언트나 클라이언트의 주변 지인, 공공기관 등이 서비스를 신청하지 않아도 사회복지기관의 접수가 이루어질 수 있다. 사회복지사가 직접 도움을 필요로 하는 클라이언트를 찾아 나서 사례를 발굴하는 '아웃리치(outreach)' 활동을 통한 경로이다. 이때 도움을 필요로 하는 사람이 기관의 서비스를 신청할 수 있도록 제반 절차를 적극 안내함으로써 접수에 이르게 한다.

이처럼 접수의 경로는 다양하며, 몇 가지 방식이 혼합되어 접촉이 이루어질 수도 있다. 어떤 경로를 통하더라도 접수단계에서는 클라이언트의 개인정보를 보호하고 서비스 동의를 확보하는 것이 중요하다.

2) 주요 과업

(1) 신속한 문제 확인

클라이언트의 문제 영역을 확인하고 해결에 필요한 서비스를 기관의 기능 범위 안에서 제공할 수 있는지를 결정하는 것은 접수단계의 핵심이다. 문제의 확인에서 객관적 자료를 통한 확인 이외에도 클라이언트가 주관적으로 호소하는 측면, 즉 자신의 문제를 어떻게 바라보고 어떤 해결을 원하는지를 파악하는 것이 필요하다. 이는 클라이언트의 서비스 참여를 북돋우는 토대가 되기 때문에 중요하다. 객관적 문제 정황과 클라이언트의 주관적 호소가 일치하지 않거나 상충되는 경우, 사회복지사는 전문적 관점에 따른 입장을 제시하고 클라이언트의 의견을 존중하며 문제 영역에 대한 합의를 도출해야 한다.

접수단계에서 클라이언트의 문제를 신속하게 파악하기 위해서는 다음과 같이 문제의 유형 구분을 통해 살피는 것이 유용하다.

① 결핍 혹은 과잉되고 있는 것은 무엇인가

필요한 것이 부족하거나 결핍되어 문제가 나타나는 경우로, 건강관리, 수입, 주거, 주변 지지, 가족 유대, 자존감 등을 예로 들 수 있다. 또한 바람직하지 않은 것이 과잉되어 발생하는 것으로는 두려움, 죄책감, 분노 폭발, 부부 갈등, 부모-자녀 갈등, 중독, 폭력 피해 등이 있다(Hepworth, Rooney, Glenda, & Strom-Gottfried, 2016).

② 삶의 어떤 영역에서 발생하는 문제인가

클라이언트의 문제는 삶의 다양한 스펙트럼 안에서 발생하며, 특정의 영역에 국한된 문제 혹은 여러 영역에 걸친 복합적 문제로 표출되기도 한다. 클라이언트의 문제는 다음의 영역으로 구분된다(Kirst-Ashman & Hull, 2009: 173).

- 지식과 경험의 부족
- 정서 · 행동 반응의 문제
- 질병과 장애
- 대인관계의 상실, 약화, 갈등
- 경제적 · 사회적 자원의 부족
- 문화 · 계층 갈등
- 공식 조직과의 갈등
- 소속집단의 역기능

③ 최근에 발생한 문제인가 혹은 만성적인 문제인가

문제가 최근에 발생한 것인지 혹은 이전부터 지속되어 온 만성적인 것인지를 구분할 필요가 있다. 만약 클라이언트의 긴박한 욕구가 확인되거나 위기 상황이라고 판단될 때에는 접수단계에서 바로 긴급 사정으로 진행해서 상응하는 조치를 취할 필요가 있다.

(2) 관계 형성을 통한 클라이언트 참여 유도

클라이언트의 서비스 참여 의사를 확인하고 동의를 확보하는 것이 중요하다. 특히 비자발적 클라이언트의 경우 이후의 원활한 원조과정 수행을 위해 접수단계에서부터 서비스 참여 동기를 강화하는 것이 관건이 된다. 이와 관련하여 몇 가지 대응전략이 모색될 필요가 있으며, 간략하게 정리하면 다음과 같다(김기태, 김수환, 김영호, 박지영, 2007: 234).

① 명확한 한계설정

기관(사회복지사)과 클라이언트가 원조과정에서 할 수 있는 것과 할 수 없는 것을 초기에 명확히 설명하고, 클라이언트가 기본적 책임을 이행하지 못했을 경우 감당해야 할 불이익에 대해서도 분명하게 설명한다. 비협력적 태도를 보이는 클라이언트에게 경직된 권위를 내세우기보다는 그럴 수밖에 없는 클라이언트의 양가감정에 공감하되, 비협력이 현실에서 초래할 수 있는 불이익(예: 사회봉사명령 불참에 따른 중형 조치)을 직시하도록 하는 것이 효과적이다.

② 분노감의 해결

원하지 않는 서비스를 받아야 하는 클라이언트는 당장 눈앞에 있는 사회복지사에게 방어와 거절, 적개심을 드러내기도 한다. 이때 상대방도 불쾌감을 드러낼 것이라는 클라이언트의 기대와는 달리 공감과 수용의 태도로 클라이언트에게 관심을 기울이는 사회복지사의 반응은 클라이언트로 하여금 그동안 삶에서 무수히 경험했던 '거절'과 '적개심' 대신 존중받음을 느끼게 한다. 이와 같은 교정적 정서 체험(corrective emotional experience)은 비자발적 클라이언트의 분노감을 줄이고 사회복지사와의 신뢰관계(rapport)를 형성하는 데 도움이 된다.

③ 성취 가능한 계약의 협상

사회복지사는 클라이언트와 원조과정의 목표를 활동과 참여가 가능한 현실적 수준으로 가시화(계약)해서 협상할 필요가 있다. 이때 서비스 참여를 통해 얻게 될 생활상의 이익이나 완화될 문제 등을 명확히 함으로써 변화를 위한 일종의 유인(인센티브) 제공의 효과를 기대할 수 있다.

④ 희망을 일깨움

비자발적 클라이언트들은 삶의 실패 경험으로 인해 자신의 능력에 회의감을 지니거나 자긍심이 낮아진 상황에서 사회복지사와 접촉하게 되는 경우가 많다. 이러한 점에서 사회복지사는 클라이언트의 과거 대처 노력의 성공적 결과를 찾아내고 현재의 강점을 확인함으로써 현재 상황이 현실적으로 개선될 여지가 충분하다는 점을 일깨울 필요가 있다.

적극적 자기의뢰이든 혹은 비자발적 의뢰이든 어떤 경우라도 클라이언트가 사회복지기관의 원조를 필요로 할 시점에는 대개 자신과 주변의 가능한 자원의 동원이 실패로 돌아간 다음이어서 클라이언트의 감정 상태는 무력하고 회의적이며 상처받기 쉽다(엄명용, 김성천, 오혜경, 윤혜미, 2016: 343). 적극적으로 자기의뢰를 한 클라이언트들도 도움을 받는 것에 대해 양가감정을 가질 수 있다. 무능해 보일까 걱정하고 도움을 받아야 하는 처지에 수치심이나 절망을 느끼기도 하는 등 양가감정을 지닌 상태에서 처음 만나게 되는 사회복지사의 태도는 관계의 질을 결정짓는 중요 요소이며 참여 동기를 형성하는 데 큰 영향을 미친다. 비록 짧은 시간이더라도 접수담당 사회복지사가 클라이언트를 한 인간으로 존중하고 그가 처한 곤경에 깊은 관심을 갖고 진심으로 도우려는 진정성(authenticity)을 보일 때 클라이언트는 편안하게 자신의 문제 상황을 얘기하게 된다.

(3) 서비스 수급적격 여부 결정 및 양식서 작성

접수담당자는 접수에서 얻어진 정보를 정리하여 '초기면접지'를 작성한다
(〈표 9-1〉 참조). 구조화된 양식에 따라 클라이언트 기본 정보와 표출된 주요
문제가 무엇인지를 체크한 다음, 그 문제를 기관이 다룰 수 있는지, 어떤 서
비스를 제공할 수 있는지 등에 관한 담당자의 의견을 간단히 밝히는 것으로
작성은 마무리된다. 담당자가 서비스를 제공할 수 있다고 판단한 경우, 클라
이언트 사례는 기관 내 사례로 등록되어 본격적인 원조단계(자료수집 및 사정)
로 진입하게 된다.

만약 접수단계에서 클라이언트의 문제해결에 적절한 서비스를 기관이 제
공할 수 없다고 판단될 때는 외부 의뢰를 추진해야 하며, 의뢰와 관련한 클라
이언트의 자기결정 및 동의 절차가 필요하다. 이때 의뢰는 다른 기관의 연락
처를 건네는 정도로 소극적 조치가 아니라 의뢰 대상기관의 담당자에게 직
접 연락을 취하거나 의뢰 대상기관 방문에 클라이언트와 동행하는 등 적극
적 형태로 추진되어야 한다. 이를 위해 사회복지사는 평소에 인근의 다양한
서비스 기관과 그 기능, 역할, 접촉 가능한 담당자 연락처 등의 정보를 목록
으로 정리하고, 이들 기관과의 협력적 상호연계망에 적극 참여할 필요가 있
다. 더구나 민관협력형 통합사례관리 접근이 점점 강조되는 현 시점에서 지
역사회기관과의 네트워킹은 사회복지사의 업무에서 매우 중요한 부분을 차
지한다.

표 9-1　초기면접지 작성 예시: 김영숙(가명) 사례

초기면접지(INTAKE)

담당부서	○○복지관 서비스제공팀		결재	담당	과장	부장	관장
면접자	김태희						
면접일	20○○년 1월 20일	면접 대상자		김영숙	면접장소		복지관 사무실

서비스 접수 경로						
자발적	서비스 신청인	김영숙	관계	본인	연락처	
	신청사유	자녀가 다니는 지역아동센터의 안내로 복지관 후원물품 희망				

일반사항					
성명	김영숙 （남 ⑭）	연령	만 41세	주민번호	******-2******
연락처	***-**** (오전 10시 이후 연락 가능)			휴대폰	***-****-****
주소	부산광역시 해운대구 반여1동 ***-**			직업	무직
학력	초등 졸			결혼상태	미혼/기혼/사별/이혼/기타
가족형태	□노인세대 □소년소녀가장 ■한부모 □장애인 □조손 □일반 □기타				
수급유무	□일반 □조건부수급 ■일반수급 □차상위 □저소득				

가족사항							
성명	관계	연령	학력	직업	건강상태	동거여부	비고
김영숙	본인	41세	초졸	무직	알코올문제	동거	
이달님	딸	13세	중1	학생	비만	동거	
김별님	딸	3세	-	-	영양결핍	동거	

긴급연락처							
① 성명	최효민	관계: 지인	주소	한빛 지역아동센터장	연락처		***-****
② 성명		관계:	주소		연락처		

주거사항			
주거형태	□영구임대 □자가(주택·아파트) ■전세(500만 원) ■월세(7만 원/월) □기타( )		방 1개
난방	■가스 □연탄 □기름 □전기	화장실	■수세식 □재래식
욕실	■있다 □없다	주거환경	□양호 □보통 ■열악

경제사항				
현재 수입원	기초수급	월평균 수입	680,000원	월평균 지출　650,000원

건강사항							
질병유무	■있다 □없다	질병종류	우울증	유병기간	3년	진료기관	○○정신과
장애유무	■장애(경도 지적장애: 등급진단은 받은 적 없음) □비장애						

주요 문제 및 욕구(중복표시 가능)		
■ 생계 · 경제문제 ■ 심리 · 정서문제 ■ 의료 · 질병문제 ■ 가족문제 ■ 주거문제 □ 교육문제 □ 취업문제 ■ 기타(학대의심 정황)		
클라이언트 욕구와 문제	주거 및 경제	• 막내딸의 기저귀, 우유, 장난감 등을 받기를 희망 • 월세가 밀려 집주인의 독촉이 심함 • 집이 낡고 청소를 하지 않아 주거상태가 불결함
	의료	• 술 마신 후 위통과 편두통이 있음 • 막내딸의 발육상태가 양호하지 않음 • 막내딸이 아직 말을 잘 못함 • 장녀의 비만이 점차 심해짐
	심리사회	• 최근 장녀가 말을 안 듣고 대들어 고성의 싸움이 잦음 • 이웃들이 자신을 비웃고 간섭하는 것 같아 기분이 나쁨
	기타	• 장녀의 학업성적이 떨어지고 이상한 아이들과 어울려 걱정임
사회복지사 평가		클라이언트는 계산력, 통합적 사고 등의 지적 능력이 다소 저조하며 경제적 관리능력이 낮아 현재 상당한 카드빚과 수개월째 월세를 연체하고 있으며, 집주인과의 마찰도 상당하다. 주거 상태가 불결하고 인스턴트음식이나 과자로 자녀의 식사준비를 대신하는 경우가 많으며, 본인은 부인하지만 알코올문제로 인한 여러 부정적 결과가 초래되고 있는 것으로 판단된다. 과거에 정신과 우울증 치료를 받은 적이 있으나 현재 복용하는 약은 없다. 최근 장녀와 잦은 다툼으로 스트레스를 받고 있다. 장녀는 지적 능력이나 일상생활 수행능력에서 양호하다. 그러나 모의 비위생적 생활습관 등으로 모에 대해 창피함을 느끼며 친밀한 가족관계가 형성되지 못한 상황이다. 최근 집보다는 바깥에서 시간을 많이 보내다 보니 모와 더욱 갈등이 있다. 막내딸은 아직 잘 걷지 못하는 등 발육상의 현저한 문제가 있는 것으로 판단된다. 장녀에 대한 정서적 지지와 모에 대한 일상생활교육 지원, 막내에 대한 의료지원 등의 개입이 필요할 것으로 판단된다. 장녀가 다녔던 지역아동센터와 원활한 정보교류 및 협조가 이루어질 필요가 있다.

필요 서비스(중복표시 가능)
□ 가사 □ 의료 □ 생활비지원 ■ 주거 ■ 상담 ■ 결연 □ 직업재활 □ 보육 □ 기타(   )

대상판정
■ 대상(긴급/일반) □ 비대상(정보제공/연계) ※의뢰기관 _____ 의뢰일자 _____ □ 보류(사유:)
사회복지사: 김태희   (서명) 작성일: 20○○년 1월 25일

자료수집 및 사정 단계

　초기면접에서 얻은 신상 정보만으로는 클라이언트와 그가 가진 문제 상황을 전체적으로 이해하는 데 한계가 있다. 그러므로 다양한 출처를 통해 클라이언트의 삶에 관한 자료를 수집하고 이를 체계적으로 분석·해석해서 원조 방향과 서비스 내용을 결정하는 사정의 단계가 필요하다.

1) 자료의 출처와 수집

　클라이언트의 문제 상황을 개인과 환경을 포함한 전체적 관점에서 파악해야 하므로 자료는 풍부할수록 좋으며, 이를 위해 다양한 출처로부터 자료를 수집할 필요가 있다. 일반적으로 사회복지사가 클라이언트와 그 주변 환경에 대한 이해를 높이기 위해 활용하는 자료의 출처는 다음과 같으며, 다양한 자료 출처의 활용이 바람직하다.

(1) 클라이언트 자가보고
　자신의 문제를 설명하는 클라이언트가 일차적 자료 출처이다. 문제에 대한 서술적 묘사와 느낌, 원인과 해결에 관한 의견 피력 등은 클라이언트의 상황을 이해하는 데 필수적인 정보이다. 그러나 주관성에 입각한 클라이언트 자가보고의 내용이 완전히 객관적이라고 할 수는 없다. 클라이언트는 당혹감이나 편견 등으로 왜곡된 감정과 생각을 표현하기도 하며, 고의적으로 사실을 숨기기도 한다. 그러므로 자가보고 이외의 다양한 자료 출처를 통해 정보의 객관적 신빙성을 확보할 필요가 있다. 클라이언트 이외 가족, 친구, 이웃 등 부수적 자료 출처를 활용할 경우에는 반드시 클라이언트의 동의를 얻어야 한다. 다른 객관적 자료와 클라이언트의 진술이 상충되기도 하는데, 이

때 섣부른 판단을 내리기보다는 여유를 가지고 상충되는 이유를 탐색하려는
태도가 필요하다.

(2) 관찰

클라이언트의 비언어적 행동이나 다른 사람과의 상호작용 등을 관찰함으
로써 클라이언트를 이해할 수 있는 폭이 넓어진다. 신체적 외양, 눈맞춤(eye
contact), 말 속도, 제스처 등의 비언어적 단서들은 한 사람이 살아온 인생의
윤곽을 보여 주는 자료가 된다. 사회복지사는 클라이언트의 가정을 직접 방
문해서 물리적 주거 상태를 확인할 뿐만 아니라 클라이언트의 일상적 삶에서
주변과 접촉하는 방식 등을 관찰할 수 있는 기회를 갖기도 한다.

(3) 심리검사 및 기타 기록물

표준화된 심리검사 도구를 활용해 클라이언트가 겪는 불안이나 우울, 사회
적 성숙도, 자아존중감, 가족관계 등에 관한 구체적 정보를 얻을 수 있다. 성
격이나 지능 등에 관한 심리검사는 임상심리사에게 의뢰해 신뢰성 높은 결과
를 얻을 수 있다. 사회복지사도 매뉴얼을 숙지해서 사회관계망이나 자아개
념, 가족관계, 심리 및 정신 건강, 직무 등에 관해 보편적으로 잘 알려진 척도
로 검사를 실시하기도 한다. 이 외에도 클라이언트가 작성한 양식서, 외부기
관 의뢰 시 의뢰 공문, 이전에 서비스를 받은 경우 관련 기록물까지 모두 자
료수집을 위한 출처가 된다.

(4) 사회복지사의 직관력

원조관계에서 클라이언트는 사회복지사와의 상호작용에서 자신의 일반적
사회관계 양상을 드러내는 경우가 많다. 클라이언트의 이러한 양상이 타인
과의 일반적 사회관계에서 긍정적 요소인지 혹은 장벽으로 작용하는지를 사
회복지사는 직관력을 통해 파악하기도 한다.

2) 사정

사정(assessment)은 자료수집에서 얻어진 클라이언트와 그의 문제에 관한 정보 조각들을 비평적으로 재구성하는 작업이다. 사정단계는 ① 수집·정리된 자료들을 체계적으로 분석하고 해석하고(Brown, 1992: 150), ② 클라이언트의 문제를 개인-환경의 전체적 맥락 안에서 강점과 함께 파악한 후, ③ 클라이언트의 삶에서 변화가 일어나야 할 부분을 클라이언트와 함께 결정하고, ④ 적절한 서비스 및 개입 유형과 수준 등을 선택하는 과정이다. 원조과정 전체의 방향성을 결정한다는 점에서 사정은 실천과정의 중추라고 볼 수 있다. 존슨과 얀카(Johnson & Yanca, 2009: 260)는 사회복지실천에서 제대로 된 사정을 수행하기 위해 이해해야 할 사정의 특징들을 몇 가지로 정리했다.

(1) 지속적(ongoing) 과정

초기단계에서 자료수집이 끝난 후 시작되는 사정은 단발성 활동이 아니라 원조과정이 종결될 때까지 전 과정에서 걸쳐 지속적으로 이루어진다. 원조가 진행되는 동안 새로운 사실이나 문제를 접하기도 하면서 그에 대한 새로운 이해를 위해 재사정이 이어져야 하며, 그 결과는 진행 중인 개입(서비스, 프로그램)에 즉각 반영되어야 한다.

(2) 이중적 초점

사정은 두 가지 측면에서 '이중적' 초점(twofold focus)을 지닌다. 먼저, 사정은 상황(환경) 속에서 클라이언트를 이해하는 데 초점을 두는데, 이때 환경과 개인 모두에 초점을 둔다는 의미로 '이중적'이다. 또 하나는 이와 같은 클라이언트의 이해뿐만 아니라 실행계획의 기반을 제공하는 것에도 초점을 둔다는 의미에서 사정은 '이중적'이다.

(3) 클라이언트-사회복지사 상호성

사정은 사회복지사와 클라이언트가 함께 참여하는 상호작용의 과정이다. 사회복지사의 전문 지식과 경험에만 의지해 사정을 진행하기보다는 클라이언트가 자신의 문제 상황을 전체적 시각에서 적극 들여다보고 원하는 해결의 정도와 수준을 합의하는 데 적극 참여해야 한다. 사회복지사와 클라이언트 두 사람 간의 원활한 상호작용은 원조관계상의 신뢰 수준을 높이고 클라이언트가 자신의 문제 상황과 해결 가능성 등에 대한 보다 높은 통찰력을 갖도록 한다. 이러한 참여는 감정의 발산과 환기를 가져와 개입이 시작되기 전에 사정단계에서 이미 클라이언트의 변화가 시작되는 좋은 계기를 만든다.

(4) 강점기반

클라이언트 삶의 부정적 문제만을 나열하거나 분석하는 데 그친 사정은 바람직하지 않다. 사정에서는 문제의 파악과 함께 현 상황이 더 나빠지지 않게 지탱시키고 있는 클라이언트와 주변체계들의 강점을 확인하는 것도 매우 중요하다. 재화의 소유 정도뿐만 아니라 문제를 회피하지 않거나 융통성의 발휘 등과 같은 삶의 태도에서도 강점들을 확인할 수 있다. 이런 강점의 확인은 나아갈 원조과정 전반이 가능성의 측면에 더 치중하도록 하는 밑바탕이 된다.

(5) 지식에 근거한 판단

사정에서는 판단이 중요하다. 어떤 지식기반과 기술을 활용해야 할지, 클라이언트의 어려움이나 욕구를 어떻게 규정할지 등을 결정해야 한다. 이러한 결정을 위해 클라이언트 삶의 복잡성과 개별성을 전체적 시각으로 이해할 필요가 있다. 이때 인간 발달 및 생애주기, 가족구조, 지역사회 등에 관한 다양한 지식은 클라이언트와 주변체계에 대한 이해를 한층 깊게 할 수 있다. 또한 이들 지식은 문제와 욕구를 규정짓고 그에 관한 개입방안 등을 결정짓는 판단의 기초를 제공한다. 때로는 정보 수집을 위해 조사기법 관련의 지식이 적극 활용되기도 한다.

(6) 개별화

사람의 상황이란 똑같을 수 없으므로 사정의 과정 역시 클라이언트마다 차별화되어야 하며, 천편일률의 표준화된 방식을 따를 순 없다. 비슷한 상황에도 사람마다 의미부여를 하는 바나 해결되기를 원하는 바가 다르다는 점 때문에 사정은 사례마다 개별적으로 이루어져야 한다.

(7) 불완전성

어떤 사정이라도 완벽하지 않다. 어떤 상황을 단번에 완전히 이해하려는 것은 불가능할뿐더러 바람직하지도 않다. 이해에는 충분한 시간이 소요되어야 하며, 상황은 항시 변화한다. 그러므로 사정단계에서 사회복지사는 제한적 이해로 인한 불확실함을 자연스럽게 받아들여야 하며, 지속적(ongoing) 사정을 거듭 진행하는 것이 더 현실적 방안이 된다.

3) 사정의 내용

사회복지사가 사정에 임하는 것은 다음과 같은 질문의 해답을 찾아가는 과정이다(엄명용 외, 2016: 346).

- 클라이언트는 어떤 사람인가?
- 클라이언트는 자기 문제를 무엇이라고 생각하는가?
- 문제는 얼마나 오래 지속되어 왔는가?
- 클라이언트는 그간 문제해결을 위해 어떤 노력을 해 왔으며, 그것이 효과가 있었는가?

- 어떤 사람들이 관련되어 있으며, 어떤 집단이나 사람들이 영향을 받는가?
- 클라이언트에게 영향을 줄 수 있는 주요한 타인들은 누구인가?
- 클라이언트는 문제를 해결하고자 동기화되어 있는가?
- 클라이언트의 강점과 취약점은 무엇인가?

이들 질문에 답을 찾는 과정인 사정에서는 문제의 본질, 개인과 가족의 기능 수준, 사회환경적 맥락 등을 종합적으로 고려하면서 이들 간 상호작용이 분석되어야 한다. 이렇듯 클라이언트의 문제 상황을 총체적으로 다루어야 하는 사정의 특성상 '다차원적(multidimensional) 사정'으로 불리기도 하며(Hepworth et al., 2016: 198), 여기에 문제, 개인, 가족, 사회적 환경 등의 차원이 포함된다.

(1) 문제 차원

발달과정상의 욕구나 인생 전환점 등을 고려해서 클라이언트가 가진 어려움의 본질을 구체적으로 파악한다. 대체로 문제는 개인적, 대인관계상 혹은 사회구조적 원인에서 발생하며 때로는 이들 간의 상호작용으로 발생하기도 한다. 문제의 지속 기간, 빈도, 강도, 촉발되는 특정 상황 등을 파악함과 더불어 문제를 바라보는 클라이언트의 관점과 반응(reaction)도 탐색되어야 한다. 클라이언트 중에는 자신의 문제를 인정하고 도움을 청하는 사람도 있지만 문제를 명확히 인지하지 못하거나 표현하는 데 어려움을 지닌 사람도 있다.

(2) 개인 차원

일차적으로 클라이언트가 바라는 것(want)과 욕구(need)가 무엇인가를 파악하고, 아울러 대처능력, 강점과 취약점, 문제해결에 대한 동기 수준 등도 평가한다. 개인의 기능 수준에 대한 사정이라고 할 수 있으며 인지, 신체, 심리·정서, 행동 차원의 측면에서 살펴볼 수 있다.

- **인지적 측면**: 사고 유연성, 현실 판단력, 비평 사고력, 시종일관성, 책임성 등
- **신체적 측면**: 질병이나 장애 유형과 정도, 치료 및 회복 수준, 복용 중인 약물 등
- **심리 · 정서적 측면**: 정서적 특성, 정서의 적절성과 통제성, 스트레스 저항력 등
- **행동적 측면**: 과잉행동, 과소행동, 대인관계상의 행동 특성 등

(3) 가족 차원

가족은 클라이언트와 심리 · 정서적으로 가장 긴밀하게 연결되어 있는 미시적 환경체계로서 클라이언트 문제의 근원일 수도 있고 문제해결의 근원이기도 하다는 점에서 가족에 대한 사정은 중요하다. 주로 가족체계, 가족규범, 가족 역할, 권력 균형, 의사소통 방식 등의 차원에서 가족의 기능 수준을 파악할 필요가 있다(엄명용 외, 2016: 349). 체계로서 가족이 내 · 외부적 상호작용을 할 때의 경계선 형태(명료/애매/경직)와 내외부적 도전에 맞서 가족체계를 유지하기 위해 사용되고 있는 균형성 회복전략(항상성) 등은 가족규범이나 가족 역할과 관련지어 분명하게 살펴볼 필요가 있다. 가족 전체의 항상성 전략은 때로는 가족의 하위체계인 클라이언트의 문제를 만들어 내는 원인을 제공하기도 한다. 체계론적 입장에서 모든 가족은 어떤 방식으로든 가족구성원의 문제에 일정 부분 기여하는 동시에 그로 인해 발생하는 문제로부터 영향을 받고 있음을 사정에서 확인하는 것이 중요하다.

(4) 사회적 환경 차원

클라이언트의 문제와 관련된 환경 내 체계들이 얼마나 적절한지 혹은 부족한지, 강점과 취약점은 무엇인지 등을 판단하는 내용으로 구성된다. 이러한 사정을 통해 클라이언트를 둘러싼 체계 중 강화 · 유지되어야 할 것과 개발되

어야 할 것 그리고 클라이언트로부터 분리되어야 할 체계 등을 확인한다. 부부나 가족을 비롯하여 친척, 친구, 이웃, 동료, 또래집단 등의 비공식적 사회지지체계, 그리고 돌봄, 건강, 고용 등과 관련된 서비스를 제공하는 다양한 사회기관 역시 사회지지체계에 포함된다. 그리고 클라이언트가 속한 문화마다 개인적·사회적 욕구의 형태와 충족하는 방식이 다를 수 있기 때문에 환경 차원의 사정에서는 문화적 요소의 고려도 중요하다.

사정에서 다차원성을 종합적으로 고려하기 위해 〈표 9-2〉의 질문 목록을 활용할 필요가 있다. 사정에서 다루어야 할 내용들을 구체적 질문의 형태로 제시한 이 목록은 사회복지사가 빠뜨림 없는 사정을 하였는지 확인하는 데 유용하다(Hepworth et al, 2016: 199). 실제 사정에서는 문제를 명확히 파악하려는 질문들과 강점과 자원을 파악하려는 질문들을 균형적으로 활용하는 것이 바람직하다.

표 9-2 사정 질문 목록

	사정을 위한 구체적 질문	영역
1	클라이언트가 인식하고 있는 문제나 근심은 무엇인가?	기본적 파악
2	현 상황과 관련된 법적 명령이나 소환 등 법률적 사안은 무엇인가?	
3	건강이나 안전상의 급박한 문제는 무엇인가?	
4	문제가 뚜렷하게 드러나는 구체적 징후는 무엇인가?	문제 명확화
5	문제에 어떤 사람이나 체계가 연루되어 있는가?	
6	연루된 사람이나 체계는 어떻게 상호작용해서 문제를 만들고 있나?	
7	문제와 관련해서 채워지지 않은 욕구나 요구사항은 무엇인가?	
8	어떤 발달과정 단계 혹은 인생 전환기에 와 있는가?	
9	문제의 심각성은 어느 정도인가?	
10	클라이언트가 생각하는 문제의 원인은 무엇인가?	
11	문제행동들은 어떤 장소에서 발생하는가?	

12	문제행동들은 언제 발생하는가?	문제 명확화
13	문제행동들은 얼마큼 자주 발생하는가?	
14	문제가 지속되어 온 기간은 얼마 동안이었는가?	
15	문제로 인해 발생한 결과는 무엇인가?	
16	알코올/약물 중독, 폭력피해 등의 사안이 영향을 미치는가?	
17	문제에 대해 클라이언트는 정서적으로 어떤 반응을 보이고 있는가?	
18	클라이언트는 어떤 대처 노력을 했고, 요구되는 문제해결 기술은 무엇인가?	강점/ 자원 탐색
19	클라이언트가 보유한 강점과 기술은 무엇인가?	
20	다문화 · 사회구조 · 사회계층 요인들이 문제와 어떻게 관련되어 있는가?	
21	현재 가능한 사회지지체계 혹은 만들어져야 할 지지체계는 무엇인가?	
22	클라이언트에게 필요한 외부 자원은 무엇인가?	

4) 사정의 도구

사정에서는 다양하고 많은 자료를 정리 · 분석하기 위해 기본적으로 몇 가지 사정 도구를 사용한다. 이들 도구는 그림이나 표를 통해 압축된 형태로 많은 양의 정보를 눈으로 쉽게 확인하게 해 준다.

(1) 가계도

가계도(genogram)는 클라이언트를 중심으로 가족 상황을 그림으로 표현한 것이다. 하트먼(A. Hartman)에 의해 처음 고안되었으며, 최소 3대 이상의 가족구성원을 포함하여야 한다. 가계도를 작성할 때는 클라이언트와 사회복지사가 함께 참여해서 가족 내 관계 양상을 파악해 나가는 것이 중요하다. 가계도 작성을 위한 기본 지침은 다음과 같다.

• 남성은 네모, 여성은 원, 성별을 모를 경우(임신 중)에는 세모로 표시하며, 클라이언트는 겹으로 표시한다.

- 도형 안에 나이를 기재하고, 사망한 사람은 도형 위에 X 표시를 한다.
- 출생 순서는 왼쪽에서 오른쪽으로 배치한다.
- 결혼은 가로줄로 연결하고 연결선 위에 결혼연도를 표시한다.
- 이혼은 가로줄 가운데 두 개의 사선을, 별거는 한 개의 사선을 그어 표시하며, 연결선 위에 연도를 표시한다.
- 동거(사실혼)는 가로줄을 점선으로 표시한다.
- 부모와 자녀 세대의 연결은 수직선으로 표시한다.
- 함께 살고 있는 구성원들은 점선으로 묶어 표시한다.
- 구성원 간 관계 특성을 선으로 표시한다(친밀한 관계는 실선, 소원한 관계는 점선, 갈등관계는 지그재그형 꺾은선).

그림 9-1　가계도 예시(김영숙 사례)

(2) 생태도

생태도(eco-map)는 개인과 그 가족이 주변 외부 환경체계와 어느 정도 연결되어 있고 관계의 질은 어떠한가를 그림으로 표시한 것이다. 가계도와 마찬가지로 생태도 역시 클라이언트와 함께 작성하는 것이 바람직하다. 작성된 생태도는 가족구성원의 연령, 성별, 가족 구성에 관한 정보와 함께 가족이 지역 안에서 얼마나 많은 공식적 · 비공식적 사회관계망을 가지고 있는지, 고립의 정도는 어떠한지, 상호작용 관계의 질은 어떠한지 등을 한눈에 파악할 수 있게 한다. 원조과정에서의 변화를 알아보기 위해 여러 번 그려서 비교해 볼 수도 있다. 작성의 지침은 다음과 같다.

- 클라이언트와 가족을 하나의 체계로 나타내는 중심원을 그린다.
- 중심원 내부에 클라이언트 가족을 그린다.

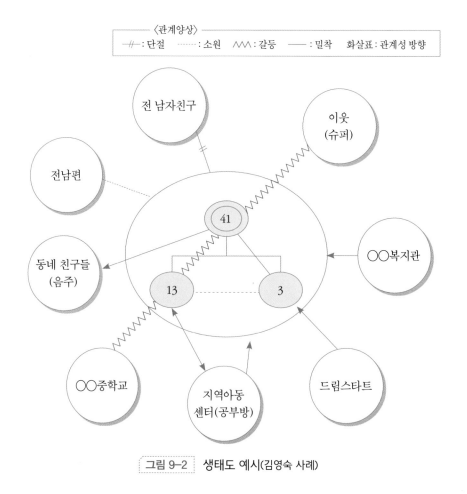

그림 9-2 생태도 예시(김영숙 사례)

- 중심원을 에워싼 주변에 환경체계를 그린다.
- 외부체계와 클라이언트 개인 혹은 가족과의 관계의 속성을 선(실선/점선/꺾은 선 등)으로 표시한다.

(3) 생활력 도표

생활력 도표(life grid)는 클라이언트가 전 생애 동안 삶의 여러 영역에서 겪은 주요 사건이나 문제의 발전과정 등을 시간의 흐름 순으로 도표로 정리하는 방식이다. 과거 생활상의 경험들이 현재의 문제나 기능 수준에 미치는 영향을 한눈에 볼 수 있게 하는 장점을 지녀 사회복지실천에서 많이 사용된다.

표 9-3　생활력 도표 예시(김영숙 사례)

연도	본인	장녀	막내	활동	건강	문제	기타
2006년	28세	1세		장녀 출산	양호 (정상분만)	부부갈등	남편 가출
2014년	36세	8세		장녀 초등 입학	양호	적응 어려움	
2015년	37세	9세		장녀 공부방 이용 시작	알코올성 위염	위생관리 문제 발견	공부방 교사의 관심
2015년	37세	9세		남자친구 동거	알코올 과다	남자친구의 폭언 · 폭력	공부방에서 장녀 보호
2016년	38세	10세	1세	막내딸 출생	노산 (제왕절개)	금전관리 부실	남자친구 결별

(4) PIE 분류체계

전미사회복지사협회(NASW)가 개발한 사정 도구로서, 인간과 환경 간 상호 작용 측면에서 문제를 다루는 데 초점을 두며 사회적 기능을 파악하는 데 주안점을 둔다. 문제를 네 가지 요소로 구분해서 사정하며, 정신건강 영역 진단분류체계인 DSM-5처럼 매뉴얼(Karls & Wandrei, 2000)을 통해 부호화된

코드로 기재될 수 있다. 분류체계로서 지닌 명확성과 간략함 때문에 현재 사례관리실천에서 활용도가 높아지고 있다.

- **요소 1**: 사회적 역할상의 문제 유형, 강도, 지속 기간, 대처 수준 등을 확인하고 부호화
- **요소 2**: 요소 1의 문제와 관련된 환경상의 문제 유형, 강도, 지속 기간 등을 확인하고 부호화
- **요소 3**: 정신건강 문제
- **요소 4**: 신체건강 문제

사회복지사는 사정에서 다루어야 할 내용들을 빠짐없이 검토한 후 사정 도구를 통해 정리·분석한 결과를 사정 양식서에 기재한다. 〈표 9-5〉의 사정 양식서 작성 예시는 앞의 초기면접지 예시에서는 사례 클라이언트와 그 가족을 사정한 결과를 담고 있다.

표 9-4 PIE 분류체계 사정 예시(김영숙 사례)

사정 내용		부호	권고 개입
요소 1: 사회역할	• 부모역할, 책임형, 심한 심각성, 5년 이상 지속, 부적절한 대처기술	1130.415	자녀방임 모니터링
	• 친구역할, 의존형, 중간 심각성, 5년 이상 지속, 약간 부적절한 대처기술	2240.314	음주모임과의 분리
요소 2: 환경문제	• 부적합한 주거수준, 심한 심각성, 5년 이상 지속	5202.41	주거환경 개선 지원
	• 감정지지체계의 부재, 중간 심각성, 1~5년 이하 지속	10101.32	
요소 3: 정신건강	• 알코올 과다		중독관리지원 센터 연계
요소 4: 신체건강	• 위염과 편두통		의료검진 협력요청

표 9-5 사정 양식서 작성 예시(김영숙 사례)

사정기록지(Assessment)

성명		김영숙		성별 / 나이		□남 ■여(나이: 만 41세)	
가족사항	관계	이름	나이		성별	건강	동거여부
	본인	김영숙	41		여	알코올	동거
	자녀	이달님	13		여	비만	동거
	자녀	김별님	3		여	영양결핍	동거
주거상황	■아파트(방 2칸, 화장실 1칸, 거실, 부엌) ■전월세(500만 원/65만 원)						
보호구분	■국민기초생활수급자 □차상위 / 차차상위 □저소득 □일반 □기타( )						

가계도	생태도

1) 가족력 및 개인력

◎ 클라이언트(김영숙)

- 1남 1녀의 막내로 어린 시절 아버지와 오빠의 알코올문제와 폭력으로 힘든 시절을 보냈으며, 이로 인해 중학교 때 몇 번의 가출을 반복하다 결국 중퇴했다. 중퇴 후 노점상을 하던 어머니를 잠시 도왔으나 교통사고로 어머니가 사망한 이후 아예 집을 나와 떠도는 생활을 했다. 이후 원가족과 접촉 없이 살아왔으며, 아버지와 오빠 모두 술 합병증으로 사망했다는 소식을 전해 들었을 뿐 장례식에도 참석하지 않았다.
- 28세에 나이 차이가 많이 나는 남편을 만나 결혼했으나 전남편 역시 폭력적 주사가 심해 장녀를 낳은 직후 이혼하였다. 이후 남자친구들을 사귀다 37세에 두 살 연하의 남자친구와 동거를 시작해 38세에 막내딸을 출산했다. 남자친구는 임신사실을 알고 난 직후 집을 나가 연락을 끊어 현재까지 접촉이 없다. 반면, 인근에 사는 전남편은 오가다 가끔 얼굴을 보기도 하지만 막내딸을 낳은 후에는 실질적 접촉은 없다.
- 클라이언트는 부모님의 연령, 전 남편의 연령, 이혼연도 등을 잘 기억하지 못하며, 돈 계산에 어려움이 있으며, 문해력 수준이 낮아 일상적 인지기능상의 장애가 있는 것으로 보인다. 장을 보거나 서류를 작성할 때 항상 장녀의 도움을 받는다. 청소나 요리, 세탁 등의 일상생활 관리능력도 상당 부분 부족하다. 돈이 생기면 라면과 과자를 사 놓고는 나머지로 술을 사서 마신다. 동네 술친구 모임에서 눈총을 받으면서도 술을 얻어먹으려 한다.

◎ 장녀
- 중학교 1학년으로 초등학교 4학년부터 살이 쪄 작은 키에 비만형 체격이며, 위생관리가 잘 안 돼 초등학교 때 놀림의 대상이었다. 어릴 때부터 어머니의 대리인 역할을 해 왔으며 초등학교에서는 학업능력도 양호한 편이었다. 몸에서 냄새가 난다고 따돌림 당한 이후 친구는 없었다. 중학교 입학 후 성적이 많이 떨어지고 여전히 친구는 없다.
- 학교급식 이외에는 주로 라면과 과자를 먹는데 사춘기가 되면서 더욱 살이 쪄 외모에 대한 불만이 많다. 어머니와의 동반 외출을 꺼릴 정도로 어머니를 부끄러워하며 마찰이 잦아 되도록 집에 있지 않으려 한다. 중학생이 된 후에도 공부방(지역아동센터)에 가서 놀다 가기도 한다. 며칠 전 여동생을 돌보라는 어머니에게 대들다 크게 다툰 후 어머니와 말을 하지 않는 상황이다.

◎ 막내딸
- 항상 어머니에게 업혀 다니며 아직 잘 서거나 걷지 못한다. 어머니는 술을 먹거나 어딜 가도 막내딸을 업어서 데리고 다니는 것이 편해서 아직도 계속 막내딸을 업고 다닌다. 연령에 비해 발육상태가 양호하지 못하며 영양상태도 좋지 않으며 잦은 설사로 아직 기저귀를 차고 있다.

2) 사회적 상황(사회지지체계 및 자원)
- 슈퍼: 생필품을 주로 사다 보니 접촉이 많으나 외상 빚이 많고 아이들 밥을 안 해 먹인다고 타박하는 여자 주인과 큰 소리로 욕을 하고 싸움이 잦다.
- 동네 술친구 모임: 주로 동네 여자들끼리 모여 술을 먹는 모임으로 공짜술만 축내는 클라이언트를 반기지는 않지만 하는 수 없이 끼워 술을 마시는 경우가 많다.
- 지역공부방: 장녀가 이용했던 지역아동센터로 지금까지도 장녀와 접촉하며 유일한 지지체계 역할을 하고 있다. 이곳의 교사는 클라이언트 가정에 관심을 가지고 도우려 한다. 클라이언트도 이곳에 대해 호의적으로 대한다.

3) 주요 욕구 및 문제점
- 클라이언트: 일상생활 관리의 문제, 자녀방임 가능성, 알코올로 인한 건강문제의 제기
- 장녀: 비만으로 인한 건강문제, 학업상의 문제, 정서적 지지체계의 부족
- 막내: 영양상태 및 발육상황의 점검이 필요

서비스 판정
□단순 □일반 ■집중 □사례관리 □의뢰: 기관 및 일시 □보류: (사유 _____)
필요 서비스(중복표시 가능)
□가사 □의료 □생활비지원 ■주거 ■상담 □결연 □직업재활 □보육 □기타 (   )
사회복지사 의견
클라이언트는 문제에 대한 인식정도가 낮으며, 일상생활관리 및 양육방식에 대한 관리와 교육이 필요함. 유일한 지지체계인 지역공부방과의 업무적 협업을 필요로 하며 단순후원물품 지급 이외 스스로의 능력 배양을 필요로 하는 부분에서 집중사례로 판단됨
사회복지사: 김태희   (서명)   작성일: 20○○년 3월 2일

 계획단계

사정단계에서 클라이언트의 문제와 욕구, 자원과 강점 등을 확인했다면, 계획단계는 앞으로 어떤 변화를 어떤 전략으로 이룰 것인지를 명확히 하는 데 주안점을 둔다. 이를 위해 목표 설정, 실행계획, 계약의 주요 과업이 수행된다.

1) 목표 설정

(1) 목표 설정과정과 효과

목표란 개입과정을 통해 주요문제가 해결된 상태, 즉 달성되었으면 하는 바람직한 결과나 기대를 클라이언트의 언어로 표현하는 것이다(Brown, 1992: 165). 과업중심모델을 개발한 리드와 엡스타인(Reid & Epstein, 1972)은 목표 설정에 클라이언트가 반드시 함께 참여해서 문제의 우선순위와 해결전략에 대한 합의를 해내는 것을 강조했다(Reid & Epstein, 1972). 목표 설정의 과정은 대략 다음 다섯 가지로 구성된다(Sheafor & Horejsi, 2008: 498).

① 클라이언트가 달성하고자 원하는 목표를 구체화함
② 목표 달성에 필요한 변화의 내용을 명확히 함
③ 변화를 위한 적절한 개입전략을 선택함
④ 클라이언트와 사회복지사의 행동전략을 결정함
⑤ 전반적 원조과정의 시간계획을 수립함

이상의 과정을 거쳐 목표 설정 과업이 원활하게 잘 이루어질 때 다음의 긍정적 효과를 얻을 수 있다(Fox, 2001: 51).

- 원조과정이 나아갈 구체적 방향 제시로 불필요한 혼란을 줄임
- 클라이언트의 자기주도 활동을 통해 자기효율성 및 통제력 확인(임파워먼트 효과)
- 클라이언트와 사회복지사가 진척 상황을 쉽게 점검·평가하게 함
- 현실적으로 변화될 수 있는 부분에 집중할 수 있게 함
- 클라이언트와 사회복지사 간 협력적 의사소통의 증진

(2) 목표 설정의 지침

가능한 한 명확하고 간략한 목표가 도출되어야 하며, 클라이언트의 적극적 협력은 당연히 동반되어야 한다. 좋은 목표를 도출하기 위한 지침으로 SMART[1] 기법이 잘 알려져 있으며, 이를 세부적으로 살펴보면 다음과 같다.

① 구체화와 부분화

목표는 명확하고 정확한 용어로 표현되어야 한다. 추상적 또는 관념적 용어 대신 실현 가능성이 높은 행동적 용어로 구체화될 필요가 있다. 특히 클라이언트가 도달하기 원하는 상황에 초점을 두어야 한다. 클라이언트 자신과 주변 사람들이 어떤 결과나 상태가 되면 원하던 변화가 일어났음을 알 수 있을지 질문해 나가면서 목표를 구체화시킨다. 예를 들어, '자존감의 향상'은 자존감이 향상되었을 때 나타나는 행동이나 결과, 예를 들어 동료에게 먼저 인사함, 외모를 꾸밈, 대화 중 눈맞춤 유지 등으로 구체화될 수 있다. '행복해지고 싶다'는 막연한 목표는 행복하게 되면 어떤 점이 지금과 달라지는지, 지금 보기에 행복한 사람은 누구인지, 자신이 행복하다고 느꼈던 가장 최근은 언제였는지 등을 묻는 질문들을 통해 구체화된다.

---

1) Specific(구체적), Measurable(측정가능), Achievable(성취가능), Realistic(현실적), Timely(시간틀)

목표의 구체화를 위한 또 하나의 방법으로 '부분화' 기술을 사용할 수 있다. 해결이 불가능할 것으로 보이는 큰 문제를 해결 가능한 작은 조각으로 만들어 현실 가능한 단계로 나아가게 해 클라이언트의 성취감과 동기 수준을 끌어올리는 효과가 크다(Hepworth et al., 2016: 364). 예를 들어, '우울감 줄이기'는 '정해진 시간에 식사하기' '점심 식사 후 30분 야외 산책' '정해진 시간에 잠자리 들기' '기상 후 창문 열고 바깥 보기' 등의 작은 과업들로 쪼개어질 수 있다. 비록 작은 과업이라도 성취함으로써 희망적이 되고 문제해결의 동기를 가질 수 있게 된다.

② 측정 가능성

목표는 가급적 측정 가능한 형태로 제시되어야 하는데, 이를 위해 빈도, 지속 기간, 강도 등의 관찰 가능한 행동으로 표현되어야 한다. 특히 시간틀(timely)은 목표에서 중요하다. 직접적 변화가 즉각 기대되는지 혹은 행동이나 상황, 인식 등과 같이 시간이 걸리는지에 따라 단기 혹은 장기 목표로 구분된다. 장기 목표의 경우, 몇 개의 작은 단기 목표로 세분하는 부분화를 통해 성취해 나가는 것이 바람직하다. 클라이언트가 서로 연관된 여러 목적을 가지고 있을 때 클라이언트와 함께 목표달성척도(Goal Attainment Scale)[2]를 만들어 점수를 부여해서 이를 성과 지표로 사용하는 것도 효과적이다. 이처럼 측정 가능한 형태로 목표를 만드는 과정에서 사회복지사와 클라이언트는 언제, 어떤 방식으로 평가할 것인가에 대해서도 자연스럽게 논의하고 결정을 할 수 있다.

---

[2] 목표달성척도(GAS)에 대한 상세한 설명과 예는 제11장(사회복지실천의 종결단계)에 제시되어 있다.

③ 성취 가능성 및 현실성

목표의 실현 가능성은 클라이언트의 관점에서 목표 설정이 이루어질 때 높아진다. 너무 높거나 낮은 목표 수준은 클라이언트의 삶과 유리될 가능성이 높아 현실적이지 않다. 클라이언트의 기능 수준보다 약간 높은 정도가 적절하며(김기태 외, 2007: 214), 가능한 한 부정적 측면보다는 긍정적 희망 상태에 초점을 둔 용어를 사용하는 것이 바람직하다. 즉, '~해서는 안 됨'보다는 할 수 있는 것 위주로 기술될 필요가 있다.

목표의 성취 가능성과 현실성은 클라이언트뿐만 아니라 사회복지사와 서비스 제공기관과도 관련이 있다. 사회복지사가 지닌 지식과 기술 수준에 부합하고, 서비스 기관의 기능과도 일치하는 목표라야 현실 가능성 있는 목표가 된다.

2) 실행계획

목표가 설정되면 실행단계에서 구체화될 수 있는 내용으로 표현되어야 한다(엄명용 외, 2016: 375). 즉, '누가' '무엇을' '어느 정도' '어떤 상황에서' '언제까지' 할 것인지에 대한 답이 제시될 수 있도록 기술하는 것이 필요하다. 목표 달성의 주체와 과업, 주어진 시간제한을 명시하는 것이 이후 개입단계와 종결단계에서 개입과정을 점검하고 전반적 평가를 하는 데도 도움이 된다(최혜지 외, 2013: 321). 〈표 9-6〉은 앞의 사정에서 제시된 사례의 목표 설정 및 실행계획의 적용 예시이다.

표 9-6 목표 설정 및 실행계획 작성 예시(김영숙 사례)

주요 문제	합의된 욕구	합의된 목표	실천계획 클라이언트와 가족	사회복지사
자녀방임 우려	건강한 식사 준비	아침과 저녁을 직접 준비한다.	• 한 달 동안 매일 아침과 저녁을 준비해서 자녀들에게 제공	• 푸드 마켓을 통한 식재료 제공 • 식단표 공동작성
	양육기술 강화	자녀의 발달단계에 맞춘 양육기술을 습득한다.	• 주 1회 양육기술훈련 프로그램에 4회 참여 • 막내를 어린이집에 등원시킴	• 건강가정지원센터 프로그램 의뢰 및 모니터 • 드림스타트 체험 연결 • 어린이집 연결 및 협력체계 유지
	음주 조절	음주량을 줄인다.	• 동네 친구 모임을 월 1회로 줄임 • 밤에 아이를 두고 외출하지 않음	• 중독관리지원센터 안내 • 아동학대에 관한 지침 및 신고 관련 고지
건강악화 우려	청결한 주거환경 조성	청소와 설거지를 제때 이행한다.	• 한 달 동안 주 2회 집안 쓸고 닦기 • 한 달 동안 식사 후 설거지를 바로 함	• 곰팡이 제거를 위한 도배장판 지원 신청(구청) • 활동점검표 공동작성
	의료검진 받기	의료검진을 통해 가족 건강상태를 확인한다.	• 막내는 소아청소년과의 발육검진을 받음 • 클라이언트와 장녀는 내과 검진을 받음	• 의료기관 연계 및 협력체계 유지 • 보건소 비만관련 서비스 알아봄

3) 계약

계획단계는 계약으로 마무리된다. 이는 선택된 목표를 확인하고 구체적 수행활동에 관한 상호 간의 동의를 확인하는 절차이다. 즉, 변화가 필요한 부분 및 전략행동(목표)에 관한 합의를 명시하고, 사회복지사와 클라이언트가 수행할 의무와 과업 등에 대해 상호 약속하는 과정이다. 계약서에는 일의 순서와 방법, 평가 방식, 시간계획 등이 제시되고, 마지막에 클라이언트와 사회복지사의 서명과 계약 날짜 등이 기재된다. 구두(口頭)나 암묵적 형태의 계약보다는 상호 서명한 계약서를 교환하는 서면계약이 바람직하다. 계약과정에서 사회복지사는 원조 의도를 명확히 전달하고, 클라이언트의 역할에 따른 책임성을 알려야 한다. 또한 목표 등 계약에 기재된 내용이 고정불변의 것이 아니라 원조과정의 진척에 따라 수정·보완될 수 있다는 점을 알리는 것도 중요하다.

모든 계약이 항시 순조롭지만은 않으며, 클라이언트와 사회복지사 간 의견 차이로 갈등이 일어나기도 한다. 이러한 갈등을 피하지 않고 정면으로 다루는 것이 바람직하다. 오히려 너무 순조로운 계약은 어느 한쪽(주로 클라이언트)이 불편함이나 두려움 등을 회피하고 있을 가능성이 있어 점검해 볼 필요가 있다(김기태 외, 2007: 223). 효과적 계약활동을 위해 사회복지사는 성취 가능한 목표 과업의 제시, 양가감정 해결, 인센티브 활용, 과거의 성공적 대처 경험 강조 등의 방법을 사용한다.

참고문헌

김기태, 김수환, 김영호, 박지영(2007). **사회복지실천론**. 경기: 공동체.
엄명용, 김성천, 오혜경, 윤혜미(2016). **사회복지실천의 이해**. 서울: 학지사.
최혜지, 김경미, 정순둘, 박선영, 장수미, 박형원, 배진형, 박화옥, 안준희(2013). **사회복지실천론**. 서울: 학지사.

Brown, J. A. (1992). *Handbook of social work practice.* Springfield, IL: Charles C. Thomas Publisher.
Fox, R. (2001). *Elements of helping process: A guide for clinicians.* NY: Routledge.
Hepworth, D. H., Rooney, R. H., Glenda, D. R., & Strom-Gottfried, K. (2016). *Direct social work practice: Theory and skills* (10th ed.). Standalone Book.

Johnson, L. C., & Yanca, S. J. (2009). *Social work practice: A generalist approach* (7th ed.). Boston: Allyn and Bacon.

Karls, J. M., & Wandrei, K. E. (2001). **임상사회복지 사정분류체계: PIE 매뉴얼 및 PIE 체례론**. (*Person-in-environment System: The PIE Classification system for social functioning problems-manual*). (임상사회사업연구회 역). 경기: 나남출판. (원저는 1994년에 출판).

Kirst-Ashman, K. K., & Hull, G. (2009). *Understanding generalist practice* (7th ed.). Chicago: Thomson Brooks/Cole.

Reid, W. J., & Epstein, L. (1972). *Task-centered casework*. New York: Columbia University Press.

Sheafor, B. W., & Horejsi, C. R. (2008). *Techniques and guidelines for social work practice* (8th ed.). Boston, MA: Allyn and Bacon.

제10장

사회복지실천의 개입단계

사회복지실천의 개입단계는 클라이언트와 함께 수립한 계획들을 실천으로 옮기는 전반적인 과정들이 포함된다. 사회복지실천의 과정 중에서 가장 오랜 기간이 필요하며, 사회복지실천의 모든 방법과 이론, 지침이나 규정, 지역사회의 자원 등을 포괄적으로 활용하여 클라이언트의 문제나 욕구를 해결해 나가는 과정이다. 이 장에서는 이러한 모든 내용을 포함할 수 없기 때문에 주요 대상별 개입방법들을 모두 제시하지 않고 클라이언트 개인 중심으로 직접적 개입과 간접적 개입으로 구분하여 살펴본다. 직접적 개입이란 개인, 가족 그리고 소집단 단위로 사회복지사가 클라이언트와 직접 마주하며 상호작용을 통해 함께 정한 목표를 해결해 나가는 과정이라고 할 수 있다. 직접적 개입의 구체적 방법들은 다양하지만 여기서는 정서 회복, 인지 변화, 행동 변화, 사회적 대처기술 향상 등을 중심으로 살펴본다. 간접적 개입은 클라이언트 개인의 변화를 주로 다루는 직접적 개입과 달리 클라이언트와 관련된 환경적 차원을 중심으로 접근한다. 여기서는 간접적 개입의 방법 중에서 지지체계 및 프로그램 개발, 중개, 조정, 옹호, 환경수정, 사회행동 등을 살펴본다.

 직접적 개입

1) 목적

사회복지실천에서 개입은 사정과 계획 단계 이후의 연속적 과정의 하나이다. 개입은 계획에 근거하여 진행되지만 클라이언트의 변화를 우선적으로 접근할지, 아니면 클라이언트의 환경적 맥락을 우선시할지 정할 수 있다.

클라이언트 개인에 대한 접근에서는 자신에 대한 인식이나 주변 상황을 깊이 이해하도록 하는 통찰 중심인지, 아니면 대인관계나 사회적 대처능력을 향상시키기 위한 행동 변화의 기법을 선택할 것인지를 정할 수 있다. 일반적으로 클라이언트의 환경적 맥락에 대한 접근을 간접적 개입이라고 하며, 클라이언트 개인의 변화와 관련한 접근을 직접적 개입이라고 말한다. 대개의 경우 직접적 개입과 간접적 개입이 병행된다.

직접적 개입이란 개인, 가족 그리고 소집단 단위로 사회복지사가 클라이언트와 직접 마주하며 상호작용을 통해 함께 정한 목표를 해결해 나가는 과정이다. 직접적 개입은 가족이나 소집단 단위로 활동을 한다고 하더라도 궁극적으로 개인의 변화를 목적으로 한다. 사회복지실천의 과정에서는 직접적 개입과 간접적 개입이 거의 동시에 진행되지만 다음과 같은 경우에는 직접적 개입을 통해 변화 목적을 달성할 가능성이 높다(엄명용, 김성천, 오혜경, 윤혜미, 2016: 381).

• 클라이언트의 욕구가 자신의 내적 · 주관적 원인에서 비롯되는 경우
• 클라이언트가 자신의 욕구를 정확하게 알아차리지 못하여 혼란 속에 있는 경우
• 클라이언트가 위기로 인하여 일시적 균형을 잃고 있는 경우
• 클라이언트가 대인관계의 어려움을 해결하고 싶은 욕구를 가진 경우
• 클라이언트가 외부 자원을 활용할 수 있는 능력이 손상되어 있는 경우

직접적 개입은 개인의 정서, 인지, 행동의 변화를 주로 다룬다. 정서 변화는 클라이언트의 내외부로부터의 스트레스나 갈등으로 인한 정서적 혼란을 감소시키거나 안정되도록 하는 것이다. 클라이언트의 인지 변화는 주로 지속적으로 문제나 욕구를 유발하는 인지 패턴을 이해하여 대처능력을 향상시키는 것이다. 행동 변화는 클라이언트가 다른 사람이나 외부 환경에 부적절하게 대응하여 나타나는 문제들을 적응적 방향으로 변화시키는 것이다. 따라서 직접적 개입은 클라이언트의 심리적 혼란을 안정화시키고 자신에게 닥친 사건이나 상황을 폭넓게 볼 수 있도록 하여 사회적 기능이나 대처능력을 향상시키는 것을 목적으로 한다.

직접적 개입의 방법은 클라이언트의 상황과 목적에 따라 다양하며, 한 번에 한 가지의 개입기술만 활용되는 것이 아니라 복합적으로 적용된다. 예컨대, 지역사회에서 고립된 채 생활하고 있는 독거노인과의 첫 만남에서 수용, 격려, 환기, 재보증, 비언어적 지지 등의 개입기술들이 동시에 활용될 수 있다는 것이다. 직접적 개입의 구체적 방법들은 다양하지만 여기서는 정서 회복, 인지 변화, 행동 변화, 사회적 대처기술 향상 등으로 구분하여 설명하기로 한다.

2) 구체적 방법

(1) 정서 회복

많은 클라이언트는 자신의 삶 자체에 대한 좌절, 문제해결을 위한 의지나 동기의 결여 혹은 욕구 발견에 대한 의욕 상실 등으로 무력감, 불안, 혼란, 침체의 정서적 경험 속에서 일상생활이나 사회생활에 능동적으로 참여할 수 없다. 또한 정서적 불안정이 선행되어 문제해결이나 욕구 발견의 어려움을 겪을 수도 있다. 클라이언트의 정서 회복은 그 자체로 삶의 행복이나 만족감을 높여 줄 수 있을 뿐만 아니라 문제나 욕구 해결의 출발점이라고 가정된다. 사회복지사가 활용할 수 있는 정서 회복 기술로는 수용, 격려, 환기 등이 있다.

① 수용

수용은 정서 회복뿐만 아니라 직접적 개입에서 모든 클라이언트에 대한 사회복지사의 기본 태도라고 할 수 있다. 수용(acceptance)은 인간 존엄성의 가치를 바탕으로 클라이언트를 있는 그대로 지각하고 대처하는 사회복지사 행위의 원칙이다(Biestek, 1957: 72). 수용의 어려움은 사회적으로 지탄받는 대상이나 사회복지사의 과거 경험이나 생활 방식에 기인하여 발생할 수 있다. 예컨대, 동료 학생들을 지속적으로 괴롭히고 음주, 흡연 그리고 폭언이 일상화되어 있는 청소년 클라이언트라든지, 사회복지사가 조현병에 대한 두려움을 평상시에 가졌다면 진정한 소통을 회피하고 피상적 대응만을 시도하는 경우 등이다.

수용은 클라이언트를 편안하고 안정되도록 만들며, 자신의 좌절, 죄책감, 분노 등을 방어 없이 드러낼 수 있도록 한다. 이를 통해 클라이언트는 자신과 사회에 대한 개방적 자세로 자신의 해결 과제에 대해 적극성을 보일 수 있다.

② 격려

격려(encouragement)란 어려운 과업에 직면해 있거나 위기 상황에 있는 클라이언트에게 유용한 기법 중 하나로, 사회복지사의 정직한 평가를 통해 무력감과 절망감으로부터 벗어날 수 있도록 한다. 단순하고 피상적으로 용기를 북돋우려는 내용, 예컨대 "이 문제는 시간이 지나면 다 해결됩니다."와 같은 반응은 격려가 될 수 없다.

격려는 클라이언트가 자신을 어떻게 생각하고 있는지 그리고 상황을 어떻게 판단하고 있는지를 구체적으로 파악하여 능력에 대한 진정한 신뢰를 표현하는 것이다. 예를 들면, 알코올중독자가 10개월간의 단주생활을 유지하다가 최근 가족 불화로 인한 반복된 음주로 중독이 재발한 사례를 보자. 이때 사회복지사가 단순히 단주 실패에 초점을 두는 것이 아니라 10개월 동안이나 단주를 위해 노력한 행동 혹은 생활 패턴에 대해 의미부여 및 칭찬을 하는 것을 말한다.

③ 환기

환기(ventilation)란 클라이언트가 가지고 있는 강한 부정적 정서, 즉 죄의식, 수치심, 슬픔, 분노, 좌절, 절망, 혼란 등의 감정을 자유롭게 표현하도록 하는 기법이다. 이를 통해 클라이언트는 정서적으로 보다 안정되고 상황에 대한 올바른 인식과 대처를 위한 준비를 시작할 수 있다. 예컨대, 대학 졸업반 학생이 취업 걱정으로 너무나 혼란스러운 상황에서 친한 친구에게 좌절하고 절망적인 자신의 감정을 한 시간 정도 진솔하게 이야기한 이후에 나타나는 정서적 안정감도 환기의 일종이라고 할 수 있다.

(2) 인지 변화

인지(cognition)란 개인이 주변 세계에 대해 갖는 생각을 말한다. 인지 변화와 관련된 직접적 개입에는 재보증, 일반화, 조언이나 충고, 명료화, 직면 등이 있다.

① 재보증

재보증(reassurance)이란 어떤 도움도 받을 수 없을 것 같은 절망적인 위기 상황에 있는 클라이언트에게 믿음을 주어 그들이 가진 능력을 확인시키고 자신감을 향상할 수 있도록 하는 기법이다. 예를 들면, 성폭행을 당한 경험이 있는 청소년이 비슷한 외모의 성인을 만나면서 나타난 불안으로 인해 외부에서 사람 만나기를 힘들어하는 경우에 지금까지 힘들지만 다른 성인들과 잘 지내온 것처럼 조금씩 힘을 내면 예전처럼 다른 사람들과 관계를 유지해 나갈 수 있다고 지지하는 것이다.

재보증은 반드시 현실성이 있어야 하며, 사회복지사가 클라이언트의 불안에 대해 참을 수가 없어서 성급하게 하거나 상호 간의 관계를 빠르게 발전시키기 위한 수단으로 활용하는 것은 바람직하지 않다(Johnson & Yanca, 2001: 335).

② 일반화

일반화(universalization)란 클라이언트가 자신만 가지고 있다고 보는 고통스러운 감정이나 생각을 다른 사람들도 비슷하게 겪고 있다는 사실을 확인시켜 정서적으로 강한 안도감을 경험하도록 하는 기법이다. 예를 들면, 한 학생이 다른 사람 앞에서 말하거나 발표할 때 극도로 불안하고 떨리며 땀을 흘리고 얼굴이 붉어져서 다른 사람들이 자신을 바보라고 느낄 것이라는 생각에 너무 고통스럽다고 하는 경우이다. 이때 이와 유사한 경험이나 생각을 가진 학생들의 이야기를 통해 그러한 문제가 자신만의 문제가 아니라 다소 강도의 차이가 있지만 많은 학생이 겪는 문제라고 인식한다면 이후의 발표나 학교생활이 훨씬 쉬워질 것이다.

③ 조언이나 충고

조언이나 충고는 클라이언트에게 보다 직접적인 지시를 통해 문제를 해결하도록 하는 기법이다. 조언이나 충고는 적절한 시기에 필요한 만큼 하는 것이 중요하다. 문제를 빠르게 해결하고 싶은 클라이언트는 사회복지사에게 정답에 가까운 조언을 요구하기도 하는데, 사회복지사의 섣부른 조언이나 충고로 인해 클라이언트와의 신뢰관계가 손상되기도 한다.

사회복지사는 전통적으로 클라이언트의 자기결정의 원칙을 존중하기 위해 조언이나 충고를 하는 것을 주저하는 경향이 있지만 심각한 위기 상황에 있는 개인이 극심한 불안이나 혼란을 느끼면서 적절한 대처를 하지 못할 경우에는 그것이 필요하다.

조언이나 충고의 방법에는 강조하기, 암시하기, 촉구/주장하기 그리고 클라이언트의 실제 생활에 대한 강제적 개입의 네 가지가 있다(Woods & Hollis, 1990: 엄명용 외, 2016에서 재인용). 강조하기란 클라이언트가 이미 하려고 하는 행동을 사회복지사가 동의하는 것이다. 예를 들면, 남편의 폭력에 대해 무기력하게 저항하지 못하고 있던 클라이언트가 경찰서에 직접 신고하기로 하였다고 말하는 사례를 보자. 이때 사회복지사가 클라이언트의 신고 용기에 대해 적극적으로 동의하는 경우이다.

암시하기란 사회복지사 자신의 생각을 반영하는 것이다. 예컨대, 중학교 3학년 자녀를 둔 아버지가 음주 후에 밤늦게 귀가한 아들을 집에서 나가라고 말한 이후에 어떻게 대처해야 할지 모르겠다고 말한 사례를 보자. 이때 사회복지사는 아버지의 걱정을 이해하고 아들이 술이 취한 상태에서는 그대로 재우고 다음 날에 아버지의 걱정에 대해 이야기하는 것이 바람직하다고 조언하는 경우이다.

촉구/주장하기란 적극적으로 강요하는 수준의 충고이다. 예를 들면, 아이들은 잘못했으면 매를 맞아 가면서 자라야 한다고 말하는 부모의 사례를 보자. 이때 사회복지사는 어떠한 경우에도 자녀에게 폭력을 행사해서는 안 된다고 말하는 것이다.

　클라이언트의 실제 생활에 대한 강제적 개입은 클라이언트의 생명을 위태롭게 하거나 심각한 위기 상황을 초래할 수 있는 상황에서의 적극적 행동이다. 예컨대, 자녀가 수술이나 수혈을 받지 않으면 생명이 위험한 상황에서 부모의 신념에 의해 치료를 거부하는 경우에 양육권을 일시 정지시키고 치료를 받도록 하는 것이다.

④ 명료화

　클라이언트가 자신의 사고, 감정, 행동을 명확하게 인지하지 못하여 나타나는 문제적 상황에서 명료화가 필요하다. 명료화(clarification)란 클라이언트의 말 속에 포함되어 있는 뜻을 클라이언트에게 명확하게 전달해 주는 것이다. 명료화는 클라이언트의 실제 언어표현에서 나타난 감정 또는 생각 속에 암시되어 있는 의미를 클라이언트에게 분명하게 확인해 주는 것이다. 예를 들면, 부모님과 대화하면 '늘 기분이 안 좋아지고, 없어져 버렸으면 좋겠다.'라고 말하는 청소년에게 사회복지사가 '없어져 버렸으면 좋겠다.'라는 말의 의미가 무엇인지를 질문하는 경우이다.

⑤ 직면

　직면(confrontation)이란 클라이언트가 어떤 문제를 해결하고 싶어 하면서도 그러한 문제를 지속하도록 만드는 행동 패턴을 반복하는 경우에 이 사실을 통찰하고 스스로 변할 수 있도록 알려 주는 것이다. 직면기술의 사용으로 극적인 전환이 일어나기도 하지만 어떤 경우에는 클라이언트가 크게 저항하거나 깊은 상처를 입을 수도 있으며 사회복지사와의 신뢰관계가 손상될 수 있기 때문에 주의 깊게 사용해야 한다. 예를 들면, 개입 초기에 자신의 아내와 잘 지내기를 원한다고 하면서도 계속 감정을 자극하는 말이나 행동을 지속하고 있는 남편에게 이러한 사실을 직면시킨다면 화를 낼 가능성이 많다.

따라서 직면은 신뢰관계가 충분히 형성되고 난 이후에 사용해야 하며, 너무 자주 하는 것은 바람직하지 않다. 또한 클라이언트가 매우 심하게 혼란스러울 때는 활용하지 않아야 하며, 직면 후에 너무 즉각적인 변화를 기대하지 않아야 한다. 그리고 가능한 한 클라이언트가 자기직면을 할 수 있도록 기다려 주고 사회복지사는 촉진자 역할을 할 필요가 있다(Hepworth & Larsen, 2006: 589-592).

(3) 행동 변화

클라이언트의 행동 변화는 정서와 인지의 변화를 기반으로 할 때 보다 효과적일 수 있다. 행동 변화는 주로 행동주의 이론에서 인간의 습관, 신념 그리고 심지어 목표까지도 형성시킬 수 있으며, 반대로 행동을 수정할 수도 있다는 근거를 바탕으로 한다. 지금까지 형성된 바람직하지 않은 행동을 변화시키는 것을 행동수정(behavior modification)이라고 한다. 행동수정에서는 사회적으로 바람직한 행동은 강화하고 그렇지 않고 적응에 도움이 되지 않은 행동은 제거하거나 소거하려고 한다. 행동수정의 방법에는 토큰경제, 모델링, 역할교환, 행동시연 등이 있다.

① 토큰경제

토큰경제(token economy)란 어떤 상징적인 강화물을 행동의 변화가 있을 때 나누어 주고 나중에 이 토큰을 실제적 강화물과 교환하는 기법이다(엄태완, 2017: 120-121). 예를 들면, 학교에 근무하는 사회복지사가 수업에 집중하지 못하는 학생에게 가만히 앉아 있거나, 필기를 열심히 하거나, 선생님의 말에 지속적으로 집중할 때 토큰을 나누어 준다. 이 토큰은 나중에 학생이 좋아하는 음식이나 휴식시간 등과 같은 실제적 강화물과 교환할 수 있다.

② 모델링

모델링(modeling)이란 다른 사람이 하는 행동을 보고 그대로 모방하도록 하는 방법으로, 복잡하거나 새로운 행동을 학습할 때 활용하는 기법이다. 사회복지사는 역할극 등을 통해 클라이언트가 익혀야 하는 행동들을 모방하도록 연습시킬 수 있다.

③ 역할교환

역할교환(role reversal)이란 클라이언트를 둘러싼 중요한 타인들의 행동이나 감정에 대한 이해를 높이는 데 효과적인 기법이다. 사회복지사는 클라이언트가 다른 사람의 입장에서 상황을 바라보고 의견을 말하도록 개입한다. 역할교환의 구체적인 방법은 다음의 과정을 거친다(김혜영, 석말숙, 최정숙, 김성경, 2014).

첫째, 사회복지사는 클라이언트의 문제와 관련된 현재와 과거의 모든 사람들을 확인한다. 둘째, 사회복지사는 클라이언트에게 확인된 사람의 입장과 태도를 취해 보도록 말한다. 셋째, 사회복지사는 클라이언트에게 자신의 입장과 다른 사람의 입장 사이를 번갈아 오가며 역할을 하도록 한다. 사회복지사 또는 다른 참여자가 클라이언트가 행하는 역할을 관찰하여 의견을 제시할 수 있다. 이를 통해 클라이언트는 자신과 관련된 다른 사람의 행동을 이해하고 자신의 행동이나 역할을 수정할 수 있다.

④ 행동시연

행동시연(behavior rehearsal)은 주어진 문제 상황을 어떻게 다룰지 반복적으로 미리 연습하는 것을 말한다. 행동시연은 사회적 기능수행이 낮은 클라이언트에게 적용하여 큰 효과를 가져오는 기법이다. 행동시연의 구체적 단계는 다음과 같다(김혜영 외, 2008).

첫 번째, 클라이언트가 자신의 문제를 설명한 이후에 그 상황에서 그가 주로 하는 행동양식을 보여 준다.

두 번째, 사회복지사가 좀 더 효과적으로 상황에 대처하는 방법을 제시한다.

세 번째, 사회복지사가 역할극을 통해 자신이 제시한 효과적 방법을 클라이언트 역을 맡아 시연한 이후에 클라이언트가 사회복지사가 한 효과적 방법의 행동을 수행한다.

네 번째, 클라이언트가 명확하게 대처방법을 이해한 이후에는 반복해서 그러한 행동을 연습한다.

다섯 번째, 클라이언트가 실제 생활에서 적용할 수 있도록 연습한 내용에 대한 과제를 준다.

(4) 사회적 대처기술 향상

클라이언트 개인의 변화는 결국 보다 큰 사회를 향한 도전적 결과물로 완성되어야 한다. 사회복지사는 클라이언트가 정서적 회복, 인지적 및 행동적 변화를 통해 자신을 적절하게 안정화시켜 대인 간 의사소통을 보다 원활하게 할 수 있도록 개입한다. 이 과정에서 클라이언트는 사회적 자원을 활용하면서 스스로 자신의 문제를 해결할 수 있어야 한다. 이렇게 클라이언트가 사회적 대처를 향상하는 방법으로는 스트레스 관리기술, 자기주장훈련, 사회기술훈련 등이 있다. 이들 방법도 기본적으로는 행동주의 이론에 근거하고 있다.

① 스트레스 관리기술

스트레스 관리란 외부 환경이 주는 긴장이나 스트레스에 대해 클라이언트가 과도한 반응을 하지 않고 효과적으로 대처할 수 있도록 돕는 기법이다. 이 기법은 일상생활이나 사회생활에서 경제적 · 대인관계적 · 신체적 어려움 등과 관련하여 나타나는 과도한 불안이나 분노로 인한 고통의 감소와 해결을 통해 내면의 안정과 사회적 기능을 향상시키는 방법이다.

스트레스 상황에 대한 개인의 반응은 생물학적 · 인지적 · 행동적 차원에서 포괄적으로 나타나기 때문에 관리기술에서도 다차원적인 접근이 필요하다. 예를 들면, 이완훈련(relaxation training)은 스트레스로 인한 생리적 안정을 위한 기법이지만 인지적 · 행동적 차원에서도 효과가 있는 것으로 알려져 있다.

② 자기주장훈련

자기주장(assertiveness)이란 상대방의 권리와 감정을 존중하는 가운데 자신의 의견과 주장, 선호 등을 구체적으로 표현하는 행동, 태도 그리고 언어를 일컫는다(김기태, 김수환, 김영호, 박지영, 2007: 264). 이러한 자기주장을 하지 못할 경우에는 타인이 자신을 무시하거나 침해하도록 허용하거나, 갑작스러운 공격적 형태를 타인에게 취하면서 대인관계의 문제를 유발하거나 장기적으로는 소외되어 우울이나 낮은 자존감, 불안 등으로 이어질 수 있다.

자기주장 훈련은 가정폭력과 관련된 클라이언트, 심리적 위축으로 자기표현에 어려움을 겪는 클라이언트, 정신적인 문제를 장기간 가지고 있는 클라이언트, 대인관계적 문제로 적응에 어려움을 가지는 클라이언트 등에게 매우 효과적인 방법이다.

③ 사회기술훈련

사회기술훈련(social skills training)이란 행동주의 이론을 근간으로 하여 클라이언트의 일상생활과 사회생활에 필요한 다양한 기술을 학습하도록 하는 접근법이다(엄태완, 2018: 227). 사회기술의 부족은 영 · 유아기부터 적절한 사회화를 발달시키지 못한 결과로 대인관계 혹은 사회적 관계에서의 역기능으로 나타난다. 사회기술훈련은 사회기술이 부족한 모든 클라이언트에게 적용 가능하며, 보통 의사소통 기술훈련을 기본으로 한다.

사회기술훈련은 부모양육 기술이나 대화방법, 분노 조절, 가족 대화기술 중

진, 친구 사귀기 등을 주로 한다. 보다 심각하게 사회기술이 부족한 클라이언
트에게는 대중교통 이용, 식사 주문, 공공기관 이용, 개인위생 관리 등을 포함
하기도 한다. 클라이언트의 능력과 상황에 따라 다르지만 모델링(modeling),
역할극(role play), 게임 등의 방법으로 특정 사회기술을 학습해 나간다.

 간접적 개입

1) 목적

간접적 개입은 클라이언트 개인의 변화를 주로 다루는 직접적 개입과 달리
클라이언트와 관련된 환경적 차원을 중심으로 접근한다. 즉, 간접적 개입은
사회복지사가 클라이언트를 원조하기 위해 클라이언트 외에도 관련된 개인,
집단, 가족, 조직 또는 지역사회 등 클라이언트의 환경에 개입하는 것이다.

간접적 개입의 경우에는 효과적인 개입을 위해서 시간이 다소 많이 필요하
거나 개입의 효과가 두드러진 결과로 나타나지 않을 수도 있다. 또한 간접적
개입은 직접적 개입보다 다소 전문성이 떨어진다는 오래된 속설이 있기도 하
다. 하지만 사회복지실천에서 클라이언트의 욕구를 충족하기 위해서는 사회
복지 기관이나 영역의 특성에 따라 차이가 있기는 해도 직접적 · 간접적 개입
이 동시에 이루어졌을 때 가장 효과적이라고 할 수 있다.

간접적 개입은 물리적 환경 변화나 사회구조의 변화와 같은 방법부터 클
라이언트에게 새로운 서비스를 연결해 주거나 서비스 내용을 점검하고 새로
운 서비스를 개발하는 것까지 다양하다. 직접적 개입과 마찬가지로 하나 이
상의 간접적 개입의 방법들이 한 명의 클라이언트에게 동시에 적용되기도
한다. 여기서는 간접적 개입의 방법 중에서 지지체계 개발 및 활용, 프로그램
개발, 서비스 중개, 서비스 조정, 클라이언트 옹호, 환경수정, 사회행동을 살

퍼보기로 한다.

2) 구체적 방법

(1) 지지체계 개발 및 활용
지지체계의 개발과 관련해서는 크게 다음과 같은 네 가지 방법이 있다.

① 자연적 지지체계
자연적 지지체계로는 가족, 친척, 친구, 이웃, 종교단체 등이 있다. 사회복지사는 클라이언트의 욕구 충족을 위해 자연적 지지체계를 활성화할 필요가 있다. 예를 들면, 지적장애를 가진 아들을 전적으로 돌보아야 하는 부담을 호소하는 클라이언트에게 가족이나 가까운 친인척 그리고 종교단체 등이 효과적으로 원조할 수 있는 방법들을 개발하는 것이다. 특히 확대가족은 클라이언트와 멀리 떨어져 생활하더라도 지속적인 지지를 할 수 있기 때문에 관계망에 포함시킬 필요가 있다.

사회복지사는 자연적 지지체계의 기반이 약한 외국인 이주민이나 북한이탈주민 등의 경우에는 자연적 지지체계의 개발에 더욱 관심을 기울여야 한다. 이 경우에는 가족이나 친인척보다는 친구, 이웃, 종교단체 등을 활용하여 지지체계를 확립할 필요가 있다. 자연적 지지체계는 클라이언트의 원조를 안정적이고 영속적으로 지원할 수 있다는 장점도 있지만 지나치게 자연적 지지체계에 의존하는 개입을 한다면 지지체계가 와해될 수도 있다.

② 자조집단
자조집단이란 공통적인 문제나 어려움을 가진 사람들이 공동 욕구 해결을 위한 상호원조를 제공할 목적을 가지고 자발적으로 구성한 집단으로서, 클라이언트들은 자조집단을 통하여 물질적 원조뿐만 아니라 정보를 제공받고 정

서적 지지를 받는다(Zastrow, 1987: 김혜영 외, 2014에서 재인용). 사회복지사는
서로 유사한 인생 경험이나 조건을 가진 사람들이 상호 도움을 주고받을 수
있도록 돕는다. 자조집단은 사회복지사의 개입 없이 자발적으로 형성되며
대체로 소집단의 형태를 띤다.

   자조집단의 원조는 대가가 없으며 전문 지식을 가진 전문가보다는 구성원
들의 경험에 의해 이루어진다. 그러나 자조집단이 모든 클라이언트에게 효
과적으로 작용하는 것은 아니다. 어떤 경우에는 지나친 의존심을 조장하거
나 복잡한 상황에 대해 단순하게 해결책을 제시하여 오히려 혼란을 가져오기
도 한다. 또한 어떤 자조집단에서는 전문가에 대한 강한 반감과 선입견을 부
추기기도 한다. 사회복지사는 이러한 부정적 효과에 대한 자문 역할을 수행
하거나, 모임 장소의 제공, 재정의 확보방안, 정보와 훈련의 제공, 지역의 전
문가로부터 신뢰와 인정을 받도록 하는 것과 같은 역할을 할 수 있다(김기태
외, 2007: 277-278).

   ③ 자원봉사자
   자원봉사자는 사회복지실천에서 클라이언트를 돕기 위해 활용해 온 오래
된 자원이다. 과거 자원봉사자는 주로 중년 여성들이었지만 현재에는 청소
년, 은퇴노인 등으로 확대되고 있다. 사회복지사는 자원봉사자들을 모집, 훈
련, 배치, 협력관계의 유지 등을 통하여 지속적으로 적절한 서비스 이용자와
연결시켜 주는 역할을 한다.

   ④ 공식적 지지체계
   공식적 지지체계는 공식 자원을 활용하여 클라이언트를 원조하는 지지체
계이다. 공식 자원이란 서비스 전달체계 내에서 제공되는 공공부조, 사회보
험, 사회복지서비스 그리고 교육·보건·의료 등 사회구성원에게 필요로 하
는 모든 서비스를 말한다. 사회복지실천과 관련 있는 공식적 지지체계는 행

정복지센터, 사회복지관, 노인보호전문기관, 아동보호전문기관, 쉼터, 정신
건강복지센터, 보건소 등이라고 할 수 있다. 사회복지사는 공식적 지지체계
를 활용하여 클라이언트를 원조하기 위해 가능한 자원에 대한 충분한 이해와
함께 지지체계 내의 전문가들과 협력적 관계를 유지하고 있어야 한다.

(2) 프로그램 개발

클라이언트의 욕구와 문제를 해결하기 위한 서비스가 지역사회 내에 없을
경우 사회복지사는 클라이언트의 욕구를 만족시킬 수 있는 프로그램 및 자원
을 개발해야 한다(양옥경, 김정진, 서미경, 김미옥, 김소희, 2000: 238). 프로그램
개발은 사회복지사가 소속된 기관 내에서 계획될 수도 있고 지역사회 차원에
서 이루어질 수 있다. 새로운 프로그램은 사회복지사의 조사를 통해서 개발
되지만 특정 개인이나 집단의 요구에 의해 개발될 수도 있다.

새로운 프로그램의 필요성을 확인한다면 사회복지사는 문제를 확인하고
욕구를 파악하여 서비스 목표들을 구체화하여 필요한 서비스 제공계획을 수
립하여 실행하고 평가체계까지 구축하여야 한다. 새로운 프로그램은 클라이
언트의 욕구를 충족할 수 있도록 계획되어야 하며 활용 자원들은 현실적으로
가능한 것이어야 한다.

(3) 서비스 중개

중개(brokering)란 클라이언트가 자신의 욕구를 충족하기 위한 목표를 달
성할 수 있도록 다양한 기관이나 자원을 선택하는 데 사회복지사가 관여하는
것을 말한다. 이때 사회복지사는 자원을 명확하게 분류하고 조직화하여 클
라이언트로 하여금 최선의 선택을 할 수 있도록 한다.

효과적인 중개를 위해 사회복지사는 충분한 정보 목록, 최적의 선택, 적극
적 협력을 제공해야 한다. 클라이언트가 선택할 수 있는 자원들이 어디에 어
떻게 존재하고 있는지 정보 목록을 작성해서 구체적으로 확보하는 것이 필요

하다. 예를 들면, 단순히 장애를 가진 사람이 오면 장애인복지관에 가도록 하는 것이 아니라 그 기관의 이용자격 기준, 자산 조사 기준, 접근성, 서비스의 품질, 기관의 평판 등에 대한 정보를 구체적으로 알려 주어야 한다. 그런 다음 사회복지사는 클라이언트가 자신의 욕구에 따라 필요한 서비스의 다양한 대안을 제시하고 장단점을 설명한 이후에 최적의 서비스를 선택할 수 있도록 해야 한다. 이때 사회복지사는 새로운 서비스나 상황에 두려운 나머지 주저하는 클라이언트에게 강압적으로 서비스를 추천하는 대신에 여유를 가지고 스스로 선택할 수 있는 기회를 제공해야 한다.

마지막으로, 사회복지사는 클라이언트에게 필요한 자원을 단지 소개해 주는 차원에서 마무리해서는 안 된다. 사전에 중개기관과 논의하여 클라이언트가 원하는 서비스를 받을 수 있도록 끝까지 책임져야 한다. 클라이언트에게 필요한 서비스를 제공하는 기관의 전화번호 혹은 주소만 알려 주는 것이 아니라 중개기관의 담당자와 사전에 연락하여 약속을 정하고 클라이언트 욕구 충족에 어려움이 없도록 준비하는 것이다.

(4) 서비스 조정

조정(coordination)이란 둘 이상의 서비스 제공자들이 함께 일할 때 클라이언트의 욕구 해결에 가장 적절한 과정이 되도록 관여하는 활동을 말한다. 조정은 협력과 유사한 용어이지만 협력은 공통적인 하나의 계획을 가지고 둘 이상의 제공자가 함께 일해 나가는 것이다. 반면에, 조정은 단일한 공통 활동 계획이 아니라 두 가지 혹은 그 이상의 활동계획을 가질 때 발생한다(김기태 외, 2007: 286). 즉, 조정은 여러 기관에서 클라이언트와 그의 욕구에 대한 서로 다른 관점과 역할을 가지고 다양한 서비스를 실행하는 경우에 필요하다.

사회복지사는 조정을 위해 여러 기관에 속하는 다양한 전문직의 차이점을 이해해야 하며 그것들 사이에 있을 수 있는 잠재적 긴장감을 알아야 한다. 또한 조정에서는 클라이언트의 욕구를 해결하는 것이 최우선임을 전제로 하여 균형성을 유지하면서 여러 기관 및 전문가와 의사소통해야 한다. 사회복지사는 조정의 이점을 참여해 온 기관들과 공유해야 한다. 조정은 어떤 기관에게는 전문성 향상의 기회를 제공하고, 어떤 기관에게는 지역사회 기반을 공고히 하거나, 또는 실천 지식을 축적하는 기회를 제공하기도 한다.

조정은 클라이언트의 욕구를 해결하기 위해 지원하는 다양한 서비스 제공 기관의 활동계획이나 개입의 방법을 조화롭게 만드는 것이다. 예를 들면, 과잉행동을 하는 초등학교 4학년 학생의 경우를 생각해 보자. 지금까지 문제해결을 위해 다양한 기관이나 전문가, 즉 초등학교, 담임선생님, 교장선생님, 돌봄교실, 미술치료전문가, 지역사회상담센터, 부모 등이 서로 다르게 노력하고 있다. 이때 조정 역할을 하는 사회복지사는 초등학생의 문제를 개인 수준, 가족 수준, 환경 수준으로 사정하고 기관 혹은 전문가 간의 서비스 제공 순서 및 방법을 조정할 수 있다.

(5) 클라이언트 옹호

옹호(advocacy)란 자원 제공의 의사결정자에 비해 힘이 약한 클라이언트의 입장을 대신 전달하여 자원의 접근성과 활용성을 높이는 활동을 말한다. 사회복지사의 옹호활동은 클라이언트의 욕구에 소극적으로 반응하는 자원을 보다 적극적으로 바뀌도록 이끌어 내는 것이다. 이를 위해 사회복지사는 외부 자원들이 클라이언트의 자원으로 인식되는 데 방해로 작용할 수 있는 편견이나 자원 접근의 장애물들을 찾아내어 중립적 자원들이 적극적으로 반응하도록 지원해야 한다.

사회복지사는 클라이언트 옹호와 관련된 자원의 입법적 및 행정적 위임을 위한 권위, 해당 분야의 전문가와 인적 자원, 기준이나 자격, 압박요인 그리고 옹호과정에 필요한 비용 등을 검토해야 한다(권진숙 외, 2019: 238). 이러한 옹호를 위한 힘의 원천을 확인하게 되면 실제로 적절한 옹호기술을 활용해야 한다.

옹호는 공청회, 서명운동, 국회의원 방문 등의 외부 환경체계를 거시적으로 바꾸기 위한 활동도 있지만 관련자 간의 설득이나 협상 기술을 활용하기도 한다. 예를 들면, 기금이나 서비스를 제공하는 중간관리자가 클라이언트의 긴박성이나 위험성을 이해하지 않고 있다면 충분한 설명을 제공하는 것이다. 또 다르게 클라이언트의 정서적 혹은 정신적 어려움으로 인해 나타나는 서비스 단절을 구체적이고 전문적으로 설명하여 새로운 서비스를 받거나 시간이 흐른 후에 다시 예전의 서비스를 받을 수 있도록 하는 것이다.

(6) 환경수정

환경수정(environmental modification)은 환경의 변화를 통해 클라이언트에게 이득을 제공하는 방법이다(김혜란, 공계순, 박현선, 2013: 289). 예를 들면, 클라이언트를 다른 환경으로 이동시키거나, 생활시설의 환경을 개선하는 것 등이다. 클라이언트를 다른 환경으로 이동시키는 것은 익숙한 환경으로부터 떠나게 하는 것이므로 신중하게 접근해야 하고, 가능한 한 마지막 수단이 되어야 하며, 클라이언트의 자기결정을 바탕으로 수행되어야 한다. 그럼에도 불구하고 아동이나 노인의 학대나 재난으로 인하여 생활할 수 없는 주거지 등에서 쉼터 등으로 이동할 수 있다. 또한 정신요양원이나 노인요양원의 경우에는 충분히 창문 밖을 볼 수 있도록 공간을 확보하거나, 가구·물건 등을 클라이언트가 보다 안정화될 수 있도록 재배치하는 것도 환경수정의 일부가 될 수 있다.

(7) 사회행동

사회행동은 사회의 보다 구조적이고 근본적인 변화를 통해 클라이언트에게 도움을 주는 방법이다. 사회행동이란 사회나 어떤 집단에 변화를 가져오거나 변화에 저항하기 위하여 다수의 사람이 지속성을 가지고 조직적·체계적으로 활동을 전개하는 것을 의미한다(박지영, 배화숙, 엄태완, 이인숙, 최희경,

2014). 따라서 사회행동은 사회복지의 모든 관련자, 즉 사회복지 이용자, 사회복지 종사자, 시민 등이 사회복지의 변화를 위하여 적극적으로 참여하고 조직적으로 활동하는 것을 의미한다.

참고문헌

권진숙, 김성천, 유명이, 이기연, 조현순, 함철호(2019). 사례관리 전문가교육: 실무자 기초과정. 서울: 학지사.

김기태, 김수환, 김영호, 박지영(2007). 사회복지실천론. 경기: 공동체.

김혜란, 공계순, 박현선(2013). 사회복지실천론. 경기: 나남출판.

김혜영, 석말숙, 최정숙, 김성경(2014). 사회복지실천론. 경기: 공동체.

박지영, 배화숙, 엄태완, 이인숙, 최희경(2014). 사회복지의 이해. 서울: 학지사.

양옥경, 김정진, 서미경, 김미옥, 김소희(2000). 사회복지실천론. 서울: 나남출판.

엄명용, 김성천, 오혜경, 윤혜미(2016). 사회복지실천의 이해. 서울: 학지사.

엄태완(2017). 인간행동과 사회환경. 경기: 공동체.

엄태완(2018). 정신건강사회복지론. 서울: 학지사.

최혜지, 김경미, 정순둘, 박선영, 장수미, 박형원, 배진형, 박화옥, 안준희(2013). 사회복지실천론. 서울: 학지사.

Biestek, F. P. (1957). *The casework relationship*. Chicago: Loyola University Press.

Hepworth, D. H., & Larsen, J. A. (2006). *Direct social work practice: Theory and skills*. Pacific Grove, CA: Brooks/Cole Publishing Company.

Johnson, L. C., & Yanca, S. J. (2001). *Social work practice: A generalist approach*. (7th ed.). Boston MA: Pearson.

제11장

사회복지실천의 종결단계

사회복지실천 과정에서 종결단계는 사회복지사와 클라이언트의 전문
적 관계가 종료되고 개입활동을 마무리하는 단계이다. 일반적으로 종결
이전에 클라이언트의 문제해결을 위한 사회복지사의 개입활동 전반에 대
한 평가가 이루어지게 된다. 이 장에서는 평가의 유형과 평가방법을 중심
으로 살펴본다. 종결은 개입의 목적이 달성되었거나 애초에 계획했던 개
입 기간이 종료되었을 때 또는 여러 가지 현실적인 사정으로 개입과정을
더는 지속할 수 없을 때 이루어진다. 종결은 개입과정에서 성취한 목표를
검토할 기회를 제공하고 성취된 결과가 종결 이후에도 유지되거나 지속
될 수 있도록 돕는 것이다.

 평가

1) 평가의 의미와 중요성

사회복지실천 과정에 대해 사회복지사의 개입활동 전반에 대한 평가가 필요하다. 즉, 프로그램의 목적이 제대로 달성되었는지, 비용은 적절했는지 등을 분석하는 것은 향후 서비스의 개선을 위해서도 꼭 필요한 일이다. 일반적인 평가과정은 개입의 효과성과 효율성을 중심으로 측정한다. 사회복지사가 개입계획의 효율성과 효과성을 평가하는 것은 사회복지사와 클라이언트가 의도한 대로 서비스 계획을 수행하고 있는지를 점검하는 과정이다. 이러한 평가에 근거하여 사회복지사와 클라이언트는 계획된 서비스 과정을 지속할지 또는 서비스 계획을 변경할지를 결정할 수 있다.

평가의 중요성은 다음과 같다. 첫째, 사회복지기관은 평가를 통해 클라이언트와 사회에 대한 책임을 다할 의무를 이행했는지 입증할 수 있다. 둘째, 사회복지실천의 효과를 증명함으로써 기관 존립과 서비스 필요성을 입증할 수 있다. 셋째, 사회복지사의 실천활동이 클라이언트의 변화를 이끌었는지에 대한 자기평가과정을 통해 사회복지사의 실천역량을 향상시킨다.

2) 평가의 유형

(1) 형성평가

형성평가는 사회복지실천이 진행되는 과정에서 이루어지는 평가로 과정 평가라고도 한다. 따라서 형성평가는 개입의 목표를 이루기 위해 프로그램 운영과정상의 장단점을 파악하여 프로그램 향상을 위한 개선방안을 마련하는 데 도움을 주기 위한 평가이다. 형성평가를 통해 얻어진 내용들은 프로그램 개선을 위한 환류 자료로 활용되어 프로그램을 수정·변경시키는데 영향을 준다. 모니터링과 피드백을 통해 사회복지사가 개입의 과정 또는 프로그램 운영과정을 검토하고 필요한 경우는 개입계획을 수정할 수도 있어 전반적으로 실천과정을 점검하는 것이다.

예를 들면, 장애인 직업재활 프로그램 운영과정에서 출석이 저조하거나 또는 중도 탈락하는 참여자가 증가함에 따라 과정평가를 실시한 결과로 저소득 가정의 참여자가 일반 가정의 참여자보다 중도탈락률이 더 높음을 발견하였다. 이는 저소득 가정의 경우 교통수단을 제공받지 못하여 일반 가정에 비해 중도탈락률이 높게 발생한 것으로, 이러한 과정평가에 근거하여 기관에서 교통편의를 제공함으로써 중도탈락률을 줄여 직업재활 훈련의 목표를 달성할 수 있도록 개입계획을 수정할 수 있다.

(2) 총괄평가

총괄평가는 개입이 종료된 후 또는 프로그램이 집행되고 난 후에 프로그램의 영향 또는 성과를 평가하는 것이다. 실천 결과에 대한 총괄평가를 통해 프로그램의 중단, 축소, 현상 유지, 확장에 필요한 정보를 얻는다(채구묵, 2015: 364). 개입의 결과를 총체적으로 판단하기 위한 평가의 기준은 ① 목표 달성 수준, ② 기대하는 변화의 정도, ③ 변화 또는 성과를 나타내는 점수, ④ 클라이언트의 만족도, ⑤ 특정 행동 또는 태도의 변화 등이다. 이에 관한 세부적인 평가의 대상이 되는 요소는 ① 노력성, ② 효과성, ③ 효율성, ④ 서비스의 질, ⑤ 과정, ⑥ 영향, ⑦ 형평성 등이다(채구묵, 2015: 372).

총괄평가는 프로그램이 의도한 목적을 달성했는지를 평가하는 효과성 평가와 프로그램 비용 대비 효과를 판단하는 효율성 평가가 있다.

효과성 평가는 프로그램의 목표 달성 정도를 평가하는 것으로, 즉 프로그램이 본래 계획했던 목표를 어느 정도 달성했는지, 또 달성했다면 그것이 프로그램의 영향 때문인지에 관한 것을 분석한다. 효과성 평가는 산출평가와 성과평가로 분류되는데, 산출평가는 주로 프로그램 실시에 따른 양적인 성취 결과의 평가를 의미하며, 성과평가는 질적인 면까지 고려한 평가를 의미한다. 그래서 사회복지실천에서의 효과성 평가로는 성과평가가 선호되고 있다. 효과성 평가를 통해 파악하는 내용은 다음과 같다.

- 프로그램의 효과가 목표와 대비해서 어느 정도 성취되었는가?
- 프로그램의 효과크기가 해결하고자 하는 원래의 사회문제를 해결하는 데 충분한가?
- 의도하지 않았던 부수적 효과가 있었는가?

효율성 평가는 개입이 목표 달성에 드는 비용의 적정성을 평가하는 것으로 비용의 효율적 집행을 파악하는 것이다. 효율성 평가로는 비용효과 분석과 비용편익 분석이 있다. 비용효과 분석은 프로그램에 드는 비용과 그 효과만을 고려하는 것이고, 비용편익 분석은 프로그램에 드는 비용과 효과를 고려할 뿐만 아니라 프로그램 결과로 얻어지는, 서비스를 받은 사람들의 경제적 편익과 사회적 편익까지도 고려하는 것이다. 예를 들면, 알코올중독자를 위한 A와 B의 두 가지 프로그램 중 B 프로그램이 비용이 높더라도 입원 일수와 재입원을 줄일 수 있다면 조기 퇴원을 통해 취업에 참여하여 경제적 이득을 얻을 수 있으므로 오히려 B 프로그램이 효율적인 프로그램이 된다. 또 입원 기간을 단축함으로써 클라이언트의 자존감 향상, 가족관계 개선 등이 함께 이루어진다면 이는 단지 프로그램에 드는 비용으로만으로 그 가치를 측정할 수 없는 더 큰 사회경제적 가치를 창출하는 사회적 편익을 가져다주는 것이다.

3) 평가방법

(1) 단일사례설계

단일사례설계는 사회복지실천에서 사회복지사가 개입 전과 후의 클라이언트의 상태를 비교함으로써 개입의 효과를 평가하는 방법이다. 이 경우 한 개인이나 가족, 하나의 집단 등의 단일 클라이언트의 개입 전과 개입 후 상황을 그래프 등의 시각적인 자료로 표현하여 클라이언트의 변화를 한눈에 알아볼 수 있게 함으로써 즉각적인 변화 양상을 보여 줄 수 있어 클라이언트에게는 치료 동기를 높일 수 있는 장점이 있다.

단일사례설계에서 사용하는 기호 A는 기초선 단계를 의미하는데, 기초선은 개입 전의 표적행동이 측정된 결과이다. 기호 B는 개입단계로 개입 이후의 변화를 측정한 결과로 표시한다. 단일사례설계의 실행과정은 다음과 같다.

① 개입 전 단계에서 클라이언트의 문제행동을 표적행동으로 선정하고, 이를 구체적이고 정확하게 표적문제로 정의한다.
② 기초선(A) 관찰인데, 기초선 단계는 개입 이전의 클라이언트의 표적행동의 빈도와 강도, 지속 기간 등을 관찰하여 측정하는 것이다. 기초선은 개입 이후의 표적행동과 비교하기 위해서는 최소 3회 이상 측정하여야 한다.
③ 개입의 결과로 나타나는 표적행동의 개입단계(B)의 관찰인데, 표적행동이 개입 전과 비교하여 어떠한 변화가 있었는지를 기초선 단계와 개입단계를 통해 비교할 수 있다.

단일사례설계의 유형은 AB, BA, ABA, ABAB, ABCD 등이 있다.

- AB 설계는 가장 기본적인 유형으로 개입으로 인한 클라이언트의 표적
  행동의 변화를 기초선 단계(A)와 개입단계(B)의 비교를 통해 변화를 평
  가할 수 있다.
- BA 설계는 기초선이 없이 바로 클라이언트에 대한 개입과 개입의 결과
  를 측정하는 것으로 기초선 단계를 가질 수 없는 긴급한 상황일 때 사용
  한다. 예를 들면, 자해하는 청소년에 대한 개입의 경우 즉각적인 개입이
  이루어지지 않으면 위험할 수 있으므로 기초선에 대한 측정 기간을 두
  지 않고 바로 개입을 하고, 그 후에 개입을 중단하여 효과의 지속성을 관
  찰한다.
- ABA 설계는 개입의 효과의 지속성을 검증하기 위해 사용하는 방법으로
  개입 전에 기초선 측정을 한 후 개입단계를 측정하고, 일정 기간 개입을
  멈추고 그 효과가 얼마나 지속되는가를 관찰하는 것이다. 이때 개입의
  효과가 지속되면 ABA 설계로 마무리되지만, 표적행동이 다시 이전 상태
  로 되돌아갈 경우 두 번째 개입이 이루어지는 ABAB 설계로 전환된다.
- ABCD 설계는 B라는 개입방법으로 개입의 효과성이 나타나지 않는 경

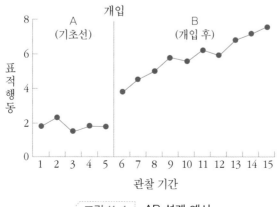

그림 11-1   AB 설계 예시

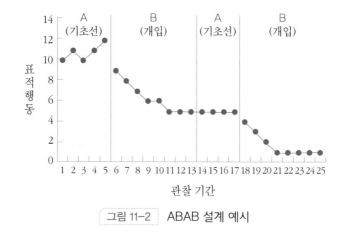

그림 11-2   ABAB 설계 예시

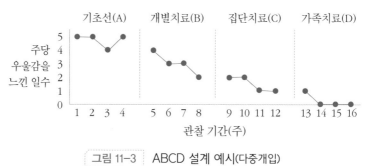

그림 11-3   ABCD 설계 예시(다중개입)

우 C, D라는 각각 다른 형태의 개입방법을 시작하거나 또는 처음부터 다중개입 방법을 통해 순차적인 개입을 계획하여 실행하는 경우이다.

(2) 과업성취척도

과업성취척도(Task Achievement Scaling: TAS)는 사회복지실천 과정에서 클라이언트와 사회복지사가 합의하여 수립한 과업을 어느 정도 성취하였는지를 평가하는 데 적합한 평가방법이다. 과업성취척도는 목표가 단기적이고, 성취할 목표가 구체적일 때 주로 사용된다.

〈표 11-1〉은 과업성취척도의 예이며, 적용 절차는 다음과 같다.

표 11-1 과업성취척도의 예시

과업	성취 수준	등급
요양보호사 배치	초기면접 이후 서비스 일주일 내에 서비스 개시	3
반찬배달서비스	타 기관 연계로 즉시 반찬 배달	4
병원 침대 확보	병원 침대 확보하여 배달 중	4
이웃 주민 원조	주 1회 방문할 이웃 주민 섭외 중	2
가족과의 접촉	진전 없음, 현재 가족과 연락을 취하는 중	1

① 개입의 목표를 다섯 개 이내의 주요 과업으로 설정한다. 주요 과업은 측정 가능하도록 구체적으로 세워야 하는데, 정보 제공, 의뢰, 식사 배달, 생활비 제공 등 유·무형의 구체적인 자원 공급과 서비스 제공이 이루어졌는지를 평가할 수 있다.

② 설정된 개입의 목표에 대한 성취도의 수준을 정하고 구체적으로 기술한다.

③ 각 과업의 성취 정도를 5점 척도로 평가한다. 5점 척도의 점수는 '4점=완전 성취, 3=상당 부분 성취, 2점=부분적 성취, 1점=거의 성취되지 않음, 0=과제를 수행할 기회가 없었음'으로 평가한다.

④ 각 과업에 대해 성취한 평가 점수의 합계와 가능한 최고 점수의 합계를 나누면 성공률이 계산된다. 예컨대, 5개 과업을 4점 만점으로 평가하면 최고점 20점이 된다. 만약 실제 점수가 14점이면, 14/20×100 하면 과업 성취율이 70%가 된다.

(3) 목표달성척도

목표달성척도(Goal Attainment Scaling: GAS)는 사회복지실천 과정을 통해 개입의 목표가 어느 정도 달성되었는지 목표 달성 정도를 점수화하는 방법으로 개인의 정신건강, 보호관찰 등의 교정 프로그램, 집단과 지역사회의 여러 분야에서 클라이언트의 진전 상태를 평가하기 위해 활용된다. 목표달성척도는 클라이언트의 목표에 대한 진술을 측정 기준으로 한다는 점에서 개별화의 원리에 부합하며, 클라이언트의 문제에 중심을 두는 것이 아니라 바람직한 상태에 초점을 둔다는 점에서 긍정적이다(Miley et al., 2007: 조학래, 2016: 318에서 재인용). 목표 달성 정도를 세부적인 하위목표로 분화하여 계량화할 수 있어 서비스 제공이 얼마나 효과적이었는지를 평가할 수 있지만, 하위목표 설정이 주관적이어서 쉽게 달성할 수 있는 목표를 중심으로 설정할 수 있다는 단점이 있다.

목표달성척도의 적용 절차는 다음과 같다.

① 클라이언트와의 면담을 통해 기능수행상의 문제 등 클라이언트의 주요 문제 영역을 확인하고 이와 관련된 목표를 설정한다.
② 설정된 각 하위목표의 영역을 비교하여 상대적 중요도의 숫자를 부여한다. 즉, 이들 각각의 하위목표의 상대적 중요성이나 달성 정도의 난이도를 고려하여 가중치를 100%로 배분한다.
③ 각 하위목표 영역에서 달성 가능한 수준을 다섯 단계 척도로 나누어 성과를 기록한다. 성과 달성 정도를 나타내는 5점 척도는 '최상의 성과: 1점, 기대 이상의 성과: 0.75점, 기대 수준의 성과: 0.5점, 기대 이하의 성과: 0.25점, 최악의 성과: 0점'으로 한다. 이때 클라이언트가 비현실적인 기대를 하고 있으면 이 단계에서 조정할 수 있다.
④ 기초선 단계는 개입의 시작 시점에서 현재 클라이언트의 상태를 기술한 칸에 ✓ 표시를 하는데, 이것은 기초선 기능을 한다.
⑤ 종결 시점에서 각 목표에 대한 클라이언트의 도달 상태를 기술한 칸에 ○ 표시를 하고 점수를 계산한다. 즉, 가중치가 반영된 변화 점수(가중치 × 변화 점수), 가능한 가중치 반영 점수(가중치 × 최상의 결과인 1점), 목표 달성 비율(가중치가 반영된 변화점수/가능한 가중치 반영 점수)을 계산한다.

〈표 11-2〉는 이혼한 한부모 여성이 사회서비스 체계와 연계되고, 직장을 구하며, 자녀 지지체계를 재수립하는 세 가지 목표를 이루기 위한 노력을 지속하여 이에 대한 성과를 측정하는 예이다.

표 11-2 목표달성척도의 예시

성과의 수준 (척도 점수)		목표 1 취업을 통한 경제적 독립	목표 2 거주 독립 및 안정성 지원 획득	목표 3 자녀 지지체계 마련
중요도	점수	0.4	0.35	0.25
최상의 성과	1.0	상근직장 구하고 최저임금 50% 이상의 급여	임대아파트 입주	돌봄 동반자 및 새로운 친구를 사귐
기대 이상 성과	0.75	상근직장 구하고 최저임금 20% 이상의 급여	전세금 대출을 통한 전세주택 입주	돌봄 동반자 및 친구와 시간을 보냄(○)
기대 정도 성과	0.5	상근직장 구하고 최저임금 수준의 급여(○)	전세금 대출을 통한 전월세 주택 입주	돌봄 신청으로 동반자 연계
기대 이하 성과	0.25	시간제 직장 구함	전세금 대출을 불가로 월세 주택 입주(○)	돌봄 신청 가능성 탐색 (✓)
전혀 성과 없음	0	직장 구하지 못함(✓)	전세금 대출 불가로 부모와 동거(✓)	돌봄 연계가 되지 않아서 혼자 시간 보냄

〈결과 분석〉
- 한부모 여성의 가족적응을 향상시키기 위한 세 가지 목표를 설정하였다. 그 결과, 목표 1인 취업을 통한 경제적 독립은 기대한 정도의 성과(0.5)를 얻었고, 목표 2인 거주독립 및 안정성은 기대 이하의 성과(0.25)를 얻었으며, 목표 3인 자녀 지지체계 마련은 기대 이상의 성과(0.75)를 얻었다.

- 목표달성 성과수준(GAS)=(목표 1의 가중치×성과수준)+(목표 2의 가중치×성과수준)+(목표 3의 가중치×성과수준) → ※ 목표달성 결과(GAS)=(0.4×0.5)+(0.35×0.25)+(0.25×0.75)=0.68

- 이 성과점수는 0.68로 기대한 정도의 성과(0.5)보다 36%의 기대 이상의 성과를 올린 것으로 판단할 수 있다.

(4) 클라이언트 만족도 평가

클라이언트 만족도 평가는 개입과정에서 클라이언트에게 제공된 서비스에 대한 전반적인 만족도를 평가해 보는 방법으로 사회복지실천 현장에서 가장 일반적으로 사용된다. 만족도 평가는 클라이언트의 주관적 경험을 측정하는 것으로 프로그램에 대한 피드백을 제공하여 향후 프로그램 개선 등에 반영할 수 있는 평가방법이다. 만족도 설문 내용은 클라이언트가 제공받은 서비스의 타당성, 기관의 인상, 개입의 성공 정도, 담당자의 역량 등 개입과정의 전반적인 측면들에 대한 만족도를 평가하도록 설계한다.

클라이언트의 만족도를 평가할 때는 다음과 같은 사항을 고려할 필요가 있다. 첫째, 신뢰도와 타당도가 검증된 도구를 사용한다. 둘째, 기초선과 자료의 추세를 파악하기 위해 같은 도구를 반복해서 사용한다. 셋째, 만족도 평가 조사는 정기적으로 실시한다. 넷째, 평가 도구는 최소한 한 문항 이상의 개방형 질문을 포함하여 충분한 정보를 수집해야 한다(조학래, 2016: 319-320).

(5) 동료검토

동료검토는 사회복지사의 원조과정을 동료 사회복사가 공식적으로 평가하는 것이다. 즉, 동료검토 기관의 클라이언트, 정책, 절차 등을 이해하고 있는 동료 사회복지사가 원조과정을 정기적으로 검토하는 일종의 서비스 질 관리 활동의 한 형태이다. 동료검토는 개입의 결과보다는 과정에 초점을 두고, 바람직한 실천활동에 기준과 원칙을 두고 발전시키는 것이 좋다. 이때 평가 기준은 10개를 넘지 않는 것이 좋고, 일반적으로 한 달에 한 번 정도 정기 평가회를 시행한다(조흥식, 김연옥, 황숙연, 김융일, 2009). 이 방법으로 개입과정에서 나타나는 문제점을 수정하고 개선을 도모하며, 필요하다면 기관의 정책이나 절차에 대한 수정을 요구할 수 있다.

종결

종결은 개입의 목적이 달성되었거나 계획했던 개입 기간이 종료되었을 때 주로 이루어진다. 바람직한 종결은 클라이언트의 욕구에 근거해서 이루어져야 하며, 만약 클라이언트가 종결할 상황이 아닌 경우에는 서비스 계획을 재수립하여 다시 개입하거나 또는 다른 기관에 의뢰하여 서비스를 계속 받을 수 있도록 도울 필요가 있다.

1) 종결의 유형

(1) 계획된 종결

계획된 종결은 개입 목표 달성으로 인한 계획된 종결과 일정 기간 또는 시간제한적으로 계획된 종결이 있다.

- **개입의 목표 달성으로 인한 계획된 종결:** 사회복지사와 클라이언트의 전문적 관계에서 수립된 계획된 목표를 기반으로 그것이 얼마나 달성되었는지를 판단하여 종결을 결정하는 것이다. 종결이 애초 세웠던 목표를 달성함으로써 이루어질 수 있지만, 때로는 더 이상의 목표 달성이나 진전이 가능하지 않을 경우에도 이루어진다. 사회복지사는 클라이언트가 자신이 성취한 목표와 이를 통한 자신의 성장을 인식하도록 돕는다.
- **일정 기간 또는 시간제한적인 계획된 종결:** 사회복지사와 클라이언트의 전문적 관계가 언제 끝날지의 시점을 일정 기간 또는 시간제한적으로 미리 계획하여 정해 놓고 그에 따라 종결 시점을 정하는 것이다. 예컨대, 처음 계획 시에 8회기, 10회기 등으로 일정 기간 동안 몇 회기를 실시할지 미리 결정하여 종료 시점을 정하는 경우이다.

(2) 계획되지 않은 종결

계획되지 않은 종결은 원조관계에서 목표 달성이 제대로 이루어지지 못했으나 여러 가지 사정상 종결해야 하는 경우로, 클라이언트의 요구에 의한 종결과 사회복지사 또는 기관의 상황에 따른 종결이 있을 수 있다.

- **클라이언트에 의해 이루어지는 종결**: 종결은 서비스의 효과에 만족하지 못하거나 동기가 부족한 클라이언트, 비자발적 클라이언트 등에 의해 이루어지는 경우가 많다. 그 밖에도 클라이언트가 더 이상 서비스를 받을 수 없는 갑작스러운 상황(예: 질병, 가출, 사망 등)이 발생했을 경우도 이에 해당한다.
- **사회복지사 또는 기관 사정에 의한 종결**: 종결이 사회복지사가 이직하는 경우, 기관의 사정으로 클라이언트에게 서비스를 제공할 수 없는 경우 등에 이루어질 수 있다.

2) 종결 반응

원조과정에서 종결을 결정하는 과정은 이별과 분리가 내재되어 있어 사회복지사가 종결을 결정하기 전에 클라이언트의 종결 반응에 대한 이해와 조치가 필요하다. 클라이언트의 종결에 대한 감정과 반응은 클라이언트가 원조과정에서 목적을 달성한 정도, 사회복지사에게 형성된 친밀성의 정도, 과거의 클라이언트가 경험한 의미 있는 타자와의 분리 경험 등에 따라 긍정적 또는 부정적 반응이 다양한 양상으로 나타난다.

클라이언트가 성공적으로 계획된 목표를 달성했을 때 종결에 대한 반응으로는 일정 정도의 이별 반응이 나타나지만 대체로 긍정적이다. 즉, 목표 성취를 통해 습득한 대처기술과 변화된 삶에 대한 기대 등으로 종결에 대한 반응에서 자부심과 만족감을 보일 것이다.

클라이언트의 종결에 대한 부정적 반응은 다음과 같은 여러 양상으로 나타난다.

- 종결은 클라이언트로 하여금 상실에 의한 슬픔이나 불안을 경험하게 하기 때문에 부정적 정서가 분노로 표현될 수 있고, 특히 사회복지사의 사정에 의한 경우 더욱 그러한 반응이 나타날 수 있다.
- 클라이언트는 종결의 상황을 부인하거나 회피할 수 있다. 이는 종결에 따른 정서적 슬픔과 고통을 막아 보려는 것으로 클라이언트가 먼저 종결을 통보하여 사회복지사를 떠나는 방식으로 나타난다.
- 과거의 문제가 재발했음을 보고하거나 또는 새로운 문제를 가지고 오는 형태로 종결을 거부하는 형태가 있다.
- 사회복지사를 대체할 대상을 찾는 경우로, 클라이언트가 그동안 사회복지사에게 의존해 오다가 다른 대상을 찾음으로써 상실에 대한 보상을 시도하는 것이다.

3) 종결과정에서 사회복지사의 과업

사회복지사는 클라이언트가 종결을 새로운 시작으로 경험하게 하는 것이 중요하며, 지속적인 성장을 위한 새로운 시작으로 인식하도록 돕는다. 일반적으로 클라이언트의 종결 반응에 대한 사회복지사의 기본적인 개입전략은 지지이다. 사회복지사가 클라이언트의 있는 그대로의 종결 경험과 반응에 대해 정서적·사회적 지지를 제공한다는 의미이다(조학래, 2016).

종결과정에서 야기되는 부정적 반응을 줄이기 위해서는 다음의 몇 가지 방법을 사용할 수 있다.

- **종결을 미리 계획하기**: 초기부터 종결 시기를 미리 계획하고 이에 대해 클라이언트가 종결 시점을 인식하도록 한다. 계획된 종결이 이루어짐으로써 정서적 애착과 상실감을 감소시키는 효과가 있다.

- **종결에 대한 정서적 반응 다루기**: 사회복지사는 다가오는 종결을 클라이언트에게 상기시키고, 클라이언트가 종결에 관련된 감정을 표현하도록 도울 필요가 있다. 이 경우 클라이언트가 자발적으로 표현하는 종결에 대한 감정에 적극적 공감과 지지를 보내거나 또는 먼저 표현하지 못하는 경우 질문을 통하거나 일반적인 종결 반응을 언급하여 자연스럽게 감정을 표현할 기회를 마련해 줄 필요가 있다. 사회복지사의 종결에 대한 감정도 자연스럽게 표현함으로써 클라이언트와 공감과 동일한 감정을 나누는 것도 도움이 된다.

- **성취한 효과를 재인식하고 유지하도록 돕기**: 사회복지사는 클라이언트가 성취한 것을 재확인시켜 클라이언트가 그동안 얼마나 놀라운 성장과 변화가 있었는지를 정리하는 기회를 제공한다. 또한 그동안의 개입과정을 통해 이룩한 변화가 일상생활 속에서 유지될 수 있도록 클라이언트가 자신의 능력을 확신하고, 문제해결과정을 숙지할 수 있도록 돕는다. 이때 해결하지 못한 문제가 있다면 그것을 재사정하여 그 결과를 반영하고 개입계획을 재수립할지 또는 종결할지를 결정한다.

- **의뢰하기**: 종결단계에서 현재의 기관에서 제공할 수 있는 서비스에 한계가 있거나 서비스 제공 기간이나 자격의 제한이 있는 경우 클라이언트가 계속 서비스를 받을 수 있도록 의뢰해야 한다. 클라이언트를 의뢰할 때 연계되는 기관의 서비스에 대해 클라이언트에게 상세하게 설명하고 동의를 얻어야 하며, 의뢰되는 기관에게 그동안 진행했던 서비스 과정에 대한 정보를 제공하여 클라이언트에게 적절한 서비스가 제공되도록 돕는다.

4) 사후관리

사회복지실천 과정을 통해 클라이언트가 성취한 변화를 유지하도록 돕기 위해서는 종결 이후 사후관리를 활용한다. 사후관리는 종결이 이루어진 후 일정 기간이 지나서도 변화가 유지되도록 하기 위한 방법으로, 종결 후에도 클라이언트의 성취를 인정해 주고 클라이언트의 노력을 지속하도록 격려해 주는 기회를 제공하는 것이다. 클라이언트는 사회복지실천 과정에서 성취한 변화를 유지하는 데 실패하는 경우가 많은데, 이는 습관적인 반응 패턴으로 돌아가고자 하는 자연적 경향과 개인 및 환경적 스트레스 원인, 긍정적 지지체계의 부재, 환경적 변화에 대한 준비가 충분하지 못하거나 적절한 사회기술을 습득하지 못한 것, 새로운 행동이 정착될 만큼 충분한 시간이 주어지지 않은 것 등 때문이다(Hepworth, Rooney, Rooney, Strom-Gottfried, & Larson, 2006: 581-582).

사회복지사는 사후관리를 위한 시기와 절차에 대한 계획을 수립하여 종결 과정에서 클라이언트에게 사후관리의 목적과 방법 등을 설명하며, 통상 종결 후 6개월 동안 사후관리를 지속한다. 이는 단순히 사회복지사의 관점에서 클라이언트를 관리하는 측면을 넘어서 지지적 관계를 유지하는 것을 의미한다. 사후관리를 통해 사회복지사는 클라이언트와 동등한 위치에서 건강한 관계를 지속하면서 클라이언트가 도움을 요청하면 지원할 수 있는 관계를 유지한다(강명순 외, 2008).

참고문헌

강명순 외 부스러기사랑나눔회 지역사회복지사팀(2008). 빈곤아동·가족과 함께하는 찾아가는 사례관리. 서울: 학지사.
조학래(2016). 사회복지실천론. 서울: 신정.

조흥식, 김연옥, 황숙연, 김융일(2009). **사회복지실천론**. 경기: 나남출판.

채구묵(2015). **사회복지사조방법론**. 경기: 양서원.

Hepworth, D. H., Rooney, R. H., Rooney, G. D., Strom-Gottfried, K. S., & Larsen J. (2006). *Direct social work tractice: Theory and skills* (7th ed.). Thomson Books/Cole.

Miley, K. K. O' Melia, M., & Dubois, B. (2007). *Generalist social work practice: An empowerment approach* (5th ed.). New York: Pearson Education Inc.

제12장

사례관리

사례관리는 복합적인 문제와 욕구를 가진 서비스 이용자에게 필요한 다양한 서비스를 체계적으로 제공함으로써 그들의 욕구를 충족시키고 사회적 기능을 향상시키는 통합적인 사회복지실천 방식이다. 사례관리는 서비스 계획과 연계, 협력과 조정, 상담, 옹호, 지역사회의 자원 동원 및 개발 등의 활동이 절차에 따라 이루어지며, 복합적 문제에 지속적으로 개입하기 위하여 단선적이기보다는 순환적인 과정이다. 사례관리의 운영체계는 사례관리자, 사례관리팀, 통합사례관리운영체계, 전문 슈퍼바이저, 솔루션 위원회 등으로 구성된다. 우리나라에서는 1990년대에 사례관리가 도입된 이후 사회복지실천 현장에서 급속히 확산되었으며, 2012년부터 공공복지 영역에서 통합사례관리제도가 실행되고 있다. 사례관리의 실천에서 관리주의를 극복하고 서비스 이용자와 지역사회의 강점을 중심으로 하는 협력적 실천이 요구된다.

 사례관리의 개념과 배경

1) 사례관리의 개념과 목적

사례관리는 특정한 사회복지실천 모델이라기보다는 사회복지, 의학, 간호학, 심리상담, 재활 등 휴먼서비스 전반에 걸쳐 수행되는 서비스 제공 방식이다. 사회복지실천 분야에서 사례관리는 복합적인 문제와 욕구를 가진 서비스 이용자에게 필요한 다양한 서비스를 체계적으로 제공함으로써 그들의 욕구를 충족시키고 사회적 기능을 향상시키는 통합적인 사회복지실천 방식을 의미한다(권진숙, 박지영, 2016; 엄명용, 김성천, 오혜경, 윤혜미, 2015).

전미사회복지사협회(NASW)는 다른 분야에서 이루어지는 사례관리와 구별하기 위하여 '사회복지실천 사례관리'라는 용어를 제안하였으며, "전문적 사회복지사가 서비스를 제공하는 한 방법으로, 서비스 이용자와 그 가족의 욕구를 사정하고 그들의 복합적 욕구를 충족시키기 위해 다양한 일련의 서비스를 수립하고, 배정된 서비스를 조정, 모니터링, 평가하며 서비스 이용자의 서비스 권리를 옹호하는 것을 포함한다."라고 하였다(NASW, 2008).

사례관리는 점차 다양해지는 욕구를 충족시키고 복잡한 문제를 해결하기 위하여 개인과 가족, 집단과 지역사회 등 다양한 차원에 개입하며 여러 가지 모델을 활용하는 사회복지실천의 통합적 접근에 기반한 실천 방식이다. 따라서 직접적 개입(상담과 치료 등)과 간접적 개입(관리와 행정, 옹호 등)의 차원을 모두 포함한다. 그러나 학자에 따라 개념 정의에서 강조점이 다르다. 직접적 서비스 차원을 강조하는 쪽에서는 다양하고 복합적인 문제를 가진 사람들의 자원망을 개발하거나 확대하며 자원을 이용하고 획득할 수 있는 개인의 능력을 강화시키는 원조과정(Ballew & Mink, 1996)으로 정의한다. 간접적 개입 중심으로 정의하는 쪽에서는 서비스 이용자의 개별적 욕구에 따라 원조계획을 세우고 비공식적 자원과 공식적 자원을 연계·조정하는 서비스 체계(Moxley, 1989)라고 정의한다(최혜지 외, 2013).

사례관리에 대한 개념 정의는 다양하게 제시되어 고정되어 있지 않다. 사례관리의 정의와 관련하여 제시된 다양한 개념에서 공통적으로 나타나는 특성을 살펴보면 다음과 같다(엄명용 외, 2015; 우국희, 성정현, 좌현숙, 장연진, 최승희, 2018). 이를 통해 사례관리의 개념을 보다 명확히 할 수 있을 것이다.

- 노인이나 정신장애인과 같이 만성적인 문제와 복합적 욕구를 가진 사람들을 대상으로 한다.
- 지역사회를 중심으로 다양한 자원과 사회적 관계망을 동원·조정하여 서비스 이용자에게 가장 효과적으로 연계하는 데 초점을 둔다.
- 직접적 서비스와 간접적 서비스를 통합적으로 제공한다.
- 문제해결과 치료보다는 욕구 충족과 돌봄에 중점을 둔다.
- 서비스 이용자의 욕구에 초점을 두고 개별화된 서비스를 제공한다.
- 서비스 이용자의 기능과 독립성을 강화하기 위해 지속적이고 효율적인 개입을 강조한다.
- 가정 방문, 찾아가는 서비스(아웃리치), 안내, 의뢰와 같은 적극적인 접근을 중요시한다.
- 공식적인 기관뿐 아니라 비공식적인 자원 등 다양한 서비스 공급주체가 참여하며, 여러 분야의 전문가들이 팀을 이루어 협력적으로 활동한다.

사례관리의 목적은 사회복지실천 현장의 변화에 따라 사회복지서비스의 효과성을 증진시키기 위한 것으로, 구체적으로 다음과 같은 목적을 달성하기 위하여 실행된다(노혜련, 김윤주, 2014; Intagliata, 1982에서 재구성).

- **돌봄의 연속성**(continuity of care): 노인이나 정신장애인 등 문제가 일시에 해결되기 어려운 서비스 이용자들은 지속적인 돌봄과 다양한 서비스를 필요로 한다. 돌봄의 연속성은 시간적 지속성과 다양한 서비스 간의 연결성을 모두 포함한다.
- **서비스의 통합성**(integration of services): 다양한 서비스를 통합적으로 제공하기 위해서는 많은 기관과 다양한 전문가가 협력하여 체계적으로 개입해야 한다. 서비스의 통합성을 통해 서비스의 중복이나 누락을 예방하고 서비스 간의 시너지를 증대할 수 있다.
- **이용자 중심적 개별성**(user-centered individuation of services): 서비스 이용자 개개인에게 맞는 '맞춤형' 서비스를 제공하고자 하며, 이는 서비스 이용자가 서비스 결정에 참여함으로써 달성될 수 있다.
- **서비스의 접근성**(accessibility to services): 서비스 이용의 장애를 제거하고 이용자가 필요한 서비스를 쉽게 획득할 수 있도록 적극적인 자세와 찾아가는 서비스를 강조하며, 서비스 이용자가 거주하는 지역사회를 기반으로 서비스를 제공한다.
- **사회적 책임성**(accountability): 사회적 책임성은 사회복지서비스의 효과성과 효율성과 관련이 있다. 적절한 서비스를 제공하여 서비스 이용자의 욕구를 효과적으로 충족시키고, 제한된 자원을 현명하게 활용함으로써 서비스의 효율성을 향상시킨다.
- **서비스 이용자의 자립성과 자기결정권 증진**: 서비스 이용자가 본인의 자원과 강점을 발견하고 활용하며 서비스 지원을 통해 사회적 기능을 향상시킴으로써 궁극적으로 자립적인 삶을 살며 자신의 삶에 대한 결정권을 행사할 수 있도록 한다.

2) 사례관리의 등장 배경과 이론적 기반

(1) 사례관리의 등장 배경

사례관리라는 용어는 1970년대에 등장하였으나, 사례관리가 등장하게 된 배경에는 그 이전부터 시작된 여러 가지 변화가 존재한다. 사례관리의 등장과 관련된 주요 배경을 살펴보면 다음과 같다(권진숙, 박지영, 2016, 우국희 외, 2018).

① 탈시설화 운동과 정상화 이념의 발전

1950년대에 정신질환 증상을 경감하는 향정신성 약물치료법이 개발되면서 병원이나 시설에 수용되어 있던 정신장애인들을 지역사회에서 보호하고 관리하는 탈시설화가 본격적으로 진행되었다. 탈시설화 이후 정신장애인들이 시설에 격리되는 것이 아니라 지역사회에서 정상적인 활동에 참여하고 생활하는 '정상화' 이념이 보편화되면서, 자립적인 생활과 질환 관리가 불가능한 정신장애인에게 여러 종류의 서비스를 제공하기 위하여 분산된 서비스를 통합적으로 관리하는 시스템이 필요하게 되었다. 이에 따라 다양한 서비스 기관 간 협조체계를 구축하고 전문가들이 협력하는 사례관리 방식이 시작되었다.

② 인구고령화와 복합적 욕구를 가진 집단의 증가

1960년대 이후 서구 사회는 급격한 고령화로 노인이 증가하여 지역사회에 거주하는 병약한 노인에 대한 서비스의 필요성이 커지게 되었다. 또한 이 시기에 가족구조의 변화와 복합적 사회경제적 문제의 증가로 정신질환자와 각종 중독자, 노숙인, 한부모가족 등 다양하고 복합적인 욕구를 가진 인구집단이 증가하였다. 이러한 인구집단의 문제는 단일한 기관이나 서비스로는 해결하기 어려우며 여러 서비스 기관의 연계와 협력을 필요로 하였다.

③ 복지국가의 재정위기와 사회복지서비스 공급주체의 변화

1980년대 이후 세계적 경기 침체로 서구 복지국가들은 정부 지출 규모를 줄이고 사회복지 예산을 삭감하였으며, 정부가 담당하던 사회복지서비스를 민간기관과 지역사회에 분산시키기 시작하였다. 중앙정부의 예산 지원을 줄이고 사회복지서비스 공급주체를 지방정부로 이관하면서, 축소된 사회복지 예산을 효과적으로 운영하기 위하여 서비스 비용을 억제할 필요성이 커지게 되었다. 가족과 이웃 등 비공식적 자원을 활용하고 민간기관의 참여를 확대시킴으로써 정부의 복지재정 부담을 줄이고자 하였다. 이에 따라 공식과 비공식, 민간과 공공 영역에 분산된 서비스 제공주체들을 연결하고 관리하는 사례관리가 등장하게 되었다.

④ 통합적 서비스 관리의 필요성

1960년대와 1970년대에는 서구의 복지국가가 발전하고 서비스가 급속도로 증가하였다. 그러나 서비스는 다양화되었지만 전달체계는 복잡해졌으며, 이 시기에 개발된 많은 프로그램은 고도로 전문화되어 분화되었다. 엄격한 자격 기준과 복잡한 서비스 체계 때문에 많은 이용자들이 제외되고 서비스를 제공받기가 어려워짐에 따라, 파편화된 서비스를 한 곳에서 제공받을 수 있도록 담당부서와 전달체계의 통합이 필요하게 되었다. 각각의 부서가 책임지던 서비스들을 사례관리를 통해 체계적으로 관리하여 서비스 전달의 효율성을 높이고자 하였다.

(2) 사례관리의 이론적 기반

사회복지실천의 통합적 실천을 배경으로 하는 사례관리는 5장에서 살펴본 사회복지실천의 주요 관점 중 생태체계적 관점과 강점 관점을 이론적 준거틀로 삼고 있으며, 임파워먼트모델의 주요 실천 원리와도 관련성을 가지고 있다.

첫째, 사례관리는 개인과 집단, 가족 등의 미시체계, 지역사회와 같은 중간체계, 행정 및 정책과 같은 거시체계 등 다층적 체계를 모두 포괄하며, 개인과 다양한 환경체계 간의 연결과 상호작용을 지향한다. 따라서 사례관리는 사회복지실천 현장에서 생태체계적 관점이 적용되는 가장 대표적 실천 방식이라고 할 수 있다.

둘째, 사례관리는 사회복지서비스 이용자에게 서비스를 효과적으로 전달하는 데에서 더 나아가 이용자의 강점과 자원을 활용하고 지역사회에서 자립적 존재로 살아가도록 돕는다는 점에서 강점 관점에 기반하고 있다. 사례관리에서 사회복지사는 문제나 결점을 해결하는 데에서 벗어나 서비스 이용자가 이미 가지고 있는 자원을 발견하고 활용하도록 하며 지역사회의 다양한 자원을 개발하고 활용하기 때문에 개인과 집단, 지역사회의 강점을 중심으로 사례관리를 실행한다.

마지막으로, 사례관리는 서비스 이용자가 수동적으로 서비스를 받기보다는 이용자의 욕구와 상황에 맞는 개별화된 서비스를 지향하고, 이용자의 선택과 권리를 중요시한다. 또한 서비스 이용자와 사회복지사 사이의 협력관계를 기반으로 실천되며, 자원으로부터 소외된 집단이 사회적 권한과 평등한 기회를 가지도록 옹호하는 활동을 강조한다. 사례관리의 이러한 특성은 임파워먼트모델의 접근 방식과도 밀접한 관련을 가지고 있다.

 ## 사례관리의 내용, 운영체계, 과정

1) 사례관리의 내용

사례관리는 여러 영역에서 이루어지고 있으며 사례관리의 대상에 따라 활동의 초점과 내용이 약간씩 다르다. 일반적인 사례관리를 기준으로 대부분의 영역에서 공통적으로 이루어지는 사례관리의 내용은 다음과 같다. 사례관리의 내용은 곧 사례관리자의 활동 및 역할을 의미하기도 한다.

(1) 서비스 계획과 서비스망 설계

서비스 이용자의 욕구를 충족시키기 위하여 서비스 계획을 세우고 서비스를 제공하는 기관과 제공자들을 중심으로 서비스망(service network)을 설계한다.

(2) 서비스 이용자와 서비스 연계

서비스 이용자의 문제와 욕구, 강점과 자원을 파악하고 이를 기반으로 이용 가능한 공식적 서비스와 동원 가능한 가족 및 지역사회의 비공식적 자원을 모두 활용하여 필요한 서비스를 연결한다.

(3) 서비스 제공자 간의 협력과 조정

사례관리자는 서비스를 제공하는 여러 기관과 전문가, 가족 등 비공식적 원조자들이 서로 원활하게 소통하고 협력하며 역할을 분담하도록 조정한다. 협력과 조정은 사례관리팀 활동을 통해 이루어지며 이를 위해 사례회의를 진행한다.

(4) 상담

사례관리자는 서비스 이용자와 신뢰관계를 발전시키고 이용자에 대한 이해를 기반으로 정서적 지지와 격려를 제공하며, 필요한 정보와 교육을 제공하고 이용자의 잠재성과 자원을 개발하고 활용하도록 돕는다.

(5) 옹호

옹호는 스스로 자신의 권리를 주장하기 어려운 서비스 이용자를 위하여 서비스 이용에 방해가 되는 불리한 조건과 장애(서비스 제공 거부와 지연, 인권 침해, 차별 대우 등)를 제거하여 서비스의 공정성을 보장하며, 이용자의 권리를 대변하고 보호하는 것이다. 사례관리과정 전체에 대한 점검(모니터링)을 통해 옹호가 수행되어야 한다.

(6) 지역사회 내 자원의 동원과 개발

지역사회 내 기관과 정부의 공식적 자원뿐만 아니라 가족이나 친구, 이웃, 종교, 자원봉사자 등의 비공식적 자원을 적절하게 동원하여 활용하고, 필요한 자원이 없을 때 적극적으로 개발한다.

이상과 같은 사례관리의 내용을 그림으로 나타내면 [그림 12-1]과 같다.

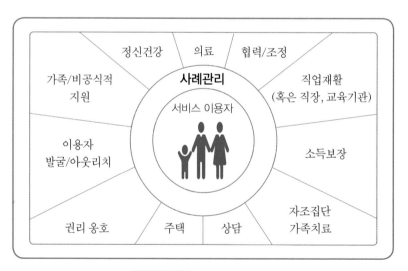

그림 12-1 사례관리의 내용

2) 사례관리의 운영체계

사례관리의 운영은 사례관리자, 사례관리팀, 통합사례관리운영체계, 전문 슈퍼바이저, 솔루션 체계 등으로 구성되어 이루어진다. 사례관리 운영의 각 구성요소를 살펴보면 다음과 같다(권진숙, 김상곤, 김성경, 김성천, 김혜성, 2012).

(1) 사례관리자

사례관리자는 서비스 이용자와 가족을 대상으로 초기 정보 수집 및 사정, 개입계획 수립과 조정, 점검, 평가, 종결의 전 과정을 총괄한다. 사례관리자는 직접개입과 간접개입의 역할을 모두 담당한다. 직접적 역할은 상담자, 교육자, 정보 제공자, 조력자 역할이며 간접적 역할은 중계자, 연결자, 조정자, 옹호자 역할이다. 사례관리 실천에서는 지역사회의 자원 발굴과 활용, 소외된 집단을 위한 옹호 및 대변이 중요하므로 간접적 역할의 중요성이 상대적으로 크다. 사례관리자는 슈퍼바이저의 지도감독을 받는다.

(2) 사례관리팀

사례관리 실천은 사례관리 기능을 통합한 전담팀을 구성하여 이루어지는 것이 바람직하다. 사례관리팀은 팀장, 사례관리자, 준사례관리자, 시간제 사례관리자 등으로 구성되며, 필요한 경우 기관 내 다른 전문가가 포함될 수 있다. 팀장은 사례관리 업무를 수행하면서 기관 내 다른 부서와 협력하고 사례관리자에 대한 슈퍼비전을 실행한다.

(3) 통합사례관리운영체계

사례관리의 서비스 이용자가 개별 기관의 사례인 동시에 다른 서비스 기관과 관련된 경우 지역사회의 다른 기관들과 함께 공동으로 사례관리를 실행하기 위한 운영체계이다. 여기에는 지역사회의 공공과 민간의 다양한 조직과 기관(행정복지센터, 보건소, 정신건강센터, 지역아동센터, 학교, 병원, 종교단체 등)이 참여하며, 유연한 구성 방식이 필요하다. 정기적인 통합사례회의를 통해 사례 정보를 공유하고 자문, 역할 분담 등을 논의한다.

(4) 전문 슈퍼바이저

전문 슈퍼바이저는 기관 내부의 슈퍼바이저와 별도로 현장전문가나 대학교수 중에서 위촉하며, 통합사례회의에 참석하여 정기적으로 자문을 제공한다.

(5) 솔루션 위원회

솔루션 위원회는 자문 기능에 초점을 둔 전문지원체계이다. 통합운영체계 자체도 솔루션 기능이 있으나 공동사례관리에 역점을 두는 반면, 솔루션 위원회는 폭력(경찰 및 법률체계), 알코올, 의료 및 정신질환 등 특정 문제의 전문가들로 구성된 지원체계이다.

3) 사례관리의 과정

사례관리 실천은 서비스 계획과 연계, 협력과 조정, 상담, 옹호, 자원 동원 및 개발 등의 활동 등이 절차에 따라 이루어지는 과정이다. 이는 일반적인 사회복지실천의 과정과 기본적으로 동일하며, 순서상으로 초기과정-개입과정-종결과정으로 이루어진다. 그러나 사례관리에서는 하나의 문제가 해결되면 종결하는 것이 아니라 복합적 문제에 지속적으로 개입하기 때문에 사례관리과정은 단선적이기보다는 순환적이다. 사례관리 전반에 걸친 조정과 점검(모니터링)을 실시하여 새로운 문제가 발견되면 재사정을 실시하고, 재사정을 통해 재개입이 이루어진다(권진숙, 박지영, 2016). 사례관리의 과정은 [그림 12-2]와 같다.

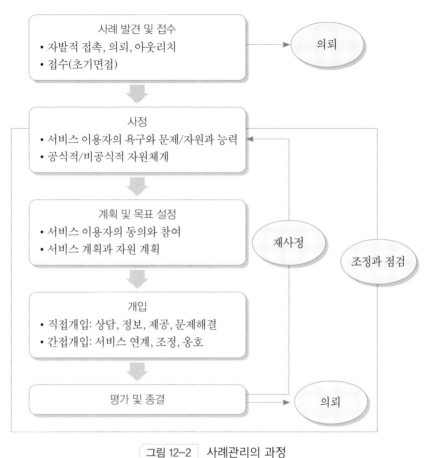

그림 12-2   사례관리의 과정

(1) 사례 발견 및 접수

사례관리는 욕구가 있거나 잠재적 욕구를 가진 개인을 확인하는 데서 시작된다. 사례 발견의 방법은 개인의 자발적 접촉, 다른 기관으로부터의 의뢰, 사례관리자의 아웃리치 등이다. 특히 욕구를 가지고 있어도 기관에 대한 정보가 없거나 접근이 어려운 사람들을 위해 사례관리자는 지역사회 인구집단에 대한 정보를 파악하고 있어야 하며 가정 방문, 관찰, 외부 정보 등을 통해 적극적으로 서비스 이용자를 발굴해야 한다.

(2) 사정

사례관리의 사정은 다양한 문제와 욕구 영역을 확인하는 동시에 문제와 욕구를 해결할 수 있는 내·외적 자원과 능력을 파악하는 것이다. 사례관리의 사정은 문제와 욕구의 성격, 이를 해결할 수 있는 개인의 능력과 주변의 비공식적 자원, 지역사회의 공식적 자원 등을 체계적으로 평가한다.

(3) 계획 및 목표 설정

사정을 바탕으로 문제와 욕구를 해결하기 위한 서비스 계획과 자원동원 계획을 수립한다. 서비스와 자원동원 계획은 서비스 이용자의 동의와 참여를 통해 수립되어야 하며, 목표를 설정하고 목표의 우선순위를 결정해야 한다. 서비스 계획에는 욕구와 욕구의 우선순위, 욕구별 목표, 필요한 서비스의 종류와 빈도, 횟수 등이 포함되어야 한다. 자원동원 계획에는 동원 가능한 공식적·비공식적 자원, 자원 공급자 및 공급기관, 앞으로 개발되어야 할 자원 등이 포함되어야 한다.

(4) 개입

사례관리의 개입은 계획에 따라 서비스와 자원을 제공하는 것으로 직접개입과 간접개입이 모두 포함된다. 직접개입은 상담 및 정보 제공, 문제해결 원조 등이 포함되며, 간접개입은 서비스 연계, 조정, 옹호 등이다. 사례관리자는 개입과정에서 다양한 서비스 전문기관과 전문가들, 가족이나 자원봉사자 등 비공식적 서비스 제공자들과 의사소통을 통해 서비스가 원활히 이루어지도록 하며, 서비스 제공상의 문제나 장애를 해결하여 서비스 이용자의 권리를 보장한다.

(5) 평가 및 종결

사례관리에서 평가는 초기의 목표가 달성되었는지, 그리고 개입이 바람직한 변화를 초래하였는지를 평가하는 것이다. 그러나 사례관리는 대부분 해결이 어려운 만성적인 문제에 개입하여 지속적으로 서비스를 제공하기 때문에 한 번의 평가로 종결을 결정하기가 어렵다. 서비스가 더 이상 도움이 되지 않거나 사망 등의 경우 종결을 진행하며, 평가 결과 전문적인 서비스가 추가로 필요한 경우 다른 기관에 의뢰한다.

(6) 조정과 점검

사례관리에서는 서비스 계획과 서비스 개입과정에서 지속적으로 조정과 점검이 이루어진다. 점검을 통해 서비스 계획이 제대로 실행되고 있는지, 이용자에게 만족스러운지 등을 살핀다. 서비스 이용자의 상황이나 욕구에 갑작스러운 변화가 생길 경우 재사정을 통해 서비스 계획을 변경한다.

③ 사례관리의 적용

김명수(가명, 남, 18세)는 현재 지적장애 2급 고등학생으로 어머니가 뇌출혈로 중환자실에 입원한 후 병원의 의료사회복지사를 통해 지역복지관에 생활도우미 파견 서비스를 위해 의뢰되었다. 지역사회복지관의 사회복지사가 가정방문을 한 결과 집의 위생상태가 좋지 않고 가사가 전혀 해결되지 않고 있어서, 일단 생활도우미 서비스를 연계하였다. 2개월 뒤 김명수가 제대로 돌봄을 받지 못하며 알코올중독인 어머니의 상태도 좋지 않다는 보고를 생활도우미로부터 듣게 되었다. 사회복지사가 다시 방문한 결과, 김명수는 영양상태가 불량하고 정서적으로도 매우 불안정한 상태를 보였다. 어머니는 퇴원 후 불편한 몸과 생활고로 매우 힘들어하였으며, 집안일을 제대로 하지 않고 우울증 약을 복용하면서 자주 술에 취해 아들에게 폭언과 욕설을 하는 등 모자관계는 극도로 악화된 상태였다. 김명수는 지적장애가 있지만 의사소통이 가능하여 현재 학교생활을 열심히 하고 있지만, 집

을 떠나 엄마가 없는 곳에서 살고 싶어 하며 이혼한 아버지와는 작년까지 연락을
하다가 지금은 끊긴 상태였다. 모자는 현재 월세방에서 김명수의 어머니가 식당
설거지로 버는 약 80만 원 정도의 수입으로 생활하고 있다. 3년 전에 기초생활수
급 신청을 하였으나, 소득이 기준을 초과하여 수급자 지정이 되지 못한 이후 수
급자 신청은 다시 해 보지 않았다. 현재 수입의 대부분은 월세와 술값으로 나가기
때문에 식생활과 생필품 지출이 어려운 상태이다.

출처: 조성우 외(2018), p. 117 사례를 재구성.

　　이 사례는 아들의 지적장애와 어머니의 알코올중독, 경제적 빈곤과 의식주
해결 등 생활상의 문제, 가족관계의 악화와 단절, 독립에 대한 희망 등 복합적
인 욕구와 단기간에 해결되기 어려운 만성적인 문제 상황을 보여 준다. 서비
스 이용자는 다른 기관으로부터 의뢰되었으며, 사례관리자가 속한 지역사회
복지관 이외에도 다양한 기관으로부터 서비스가 제공되어야 하는 상황이다.
앞에서 제시한 사례관리의 내용을 이 사례에 적용해 보자.

① 서비스 계획과 서비스망 설계

　☞ 사례관리자는 김명수와 어머니와 함께 가장 해결을 원하는 문제를
　　중심으로 서비스 계획을 수립하였다. 그 결과 의식주 해결, 어머니의
　　알코올중독 치료를 우선적 목표로 설정하였으며, 가족관계 개선과
　　김명수의 독립을 장기목표로 설정하였다. 이에 따라 기초생활보장
　　제도 신청과 선정(행정복지센터), 임대주택 프로그램 지원(행정복지센
　　터), 생활도우미 파견(지역사회복지관), 알코올중독 치료 프로그램(정
　　신건강센터), 장애인 직업교육 프로그램(장애인복지관), 자조집단 및
　　가족치료(가족상담전문가) 등의 서비스를 계획하였다.

② 서비스 이용자와 서비스 연계

☞ 김명수와 어머니의 의식주 문제를 해결하고 생활안정을 위하여 생활
도우미를 파견하고, 임대주택 우선지원 프로그램 지원 및 기초생활
수급자 지정을 위한 절차를 진행하였다. 어머니의 알코올중독 치료
를 위해 지역사회 정신건강센터의 집중치료 프로그램에 참여하도록
연계하였으며, 그 기간 동안 김명수가 학교생활을 지속할 수 있도록
생활도우미 서비스를 제공하였다. 어머니의 알코올중독 치료가 끝나
면 가족관계 개선을 위해 가족치료전문가를 연계하여 알코올중독자
가족치료 프로그램과 알코올중독자 자녀 자조집단 모임을 진행할 예
정이다. 가족치료 프로그램을 통해 알코올중독으로 인한 가족문제와
모자간 갈등을 해결하고, 김명수는 자조집단 참여를 통해 또래들과
만나는 기회를 갖고 알코올중독에 대한 이해와 대처능력을 강화하는
교육을 받는다. 김명수의 독립을 준비하기 위해 학교 졸업까지 장애
인복지관의 목공훈련 프로그램에 참여하고 졸업 후 목공전문자격증
을 취득하도록 지역의 장애인복지관의 담당 사회복지사에게 의뢰하
였다.

③ 서비스 제공자들 간의 협력과 조정

☞ 사례관리자가 소속된 지역사회복지관을 중심으로 의료사회복지사,
행정복지센터, 정신건강센터, 장애인복지관, 가족치료전문가, 생활
도우미 등의 기관과 서비스 제공자들이 긴밀히 협력하고 서비스가
적절한 시기에 제공될 수 있도록 협력하였다. 이를 위하여 정기적인
사례회의를 통해 서비스 계획과 제공 상황을 공유한다. 사례관리자
는 서비스 순서와 시기 등을 점검하여 서비스가 원활히 제공되도록
하였다.

④ 상담

☞ 사례관리자는 어머니와의 상담을 통해 자녀에 대한 사랑과 기대를 가지고 있음을 확인하고 이를 실천하기 위한 알코올중독 치료의 의지를 격려하였다. 또한 김명수의 현재 상황에 대한 불만과 어려움을 경청하고, 지적장애가 있음에도 불구하고 학교생활이 양호하며 외부 활동에 대한 욕구가 있다는 강점을 확인하고 잠재력을 발휘할 수 있도록 격려하였다. 또한 어머니로부터 독립하고자 하는 김명수의 희망에 따라 자격증 취득과 취업 준비에 대한 계획을 함께 수립하였다. 이 과정에서 사례관리자는 연락이 끊어진 아버지와 연락을 취하여 김명수의 교육과 독립을 지원하기로 약속을 받았다.

⑤ 옹호

☞ 사례관리자는 과거 기초생활수급자 신청과정에서 사회복지공무원이 김명수의 장애를 고려하지 않았음을 발견하고 이를 고려하도록 하여 기초생활수급자 선정을 도왔다. 또한 정신건강센터와 장애인복지관, 지역사회복지관의 서비스에 대한 충분한 정보를 제공하고 이용자가 원하는 서비스를 선택하고 이용할 수 있도록 노력하였다.

⑥ 지역사회 내 자원의 동원과 개발

☞ 사례관리자는 지역사회에 존재하는 공식적 자원과 기관의 서비스를 적극적으로 활용하였을 뿐 아니라, 가족치료전문가를 수소문하여 지금까지 실행되지 않았던 알코올중독자 가족치료 프로그램을 신설하고 지역의 알코올중독자 자녀를 대상으로 자조집단을 조직화하였다. 또한 아버지의 지원을 이끌어 냄으로써 김명수가 가진 잠재적 비공식적 자원을 활성화하였다.

 **통합사례관리**

　사회복지실천 영역에서 사례관리가 일반화되면서 우리나라에서는 2012년부터 시 · 군 · 구에 사례관리를 전담하는 '희망복지지원단'을 설치하여 통합사례관리제도를 운영하고 있다. 통합사례관리는 지방자치단체 차원에서 운영하는 공공복지 영역의 사례관리로, 지역 내 공공 · 민간 자원에 대한 체계적인 관리 · 지원체계를 토대로 복합적이고 다양한 욕구를 가진 대상자에게 복지 · 보건 · 고용 · 주거 · 교육 · 신용 · 법률 등 필요한 서비스를 통합적으로 연계 · 제공하고, 이를 지속적으로 상담 · 모니터링해 나가는 사업을 의미한다. 통합사례관리는 특히 빈곤계층의 탈빈곤과 빈곤 예방을 중점 목표로 설정하고 고용과 복지의 연계에 중점을 두고 진행된다. 통합사례관리의 주된 대상은 기초생활수급자(특히 신규 수급자)와 기초수급 탈락자, 차상위 빈곤가구, 긴급지원 대상가구이다(보건복지부, 2019).

　통합사례관리는 지방자치단체마다 다양한 조직모형을 가지고 실행되지만 행정복지센터로부터 사례관리 대상자를 의뢰받아 접수 → 욕구조사 → 사례관리 회의 → 대상자 구분 및 선정 → 서비스 제공계획 수립 → 서비스 제공 및 점검 → 종결 → 사후관리의 운영 절차는 동일하다. 통합사례관리사업을 총괄 수행하고 관리하는 전담조직은 희망복지지원단이다. 희망복지지원단은 지방자치단체 소속 통합사례관리사와 복지담당 공무원으로 구성되며, 사례관리, 슈퍼비전 및 솔루션 회의 운영, 자원관리, 읍 · 면 · 동 관리 및 지원, 교육 및 홍보 업무 등을 수행한다(보건복지부, 2019). 통합사례관리의 운영체계는 [그림 12-3]과 같다.

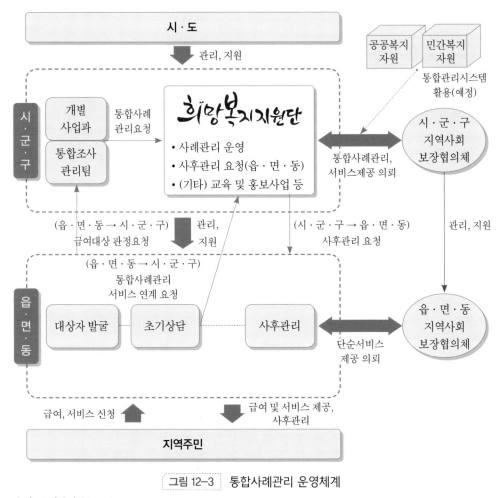

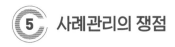 통합사례관리 운영체계

출처: 보건복지부(2019), p. 20.

5 사례관리의 쟁점

우리나라에서 사례관리는 1990년대 이후 간호학과 사회복지학 분야에서 실행되기 시작하였다. 그 직접적인 계기는 재가복지사업의 활성화로, 지역사회에 거주하는 노인과 정신장애인들에게 다양한 서비스를 제공하기 위해서였다. 2003년 이후 사회복지시설과 사회복지관의 평가 영역에 사례관리가 포함되고 2013년부터 사례관리가 지역사회복지관의 3대 기능 중 하나로 명시됨으로써 사회복지실천의 보편적인 방식으로 자리 잡게 되었다. 2010년부터 공공사회복지 분야에서 사회복지통합전산망이 구축된 후 2012년부터 각 지방자치단체 차원에서 통합사례관리제도를 운영하고 있다(우국희 외, 2018). 이처럼 사례관리는 길지 않은 기간 동안 다양한 영역에서 사회복지실천의 주요 방식으로 자리 잡았으며 대상에 따른 사례관리 방식도 세분화되어 체계화되고 있다.

그러나 사회복지실천의 거의 모든 분야에 사례관리가 도입되면서 성찰적 비판이 제기되고 있다. 무엇보다 사례관리는 우리나라와 사회복지실천 환경이 다른 미국 중심의 실천 방식으로, 예방적이고 근원적인 접근이기보다는 사후대책적 성격을 강하게 가지고 있다. 또한 공공서비스 제공을 축소하고 비공식적 자원을 활용함으로써 복지예산과 서비스 비용을 감소하는데 초점을 둔 관리 위주의 실천 방식이라는 점이다.

우리나라에서는 교육과 운영체계에 대한 준비 없이 도입됨으로써 사례관리의 개념이 다양하게 인식되어 혼란이 발생하였다. 현장에서는 사례관리가 형식적으로 운영됨으로써 평가 지표 달성을 위한 성과 위주의 '관리주의'를 초래하였다는 비판을 받고 있다. 이런 문제들은 사례관리가 우리나라의 실천환경에서 나온 것이 아니며 사례관리 실천의 제도적 기반이 부족한 상태에서 실천현장에 적용했기 때문에 생긴 결과이다(엄명용 외, 2015).

이러한 문제를 극복하기 위해서는 사례관리 방식에 내재된 통제성이나 관리주의를 성찰하고 이를 극복하기 위한 노력을 기울일 필요가 있다. 이에 대한 대안으로 사례관리가 서비스 이용자와 서비스를 특정한 방식으로 관리하는 데 중점을 두는 것이 아니라, 서비스 이용자의 강점을 적극적으로 활용하며 지역사회의 자원을 동원하고 개발하는 데 초점을 두고 실천되어야 한다는 점이 제시되었다. 사례관리는 서비스 이용자를 주체로 하여 전문가와 지역사회의 다양한 사람이 함께 협력하여 문제를 해결해 나가는 과정이며, 이 과정에서 서비스 이용자와 전문가, 지역사회가 모두 성장과 발전을 이룰 수 있어야 할 것이다(강명순 외, 2008; 노혜련, 김윤주, 2014).

참고문헌

강명순 외 부스러기사랑나눔회 지역사회복지사팀(2008). 빈곤아동 · 가족과 함께하는 찾아가는 사례관리. 서울: 학지사.

권진숙, 김상곤, 김성경, 김성천, 김혜성(2012). 사례관리론. 서울: 학지사.

권진숙, 박지영(2016). 사례관리의 이론과 실제(제3판). 서울: 학지사.

노혜련, 김윤주(2014). 강점 관점 해결중심 사례관리. 서울: 학지사.

보건복지부(2019). 2019년 희망복지지원단 업무 안내. 보건복지부.

엄명용, 김성천, 오혜경, 윤혜미(2015). 사회복지실천의 이해(제4판). 서울: 학지사.

우국희, 성정현, 좌현숙, 장연진, 최승희(2018). 사회복지실천론(제2판). 서울: 신정.

조성우, 김현진, 오진석, 김보람, 강은경, 임완주, 유민태, 전재현, 정무봉, 박유진, 서우혁, 김정희, 장옥희, 최영재, 나은택, 정성운, 이돈식, 김현철, 김보람, 신혜영, 송화현, 차재선, 이지연, 주솔로몬, 박지원, 손세희(2018). 사회복지사가 쓴 클라이언트 사례집-사회복지 사정과 사례회의 훈련. 서울: 학지사.

최혜지, 김경미, 정순둘, 박선영, 장수미, 박형원, 배진형, 박화옥, 안준희(2013). 사회복지실천론. 서울: 학지사.

Ballew, J. R., & Mink, G. (1996). *Case management in social work: developing the professional skills needed for work with multiproblem clients* (2nd ed.). Springfield, IL: The Charles C. Thomas Publishers Ltd.

Intagliata, J. (1982). Improving the quality of community care for the chronically mentally disabled: the role of case management. *Schizophrenia Bulletin, 8*(4), 655–674.

Moxley, D. P. (1989). *The practice of case management*. Newbury Park, CA: Sage Publications.

National Association of Social Workers (NASW). (2008). *Encyclopedia of social work* (20th ed.). Washington, DC: NASW Press.

1. 윤리적 딜레마 관련 의사결정 연습(제3장)

1) 다음 사례에서 사회복지사의 행동을 결정하는 데 어려움을 주는 윤리적 딜레마의 내용은 무엇인지 생각해 봅시다.

2) 가치갈등 해결의 일반적 지침, 윤리강령 그리고 윤리적 딜레마 해결모델과 윤리적 원칙 심사표 등을 참조해서 사회복지사로서 이 문제를 해결하기 위하여 어떻게 행동할 것인지 논의해 봅시다.

사례 ❶

> 종합병원 의료사회복지사인 당신은 시한부 삶을 살아가고 있는 환자들과 자주 접촉하고 있다. 그중 A 부인은 여러 달째 극심한 통증을 가진 78세의 노인으로 당신과 유대관계를 맺어 왔다. 그러던 중 A 부인은 마취수면제를 다량 구입했음을 알려 주며 조만간 한꺼번에 복용할 것이라고 했다. 그동안 고마웠다는 인사를 전하기 위해 이 사실을 알리는 것이니 자신의 이런 결정을 존중해 달라며 비밀을 간곡히 요청했다.

1) 윤리적 딜레마의 내용

2) 윤리적 딜레마 해결

사례 2

당신이 담당하는 저소득층 노인 클라이언트 중 한 명이 자녀가 있음에도 불구하고 자녀가 없는 것으로 하여 기초생활보장 수급자로 생활하고 있음이 밝혀졌다 (현행법상 부양능력이 있는 부양자가 있는 경우 수급을 받을 수 없다). 자녀는 부양능력이 있지만 불화로 클라이언트와 연락을 끊은 상태이며 사회복지사가 자녀에게 연락을 하여 부양 책임에 대해 이야기하였으나 끝내 클라이언트와의 접촉을 거부하고 있다. 정부의 지원금이 없으면 생활이 불가능하지만 자격요건을 충족하지 못한 이 클라이언트의 수급자격을 정지시킬 것인가, 계속 수급을 받도록 부정수급 사실을 모른 척할 것인가?

1) 윤리적 딜레마의 내용

2) 윤리적 딜레마 해결

사 례 3

> 당신이 일하고 있는 청소년 복지센터에 한 여학생이 의뢰되었다. 이 여학생은 현재 16세로 임신 3개월이며 가출한 상태이다. 이 학생은 집이나 학교에 돌아가지 않을 것이며, 임신한 아이를 낳아서 키우겠다는 입장을 밝히고 있다. 그러나 학생의 부모는 아직 임신 초기여서 중절이 가능하니 빨리 임신중절 수술을 하고 집으로 돌아와 학교를 마칠 것을 주장하고 있다. 학생은 부모와 연락을 끊고 쉼터에 머물면서 혼자 아이를 낳아 키우기를 원하며 부모에게 이러한 사실을 알리지 말아 달라고 당부하였다. 당신은 어떻게 할 것인가?

1) 윤리적 딜레마의 내용

2) 윤리적 딜레마 해결

2. 사회복지실천 관계의 원칙 적용 연습(제7장)

1) 다음의 경우 비에스텍의 사회복지실천 관계의 일곱 가지 원칙 중 어떤 원칙이 적용되어야 하는지 생각해 보고 왜 그런 원칙이 적용되어야 하는지 생각해 봅시다.

- 같은 요양시설에 입소한 여성 노인에게 성적 관심을 보이는 남성 노인

- 가출과 비행을 일삼으면서 어머니와 아버지 등 가족 구성원들을 비난하는 청소년

- 과거의 불화로 관계가 단절된 아버지를 용서하지 않고 돌보지 않으려는 독거노인의 딸

- 아들의 학대를 숨기고 아들과의 동거를 고집하면서 시설 입소를 거부하는 노인

- 지인으로부터 성폭행을 당하고 신고를 거부하며 자살을 계획하고 있는 여성

- 법원 명령인 교정교육을 거부하는 가정폭력 가해자

3. 사정 및 계획 연습(제9장)

사 례

　　최태복 할아버지(가명, 78세)는 5년 전 암으로 부인이 사망한 이후 줄곧 혼자 살아왔으며 자녀는 없다. 현재 재개발 예정 지역 인근 매입임대주택(방 1칸, 거실 겸 부엌, 내부 화장실)에서 17마리의 개들과 함께 살고 있는 기초생활수급 대상자로, 생계급여를 제외하면 경제적 소득원이 없다. 빈 병과 폐지 수집을 해 오다 지금은 관절염 악화로 거동이 불편해 그만둔 상태이다. 부인 사망 후 적적함에 강아지 한 마리를 키우기 시작한 이후 이사 가는 이웃이 맡아 달라고 부탁한 개들, 개 키우는 집으로 소문나 집 앞에 버려진 개들까지 키우게 되었고 그 개들이 번식을 해 현재 17마리와 함께 생활하고 있다. 집 안 벽지와 장판은 원래 상태를 알아볼 수 없을 정도로 훼손되었고, 할아버지는 바닥에 겨우 앉아 식사와 잠을 해결하고 있다. 할아버지는 생계비 대부분을 개 사료를 사는 데 쓰고 있으며 이외의 지출은 엄두를 못 낸다. 이전에는 개를 씻기기도 하고 청소도 하며 지냈지만 거동이 불편해진 2년 전부터는 거의 돌보지 못해 배설물 악취와 소음으로 주변 이웃과 갈등도 심한 상황에서 구청 '찾아가는 복지' 전담팀 담당자를 통해 개입의 필요성이 제기되어 관내 노인복지관으로 의뢰되었다. 할아버지는 관절염 이외에도 잦은 장염 증상, 영양 불균형 등 건강상의 문제를 겪고 있다. 할아버지에게 개들은 힘들더라도 같이 살다 죽을 수밖에 없는 '식구'이며 이웃과 마찰이 심해질수록 개들에게 더욱 의지하게 된다고 말한다. 지난해 이웃의 신고로 구청에서 개들을 강제 분리시키려 했지만 할아버지의 강한 저항으로 무산된 적이 있고, 이후 이웃을 비롯해 외부에 대해 강한 거부감을 가지고 있다. 지난 5년 동안 몇 마리가 병으로 죽었을 때 슬픔이 컸으며 병원에 데리고 가지 못한 점을 내내 미안하게 생각하고 있다.

1) 사례와 관련하여 다각도의 사정질문을 통해 개인력, 주요 욕구 및 문제, 강점, 사회지지체계 및 자원 등을 파악해 봅시다.

■1단계: 사정 질문 목록의 활용(〈표 9-2〉 참조)

1	클라이언트가 인식하고 있는 문제나 근심은 무엇인가?	기본적 파악
2	현 상황과 관련된 법적 명령이나 소환 등 법률적 사안은 무엇인가?	
3	건강이나 안전상의 급박한 문제는 무엇인가?	

⇩

17마리 개들과 함께 살면서 클라이언트의 건강 및 기본생활에서 심각한 문제 발생

• 주거환경의 위생 불결로 장염에 노출, 만성 관절염의 치료와 관리 부재
• 청소, 식사, 잠자리 마련의 어려움으로 건강이 더욱 악화됨
• 냄새와 소음으로 이웃과의 충돌과 사회적 관계 단절

4	문제가 뚜렷하게 드러나는 구체적 징후는 무엇인가?	문제 명확화
5	문제에 어떤 사람이나 체계가 연루되어 있는가?	
6	연루된 사람이나 체계는 어떻게 상호작용해서 문제를 만들고 있나?	
7	문제와 관련해서 채워지지 않은 욕구나 요구사항은 무엇인가?	
8	어떤 발달과정 단계 혹은 인생 전환기에 와 있는가?	
9	문제의 심각성은 어느 정도인가?	
10	클라이언트가 생각하는 문제의 원인은 무엇인가?	
11	문제행동들은 어디에서 발생하나?	
12	문제행동들은 언제 발생하나?	
13	문제행동들은 얼마만큼 자주 발생하나?	
14	문제가 지속되어 온 기간은 얼마인가?	
15	문제로 인해 발생한 결과는 무엇인가?	
16	알코올/약물 중독, 폭력 피해 등의 사안이 영향을 미치는가?	
17	문제에 대해 클라이언트는 정서적으로 어떻게 반응하고 있는가?	

⇩

- 클라이언트 건강상의 징후가 나타남(장염, 관절염의 악화)
- 클라이언트 주변 체계(이웃)와의 마찰로 인한 관계 단절의 정도가 심화됨
- 구청의 강제 조치에 대한 반감이 매우 큼
- 반려동물들을 키우기에는 경제적 부담이 큼
- 자녀 없이 홀로 사는 노년기의 클라이언트
- 클라이언트의 건강과 안전이 최근 2년 동안 일상에서 심각하게 위협받는 수준
- 클라이언트는 개들과 애착관계를 형성하고 있지만 관리는 본인의 능력 밖이라 자포자기함

18	클라이언트는 어떤 대처 노력을 했고 요구되는 문제해결 기술은 무엇인가?	강점/자원 탐색
19	클라이언트가 보유한 강점과 기술은 무엇인가?	
20	다문화 · 사회구조 · 사회계층 요인들이 문제와 어떻게 관련되어 있는가?	
21	현재 가능한 사회지지체계 혹은 만들어져야 할 지지체계는 무엇인가?	
22	클라이언트에게 필요한 외부 자원은 무엇인가?	

- 개들을 씻기고 돌보는 일을 힘닿는 한도에서 혼자 감당했으며, 외부에 도움과 정보를 요청하고 적절히 타협하는 사회적 관계 형성의 기술이 필요함
- 클라이언트는 개들을 강박적으로 수집하거나 학대하는 유형이 아니라 동정심과 유대감으로 키우는 점에서 정서적 교감능력을 지니고 있음
- 재개발 예정 지역에서 다수 발생하는 유기동물에 대한 사회적 대책이 미비함
- 저소득층을 위한 지방자치단체의 반려동물의료지원체계(중성화, 예방접종, 사료)와 반려동물 입양 및 임시보호, 관리 · 교육 등을 지원해 줄 수 있는 동물보호단체를 협력 자원체계로 확보(예: 동물권행동 카라) https://www.ekara.org

- 반려동물 이외에도 정서적 지지를 공유할 수 있는 사회지지체계의 개발 혹은 연결

■ 2단계: 사정 양식서 작성 연습(〈표 9-5〉 참조)

1) 가족력 및 개인력

2) 강점과 사회적 상황(사회지지체계 및 자원)

3) 주요 욕구 및 문제점

① 반려동물 개체 수 조절 및 보호 지원

② 주거환경의 개선

③ 정서적 지지체계 마련

4. 목표설정 연습(제9장과 제11장)

1) 이 사례의 주요 욕구 중 반려동물 개체 수 조절을 위한 개입 목표를 목표
달성척도(GAS, 〈표 11-2〉 참조)를 활용해서 설정해 봅시다.

목표 1 / 성과 수준	반려동물 개체 수 조절
최상의 성과	• 17마리의 중성화를 마치고 보호처(입양, 임시보호, 존치) 합의
기대 이상의 성과	• 17마리의 중성화를 마쳤으나 보호처 합의는 완결되지 않음
기대 정도의 성과	• 허약한 반려견을 외부에 연계하고 남은 반려견들의 중성화를 마침
기대 이하의 성과	• 일부 반려견의 중성화를 마쳤으나 모두 존치시킴
전혀 성과 없음	• 중성화를 하지 못하고 모두 존치시킴

2) 이 사례의 다른 주요 욕구의 개입 목표를 목표달성척도(GAS)를 활용하여
설정해 봅시다.

목표 2 / 성과 수준	
최상의 성과	
기대 이상의 성과	
기대 정도의 성과	
기대 이하의 성과	
전혀 성과 없음	

목표 3 / 성과 수준	
최상의 성과	
기대 이상의 성과	
기대 정도의 성과	
기대 이하의 성과	
전혀 성과 없음	

5. 가계도 및 생태도 읽기(제9장)

1) 아래 가계도를 보고 질문에 답해 봅시다.

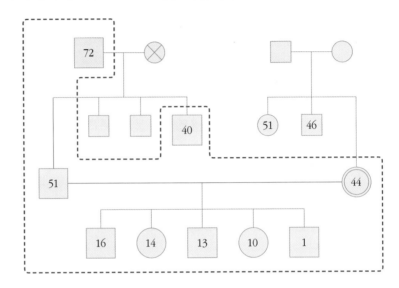

질문 1: 현재 클라이언트 가구구성원은 총 몇 명입니까? 클라이언트와의
관계를 중심으로 이들을 열거해 봅시다.

질문 2: 클라이언트는 형제자매가 있습니까?

질문 3: 클라이언트의 시아버지는 살아 계십니까?

2) 다음 생태도를 보고 질문에 답해 봅시다.

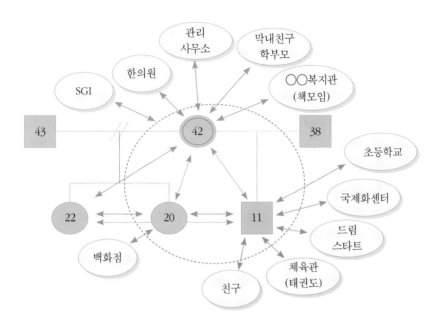

질문 1: 클라이언트는 전 남편과의 사이에서 낳은 장녀와 왕래하고 있나요?

질문 2: 클라이언트의 막내아들과 관련되는 외부 체계를 열거해 봅시다.

질문 3: 클라이언트와 현재 남편과의 관계는 어떠한가요?

질문 4: 클라이언트의 자녀들 간 관계는 어떠한가요?

6. 사회복지실천 모델 적용 연습(제6장)

1) 다음의 두 사례를 읽고 교재 제6장에서 학습한 심리사회모델, 인지행동모델, 문제해결모델, 임파워먼트모델, 반억압적 실천모델을 적용해 보세요.

2) 각 사례에서 가장 효과적인 적용모델은 무엇인지를 논의해 보세요.

 사 례 1

클라이언트는 37세 된 여성이며, 3년 전에 남편의 외도와 도박 문제로 이혼하였다. 이후에 극심한 경제적 문제와 절망감 등으로 3세 된 딸과 함께 음독자살을 시도하였다. 이로 인해 딸은 식도 손상으로 음식물 섭취에 어려움을 가지게 되었으며, 클라이언트는 시신경 손상으로 앞을 제대로 볼 수 없게 되었다. 클라이언트는 뇌졸중으로 편마비를 겪는 69세의 노모와 다세대주택의 지하방에서 월세로 생활하고 있으며, 기초생활수급권을 신청해 놓고 있다. 평소 성당에 같이 다니던 이웃이 사회복지관에 도움을 줄 수 있는지를 의뢰한 사례이다. 클라이언트는 시신경이 거의 손상되어 사물의 형태와 약간의 명암 구분 정도만 가능하며, "그때 죽었어야 하는데 현재 삶이 너무 고통스럽다." "아이에게 너무 죄스럽고 내가 평생 돌보아야 할 것 같아 한편으로는 너무 부담스럽다." "아직 젊어 경제적 활동을 해야 하는데 눈이 보이지 않아 아무것도 할 수가 없어 너무 답답하다." "어머니가 아버지의 폭력과 외도로 힘드셨는데 나까지 짐이 되어 미안하다." "내가 할 수 있는 일이 없다."라고 호소하고 있다. 클라이언트의 노모는 손녀의 식도 손상으로 분유를 먹여야 하는데 돈이 부족하고, 손녀가 "할머니와 엄마랑 같이 사이다를 마셨는데, 왜 나만 밥을 먹지 못해?"라고 할 때마다 가슴이 미어진다고 한다. 또한 클라이언트가 가끔 혼자 술을 마시면서 신세 한탄을 하거나 갑자기 어디로 사라지면 또 죽으러 갔을까 봐 너무 불안하다고 한다.

〈심리사회모델의 적용〉

① 사회복지사와 서비스 이용자의 관계

② 심리사회적 사정

③ 의사소통과 직접적 개입

④ 환경적 개입

〈인지행동모델의 적용〉

① 사회복지사와 서비스 이용자 간의 치료적 관계

② 개인 내적 의사소통의 명확화─부정적 인지체계의 탐색

③ 설명

④ 순기능적 인지체계로의 전환

⑤ 과제 할당

〈문제해결모델의 적용〉

① 개입의 맥락 이해하기

② 문제 확인과 표적문제 설정

③ 계약

④ 문제해결의 실행

⑤ 종결

〈임파워먼트모델의 적용〉

① 자기효능감

② 집합적 경험과 정당성의 인정

③ 비판적 사고와 행동을 위한 지식과 기술

④ 행동

〈반억압적 실천모델의 적용〉

① 사회복지사 자신의 실천에 대한 개방적이고 비판적인 자세
② 서비스 이용자의 억압 경험에 대한 비판적 사정
③ 서비스 이용자의 역량강화
④ 함께 일하기
⑤ 개입의 최소화

사례 2

클라이언트는 중학교 2학년 남학생으로, 담임교사를 통해 교육복지사에게 의뢰된 사례이다. 클라이언트는 주의력결핍 과잉행동장애(ADHD) 증상을 보이고 있으며, 친구들을 사귀지 못해 학교에서 왕따를 심하게 당하고 있다. 클라이언트는 지속적으로 왕따를 당하자 자신을 보호하기 위해 매우 공격적으로 변하기 시작하여 하루에 3~4번 이상 학급의 다른 학생들과 싸움을 하고 있으며, 특히 다른 학생의 얼굴을 할퀴는 버릇이 있어 상당수의 학부모가 심각하게 학교에 민원을 제기하고 있다. 이 문제로 학교를 찾은 클라이언트의 어머니는 아이들은 싸우면서 크는 것이라고 하거나 왕따를 당한 것이 더 큰 문제라고 소리치면서 ADHD 증상에 대한 상담 등을 무시하고 있다. 클라이언트의 아버지는 자녀의 문제가 수치스럽다고 학교에 방문하는 것 자체를 꺼리고 있는 실정이다. 다른 학부모들은 빨리 클라이언트를 전학 보내든지, 클라이언트의 등교를 정지시키라고 학교를 압박하고 있다.

〈심리사회모델의 적용〉

---

① 사회복지사와 서비스 이용자의 관계

② 심리사회적 사정

③ 의사소통과 직접적 개입

④ 환경적 개입

〈인지행동모델의 적용〉

---

① 사회복지사와 서비스 이용자 간의 치료적 관계

② 개인 내적 의사소통의 명확화-부정적 인지체계의 탐색

③ 설명

④ 순기능적 인지체계로의 전환

⑤ 과제 할당

〈문제해결모델의 적용〉

---

① 개입의 맥락 이해하기

② 문제 확인과 표적문제 설정

③ 계약

④ 문제해결의 실행

⑤ 종결

〈임파워먼트모델의 적용〉

---

① 자기효능감

② 집합적 경험과 정당성의 인정

③ 비판적 사고와 행동을 위한 지식과 기술

④ 행동

〈반억압적 실천모델의 적용〉

① 사회복지사 자신의 실천에 대한 개방적이고 비판적인 자세

② 서비스 이용자의 억압 경험에 대한 비판적 사정

③ 서비스 이용자의 역량강화

④ 함께 일하기

⑤ 개입의 최소화

7. 직접적 개입과 간접적 개입 이해(제10장)

1) 다음 사례를 읽고 어떤 개입이 필요한지 직접적 개입방법과 간접적 개
   입방법으로 나누어 생각해 봅시다.

사례

　클라이언트는 현재 모자복지시설에 거주하고 있는 42세의 여성으로, 4년 전
남편의 가출 뒤 두 자녀를 데리고 친척집을 전전하다 2년 전 이곳으로 왔다. 큰아
이는 중학교 3학년, 작은아이는 초등학교 6학년에 다니고 있으며 클라이언트는
시설에서 소개한 가사도우미 일을 2년째 하고 있다. 현재 클라이언트의 월수입은
가사도우미 일과 정부로부터의 생계 보조비 등을 합쳐 150만 원 정도이지만, 1년
후 시설을 나가 다른 곳에 거주지를 마련해야 하므로 생활의 여유가 전혀 없는 편
이다. 특히 사춘기에 접어든 두 자녀는 시설에 사는 것을 극도로 싫어하며, 특히
무단결석과 가출을 일삼는 큰아이로 인해 클라이언트의 심적 고통이 크다. 남편

가출 직후 자녀를 학교에 보내지 못하고 밥을 굶던 때에 비하면 지금은 주거지와 정규수입도 있어 형편이 나아졌지만 1년 뒤 주거지를 옮겨야 하는 문제로 걱정은 여전하다. 적금으로 모아 둔 천만 원으로는 안정된 주거 마련이 어렵기 때문이다. 친정도 어렵게 살고 있어서 도움을 받기 어려우며, 시댁과도 왕래가 끊겨 도움을 바랄 수 없다. 현재 시설 안에서 비슷한 처지의 여성들과 친하게 지내는 편이며, 2년 동안 시설생활에 적응은 잘하였다. 그러나 향후 생계 유지와 미래를 생각하면 불안하고 자신감이 없으며, 특히 자녀들에게 잘 해 주지 못한다는 생각으로 자책감이 들 때가 많고 막막하기만 하다.

직접적 개입:

간접적 개입:

2) 다음의 개입사례에서 활용된 직접적 개입과 간접적 개입의 구체적 방법을 생각해 봅시다.

- 심한 음주 후 부인과 자녀에게 폭언과 폭행을 했다며 자신은 '쓰레기이며 인간이 아니고 짐승'이라고 자책하는 클라이언트에게 사회복지사는 그의 부정적 행동에 앞서 무엇 때문에 그러한 일이 발생했는지 보다 개방적이고 적극적인 자세로 경청함

- 클라이언트는 과거 아버지로부터 받았던 고통스러운 학대 내용을 말하였으며, 중간에 약간의 흐느낌도 보였고 시간이 흐른 후에는 가슴에 맺힌 한이 조금은 풀린 것 같다고 하였음

- 자신이 술을 마신 이유는 부인의 잔소리 때문이라고 굳게 믿는 클라이언트에게 사회복지사는 지금까지의 의사소통 과정을 보건대, 클라이언트의 폭음은 주로 동료나 상사에게 모멸감을 받았다고 생각될 때 집중되었다고 말함. 클라이언트는 일단 아니라고 부정하며 화를 냄

- 신체적 장애로 경제활동을 제대로 하지 못해 스트레스를 느낀다는 클라이언트에게 사회복지사는 사는 곳과 가까운 자활센터를 소개하고 그곳 담당자에게 연락을 취함

- 사회복지사는 클라이언트의 자활센터 활동에 대해 문의함. 클라이언트는 자활센터의 사람들이 너무 많아서 자신이 큰 관심을 받지 못하는 것 같고 도움이 별로 되지 않을 것 같다고 함. 사회복지사는 자활센터 담당자와 통화하여 클라이언트의 상황을 알리고 적절한 지원방안들을 논의함

- 클라이언트는 자신의 문제가 너무 복잡하여 혼란스럽다고 함. 특히 부인과는 잘 지내려고 하는데 서로 상대방을 화나게 하고 상처를 준다고 함. 사회복지사는 그동안 클라이언트와의 면담을 통해 클라이언트가 부인에게 자신의 어머니 역할을 해 주기를 기대하고 있었다는 사실을 확인해 줌. 이를 통해 클라이언트가 부인에게 한 비현실적 기대를 뚜렷하게 확인할 수 있었음

- 클라이언트는 벌써 네 번째 단주에 실패하고 있다고 자책함. 사회복지사는 대부분의 문제성 음주자들이 한 번에 술을 끊지 못하고 여러 번 결심하고 실패하는 과정 이후에 단주에 성공한다고 말함. 단주 실패에도 불구하고 계속해서 술문제를 인식하고 해결하려는 노력을 높이 평가함

- 사회복지사는 클라이언트가 자신이 사는 지역에 중독통합지원센터가 없어 1시간 30분이나 자동차를 타고 다닌다는 사실을 확인함. 사회복지사는 그 지역의 중독통합지원센터의 필요성을 전문가들과 함께 알리고, 시·도 의원이나 시장과 도지사 등에 지속적인 압력을 행사하기로 함

▣ 사례를 통해 확인된 직접적 개입들을 정리해 봅시다.

▣ 사례를 통해 확인된 간접적 개입들을 정리해 봅시다.

찾아보기

내용

저자 소개

박지영(Park, Jiyoung)

Michigan State University 사회복지학 석사

부산대학교 사회복지학 박사

현 동의대학교 사회복지학과 교수

관심 분야: 심리외상 스트레스와 정신건강, 사례관리실천, 인간과 동물의 상생복지

E-mail: belokan@deu.ac.kr

배화숙(Bae, Hwasook)

부산대학교 행정학 석사(사회복지학 전공)

부산대학교 사회복지학 박사

현 부산가톨릭대학교 사회복지상담학과 교수

관심 분야: 지역사회복지, 노동문제 및 근로자복지, 사회복지 교육

E-mail: peacebhs@cup.ac.kr

엄태완(Eom, Taewan)

부산대학교 행정학 석사(사회복지학 전공)

부산대학교 사회복지학 박사

현 경남대학교 사회복지학과 교수

관심 분야: 정신건강과 사회복지, 사회적 소수자와 사회복지

E-mail: tweom@kyungnam.ac.kr

이인숙(Lee, Insook)
동아대학교 문학 석사(사회학 전공)
부산대학교 사회복지학 박사
현 부산장신대학교 사회복지상담학과 교수
관심 분야: 사회복지 연구방법론, 가족복지, 여성복지, 한부모가족
E−mail: lensk@bpu.ac.kr

최희경(Choi, Heekyung)
University of North Carolina at Chapel Hill 사회복지학 석사
부산대학교 사회복지학 박사
현 신라대학교 복지상담학부 교수
관심 분야: 노인복지, 노인 돌봄, 여성복지
E−mail: hkyung@silla.ac.kr

함께하는
사회복지실천론
Social Work Practice

2020년 3월 20일 1판 1쇄 발행
2021년 2월 25일 1판 2쇄 발행

지은이 • 박지영 · 배화숙 · 엄태완 · 이인숙 · 최희경
펴낸이 • 김진환
펴낸곳 • (주)**학지사**

　　　　04031 서울특별시 마포구 양화로 15길 20 마인드월드빌딩
대표전화 • 02-330-5114　　팩스 • 02-324-2345
등록번호 • 제313-2006-000265호

홈페이지 • http://www.hakjisa.co.kr
페이스북 • https://www.facebook.com/hakjisa

ISBN 978-89-997-2046-8　93330

정가 19,000원

이 도서의 국립중앙도서관 출판시도서목록(CIP)은 서지정보유통지
원시스템 홈페이지(http://seoji.nl.go.kr)와 국가자료공동목록시스템
(http://www.nl.go.kr/kolisnet)에서 이용하실 수 있습니다.
(CIP 제어번호: CIP2020005943)

출판 · 교육 · 미디어기업 **학지사**

간호보건의학출판 **학지사메디컬** www.hakjisamd.co.kr
심리검사연구소 **인싸이트** www.inpsyt.co.kr
학술논문서비스 **뉴논문** www.newnonmun.com
원격교육연수원 **카운피아** www.counpia.com